面

太陽　　天中　　太陽
　　　天庭
方廣　　司空　　方廣
　中庭　印堂
　　明堂　山根　明堂
　　　　鼻準
右頰　肺　肝　左頰
　　　　人中
　　　承地
　　　地閣
　　　腎額

偏頭痛者頭半邊痛者是也〇丹心如頭半邊痛者偏頭痛也〇丹心偏頭痛往左屬痰屬熱疾用荊芥薄荷並用若做芳葉酒薑箱〇丹心偏頭痛往右屬痰屬風血虛風疾用參朮芎老夏熱用酒凜尼茶在左屬風屬血虛

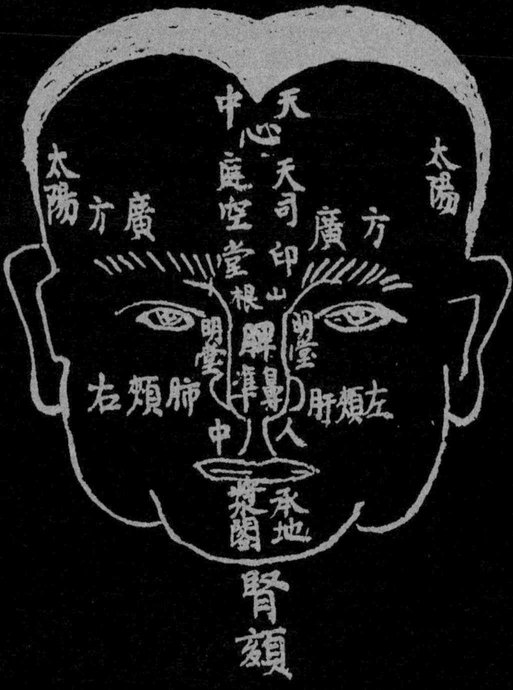

中欄：
目鼻直上炎除巨天中天中之下曰天庭天庭之下曰司空司空之下曰印堂印堂在兩眉中印堂之下曰山根即兩眼之間山根之下曰鼻準即明堂也鼻準之下曰人中人中之下曰承漿承漿之下曰地閣即頤也廣亦曰太陽兄〇天中與天庭司空反印堂頤角方廣處有病定吉凶此是命門醫人對較量〇天中天庭司空印堂頤角方廣皆司命門部位以占吉凶也凱〇五色獨決于明堂明堂者

左欄：
即額也兩頰角曰方廣亦曰太陽即山根即兩眼之間山根之下曰

下欄：
頦為天庭屬
心額為地閣
屬腎鼻居面
中屬脾左頰
屬肝右頰
屬肺此五藏
位也察其色
以辨其病

眩暈

病風感則掉頭皆為之證也。○入有裏痛而搖頭者亦重證也。○入門

上虛則眩項因連其身之虛。其入深則隨眼系以入於腦入於腦則腦轉腦轉則引目系急目系急則目眩以轉。……

頭風證

頭風之證多由……風痰通用川芎茶調散。○方見下

실용서로 읽는
조선

규장각 교양총서 | 9

실용서로 읽는 조선

규장각한국학연구원 엮음
정호훈 책임기획

글항아리

규장각 교양총서를 발간하며

규장각은 조선왕조 22대 국왕 정조가 1776년에 창립한 왕실도
서관이자 학술연구기관이며 국정자문기관의 역할을 했습니다.
정조는 18세기 조선의 정치·사회 변화에 능동적으로 대처하기 위
해 규장각의 기능을 크게 확대했습니다. 그런 가운데 옛 자취를
본받으면서도 새롭게 변통할 수 있는 '법고창신法古創新'의 정신을
가장 잘 구현할 기관으로 규장각을 키워냈습니다. 조선시대 규장
각 자료를 이어받아 보존·연구하고 있는 서울대학교 규장각한국
학연구원의 역할과 기능도 정조가 규장각을 세운 뜻에서 멀지 않
을 것입니다.

규장각을 품고 있는 서울대의 한국학은 처음에는 미약했으나
이제 세계 한국학의 중심을 표방할 단계에 다가가고 있습니다. 이
러한 성과를 이끌어내는 데 중심이 되었던 두 기관이 있었습니다.
하나는 옛 서울대 문리대로부터 이사해와서 중앙도서관 1층에 자
리잡았던 한국학 고문헌의 보고 '규장각'이었고, 다른 하나는
1969년 창립된 '한국문화연구소'였습니다. 한국문화연구소는 규
장각 자료들이 간직한 생명력을 불러내어 꽃피우고 열매 맺는 데

중심 역할을 해온 한국학 연구기관이었습니다. 규장각이 세워진 뒤 230년이 된 2006년 2월 초, 이 두 기관을 합친 '규장각한국학연구원'이 관악캠퍼스 앞자락 감나무골에서 새롭게 발을 내딛었습니다. 돌이켜보면 200여 년 전 정조와 각신閣臣들이 규장각 자료를 구축한 덕에 오늘의 한국학 연구가 궤도에 오를 수 있었던 것이기에 감회가 남다릅니다. 이를 되새겨 규장각한국학연구원은 앞으로 200년 뒤의 후손에게 물려줄 새로운 문화유산을 쌓는 데 온힘을 다하려 합니다.

규장각한국학연구원은 한국을 넘어 세계 한국학 연구의 중심 기관으로 거듭나겠다는 포부와 기대를 모아, 지난 7년 동안 자료의 보존과 정리, 한국학 연구에 대한 체계적 지원, 국내외 한국학 연구자들의 교류 등 여러 측면에서 성과를 거두었습니다. 그리고 전문 연구자만의 한국학에 머무르지 않고 대중과 함께하며 소통하기 위한 프로그램들을 추진하고 있습니다. 매년 수만 명의 시민과 학생이 찾는 상설전시실의 해설을 활성화하고, 특정 주제에 따라 자료를 선별하고 역사적 의미를 찾는 특별전시회를 열고 있습니다. 2008년 9월부터는 한국학에 관한 여러 주제를 그 분야의 최고 전문가들이 직접 기획하고 대중의 눈높이에 맞춰 강연하는 '규장각 금요시민강좌'를 열고 있습니다. 이 강좌는 지적 욕구에 목마른 시민들의 뜨거운 호응에 힘입어 2013년 1학기까지 10학기에 걸쳐 이어졌고, 강의 주제도 조선시대 각 계층의 생활상, 조선과 세상 사람의 여행 및 교류, 일기와 실용서를 비롯한 풍부한 문헌을 통해 본 조선사회의 실상 등 매번 새로운 내용으로 진행되었습니다.

지역사회와 더욱 긴밀히 대화하고 호흡하기 위한 노력의 하나로 금요시민강좌는 2009년부터 관악구청의 지원을 받아 '서울대-관악구 학관협력사업'으로 꾸려지고 있습니다. 또 규장각 연구 인력의 최신 성과를 강좌에 적극 반영하기 위해 원내의 인문한국 Humanities Korea 사업단이 강좌의 주제와 내용을 기획하고 있습니다. 이 사업단은 '조선의 기록문화와 법고창신의 한국학'이라는 주제로 규장각의 방대한 기록을 연구해 전통의 삶과 문화를 되살려내고, 그것이 오늘날 우리에게 주는 가치와 의미를 성찰하고 있습니다. 금요시민강좌의 기획을 맡으면서는 과거의 유산과 현재의 삶 사이를 이어줄 뿐만 아니라, 연구자와 시민 사이의 간격을 좁혀주는 가교 역할도 하려 합니다.

강의가 거듭되면서 강사와 수강생이 마주보며 교감하는 현장성이라는 장점도 있는 한편, 여건상 한정된 인원만이 강좌를 들을 수밖에 없는 것이 늘 아쉬웠습니다. 이에 한 번의 현장 강좌로 매듭짓는 한계를 극복하고자 강의 내용을 옛 도판들과 함께 편집해 '규장각 교양총서'로 발간하게 되었습니다. 이미 조선의 국왕·양반·여성·전문가의 일생을 조명한 책들과, 조선과 세상 사람의 여행을 다룬 책, 그리고 일기로 조선을 들여다본 책을 펴내 널리 독자의 호평을 얻고 있습니다. 앞으로도 매학기의 강의 내용을 흥미로우면서도 유익한 책으로 엮어내려 합니다.

교양총서에 담긴 내용은 일차적으로 규장각 소장 기록물과 학자들의 연구 성과에서 나온 것이지만, 수강생들과 독자 여러분의 관심과 기대를 최대한 반영하려 합니다. 정조의 규장각이 옛 문헌을 되살려 수많은 새로운 책을 펴냈듯이 우리 연구원은 앞으로 다

양한 출판 기획을 통해 대중에게 다가갈 것입니다. 이 시리즈가
우리 시대 규장각이 남긴 대표적 문화사업의 하나로 후세에 기억
될 수 있도록, 여러분의 많은 관심과 성원 바랍니다.

서울대학교 규장각한국학연구원장

김인걸

재미와 실용의 문화 속에 펼쳐지는 조선의 속살

실용성을 근대의 한 징표로 생각하고 조선 후기 사상에서 실용성을 찾으려는 노력이 한때 치열하게 이루어진 적이 있다. 조선의 사상, 조선의 문화에는 실용성이 매우 부족했고, 그 점이 조선의 큰 약점이라는 생각에 사로잡힌 데서 비롯된 것이었다. 하지만 실용의 세계에 전근대와 근대의 구별이 있었을까?

사람들 살아가는 모습은 예나 이제나 별 다를 바 없다. 국가와 사회가 요구하는 질서 속에서 다양한 직업을 영위하며 하루하루를 살아내고, 의식주를 무난히 해결하고 질병이나 운명의 굴레가 주는 고통에서 벗어나 복된 일상을 누리려 애를 쓴다. 일상이 있으므로 그 일상을 유지하는 데 필요한 지식이 생산되고 축적되며 또 후대로 전승된다. 실용의 지식은 그렇게 해서 탄생한다. 다만 시간의 결이 다르기에, 과거와 현재의 생활, 일상의 색채가 많이 바뀌고, 실용의 지식 또한 내용이 바뀌어갈 뿐이다.

이 책은 조선 사람들이 늘 경험했던 실용의 세계를 몇 종류의 실용서를 통해 들여다보고자 한다. 미시의 관찰 속에서, 포착하기 쉽지 않은 조선 사람들의 땀내 나는 일상을 확인하자는 의도다.

실용의 지식을 담고 있는 '책'과 그 책을 만든 사람들에 대한 세세한 정보를 얻는 재미, 실용의 문화 속에 펼쳐지는 조선의 속살을 헤쳐 보는 즐거움 또한 누릴 수 있을 것이다.

실용서 가운데 아무래도 무게감을 갖는 것은 행정, 사법 영역에서 쓰이던 책일 것이다. 어숙권이 지은 『고사촬요』는 조선의 관료들이 활용했던 행정 편람서였다. 행정에 필요한 기초 지식, 일상생활에 큰 도움이 되는 지식을 담았다. 16세기 중엽 이래 수백 년 동안 다양한 모습으로 변신하며 애용되었던 이 책을 통해 조선이 긴 세월 지탱하는 힘을 어디서 얻었는지 그 실마리를 확인할 수 있다. 『사송유취』『결송유취보』 등의 법서는 '소송 없는 사회'를 바라는 공자의 이상과 '소송의 나라'라고 불러도 좋을 만큼 사법 분쟁이 넘쳤던 현실의 상반된 모습을 한눈에 보여준다. 『유서필지』는 19세기 말, 일반 백성의 법의식이 어떠했는가를 보여주는 바로미터다.

의서는 자연과 생명의 원리를 이해하고 이를 인간 질병 치료에 활용하는 지식서였다. 『동의보감』이 편찬된 이후 조선에서는 종합의서였던 이 책과는 성격을 달리하여 특정 분야의 질병만을 다루는 전문적인 분과 의서가 많이 쓰여졌다. 자연의 움직임과 인간의 생명 현상에 대한 이해를 기반으로 하는 전문성, 생명을 살리고 돌보고자 하는 데서 오는 어진 품성을 이들 책에서 느낄 수 있다.

자연에 관한 관찰과 지식, 왕성한 호기심에 바탕하여 즉시 활용 가능한 실용의 지식과 기술을 담은 저술로는 『소문사설』이 있다. 숙종·경종대에 어의를 지냈던 이시필은 의사로서의 전문가적 소양, 명·청대의 새로운 지식과 기술을 조선에 꽃피우고자 하는 의

지로 이 책을 만들었다. 18세기 후반 청나라의 선진 기술을 적극 배울 것을 주창했던 북학北學의 논리가 만들어지기 전에 이미 북학이 실행되고 있었음을 확인할 수 있다.

조선의 실용서를 거론함에 빼놓을 수 없는 것이, 경험과 과학 또는 과학적으로 검증할 수 없는 믿음이 얽혀 있는 지식을 담은 책들이었다. 역서 곧 달력은 복잡하기 그지없는 천문학적 지식을 동원해서 만들어진 대단히 합리적인 책이었지만 매일 매일의 시간에 길흉을 부여하며 만든 정보 또한 실었다. 달력이 있었기에 조선 사람들은 시간의 흐름을 알 수 있었고 또 시간이 만들어내는 운명의 굴곡을 예의 감지했다. 새해 초, 신년의 운수를 점칠 때 이용했던 『토정비결』도 시간 활용에 유용한 서적이었다. 『토정비결』은 몇 가지 경우의 수를 가지고 미래를 예지하려 했다는 점에서 허무맹랑했지만, 나름의 합리적 장치로 다가올 시간에 대처하고 윤리적으로 살아야 한다는 언설을 만들어낸 점에서 영향력 있는 교육서이기도 했다.

일상의 생활에서 무엇보다 필요한 것은 의·식·주의 지식을 담은 실용서였을 것이다. 『규합총서』와 『태교신기』 같은 책은 조선 후기 여성들의 임신과 태교, 출산에 관한 지식, 문화를 세세하고 싣고 있다. 경험과 과학성을 아우르면서 다른 한편으로 미신적인 내용을 담고 있는 책들이었지만, 한 생명을 잉태하고 키워나가는 모성, 신생아의 성장과 교육에 투영되는 조선 문화의 특질 또한 이들 책에서 읽어낼 수 있다. 요리에 관한 지식을 담은 책으로는 『음식디미방』 『규합총서』 등을 들 수 있다. 앞의 책이 17세기 후반 경북 영양지역 양반가의 요리법을 담고 있다면, 뒤의 책은 19세기 전

반 경기지역 양반가의 요리 지식을 담고 있다. 이 책들이 담고 있는 음식과 조리에 관한 정보가 이 시기 음식생활의 전모를 보여주지는 않지만, 조선 사람들이 누렸던 음식 문화의 일단을 엿볼 수 있다. 이 책의 실용성은 오늘날 조선의 음식을 재현할 때 반드시 참고한다는 점에서도 되살아난다.

사람의 지혜를 키우고 사람과 사람 사이의 소통을 도우는 실용서는 아마도 문자생활과 관련된 것이리라. 조선의 문자생활에서 중심을 이루는 것은 한문이었지만, 다른 한켠에서 한문의 그늘을 걷어내는 노력 또한 경주되었다. 한글 학습을 위한 교재가 만들어져 활용되었던 것인데, 16세기 초반에 간행된 『훈몽자회』나 이후의 반절표가 그러한 유의 책이었다. 일상에서 문자생활을 구체적으로 실현하는 일은 편지쓰기였다. 편지는 한글로도 작성했지만, 웬만한 지식인들은 한문을 썼다. 그 과정에서 『간식유편』과 같은 다양한 편지쓰기 매뉴얼이 만들어져 유통되었다. 이러한 매뉴얼의 유행은 격식을 익혀 편하게 글을 쓰게 돕는 장점이 있었던 반면, 허례라 볼 수 있는 형식에 사로잡혔던 현상 또한 감지하게 한다.

실용서라고 해서 무미건조한 것만은 아니었다. 삶의 여유를 누리고 감성을 키우는 데 도움이 되는 책이 다수 만들어지고 긴 시간 많은 사람이 이를 즐겼다. 강희안의 『양화소록』은 꽃과 나무를 키우는 방법과 재미를 세세하게 기록한 희귀한 책이다. 꽃을 기르며 사물에 깃든 이치를 살피고 지행知行의 공부를 거듭하는 지식인의 모습을 담고 있는 점에서 이 책은 인문학적 성찰을 위한 실용서이기도 했다. 가야금 악보 『졸장만록』, 거문고 악보 『합자보』는 흩어지는 소리를 잡아둔 책자였다. 겉으로 보기에는 투박해도 따

지고 보면 이 책은 섬세한 선율과 언제 어디서든 편리하게 사용할 수 있는 실용성을 지녔다. 전문 악인이나 음악에 관심을 가진 사람들은 이 책들을 보면서 두 악기를 쉽게 익힐 수 있었다.

실용서는 실용의 지식을 담고 있는 책이었다. 형이상학의 관념을 담고 있는 철학서, 국가와 사회 운영에 필요한 예법과 지식을 담고 있는 법전과 예서 등의 세계와는 선연한 경계를 이룬다. 그렇다고 실용서에 실린 내용이 수준 낮은 것은 아니다. 전문적이되 어렵지 않고, 간편하면서도 구체적이다. 쉽게 활용할 수 있도록 단순화된 틀로써 설명되며, 서책에서 거론하는 사례는 경험과 떨어져 있지 않다. 이 책은 조선에서 만들어졌던 다양한 실용서의 세계를 몇몇 영역으로 국한해 살폈지만, 실용서가 가진 특성을 맛보기에는 그리 부족하지 않을 것이다.

『실용서로 읽는 조선』은 규장각한국학연구원의 HK사업단이 만든 아홉 번째 교양서다. 그간 '조선의 기록문화와 법고창신'의 어젠다를 내걸고 진행한 공동 연구활동의 한 산물이다. 사업단은 오늘날 우리 삶을 좀 더 깊이 있게 성찰하고자 하는 의지하에 조선이란 시공간을 탐색해왔다. 이 책이 새로운 시각과 방법에 기초한 한국학 연구를 열어가는 자양분이 될 수 있기를 소망한다.

2013년 6월 13일
집필자들을 대신하여 정호훈 쓰다

차례

1장

조선 관료에게 필요한
모든 지식을 담다

◉

공사 실용서 『고사촬요』

정호훈

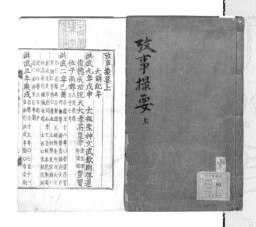

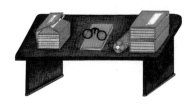

세상이 필요로 하는 수요를 충족시킨 책

'수세지서需世之書', 『고사촬요攷事撮要』를 두고 조선 사람들이 부르던 이름이다. 세상이 필요로 하는 수요를 충족시키는 책이란 의미가 담겨 있다. 어느 책인들 세상의 수요를 감당하지 않았겠냐마는 어떤 책을 '수세지서'라 했을 때는 이 책에 특별한 점이 있기 때문에 그러한 것이다. 수세지서란 일용 혹은 실용의 지식을 담고 있어 활용하기 편리한 책을 일컬었다. 국가의 법제 혹은 통치의 이념과 원리를 논하는 경제지서經濟之書나 성리학의 의리론을 담고 있는 의리서義理書, 역사를 정리한 역사서와는 구별되는 점이 여기에는 있었다.

『고사촬요』는 관료−공무원들이 행정 업무를 수행하며, 또한 벼슬하지 않는 지식인들이 일상에서 손쉽게 활용할 수 있는 지식, 규정, 의식 등을 담고 있었다. 말하자면 행정 편람용으로 혹은 실용 참고서로 만든 자료집인 셈이다. '일을 살핌에 필요한 지식을 요령 있게 추려 엮은 책'이라는 뜻의 '고사촬요'는 여기에 맞춘 이름

이었다.

이 책이 처음 세상에 모습을 드러낸 해는 1554년(명종 9)이다. 한림학관이던 어숙권魚叔權이 편찬해 교서관을 통해 활자본으로 간행했다. 조선이 세워진 지 150여 년의 시간이 흐른 시점이었는데, 어숙권은 기존에 나와 있던 『제왕역년기帝王歷年紀』와 『요집要集』 등 비슷한 성격의 책을 활용해 이 책을 만들었다.

> 두 책(『제왕역년기』와 『요집』)에 근거해 고실故實(전거로 삼을 만한 옛일)을 널리 살피고 현재 실행하는 것을 참고하되 가장 절실한 것을 추려서 1책을 만들었다. 모두 서너 조항인데, 대략의 요지는 사대교린事大交鄰을 위주로 하고 각종 일을 그 다음으로 하였으니, 한결같이 일용의 일반적인 일에 없어서는 안 될 것들이다. (중국 책인) 『사림광기事林廣記』와 『거가필용居家必用』에 견준다면 자못 간명하고 요점만 더했다고 할 수 있다.(어숙권의 서문)

『사림광기』와 『거가필용』은 모두 원대에 널리 보급된 생활문화 백과사전이었다. 어숙권은 『고사촬요』가 이들 책과 성격은 같지만, 훨씬 간명하다고 강조했다. 쉽고 편리하게 펼쳐보도록 한다는 것이 근본 취지였던 것이다.

『고사촬요』는 어숙권 개인이 펴낸 책이지만, 실제로는 당대 관인들의 절대적인 지원 속에 편찬이 추진되고 간행된 것으로 보인다. 어숙권이 이 책을 만들자 영의정 심연원沈連源, 우의정 윤개尹漑, 참판 심통원沈通源, 대사헌 윤춘년尹春年이 보고 그 내용을 크게 칭찬했고, 대제학 정사룡鄭士龍은 '고사촬요'라는 이름을 지

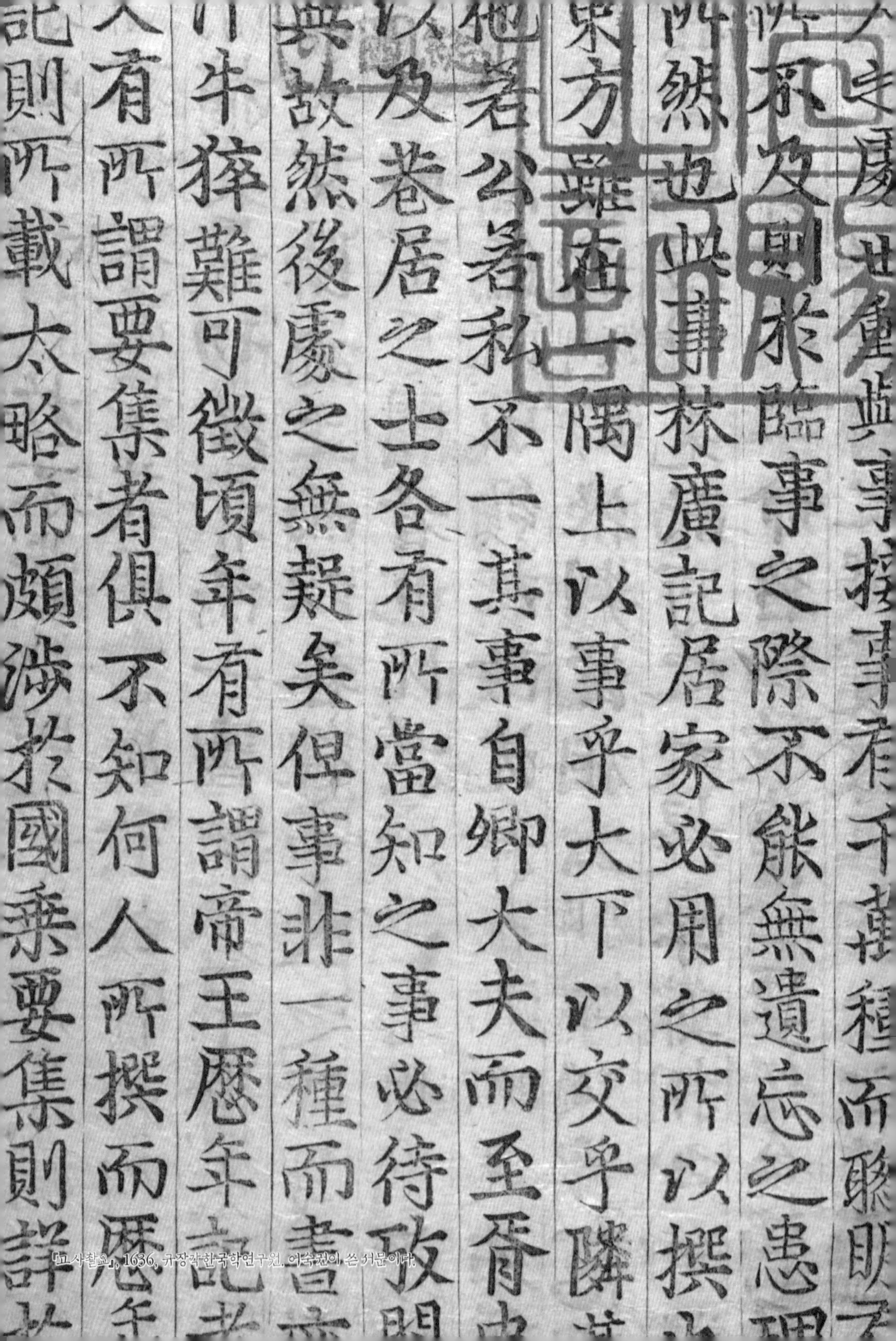

處世重...事接事者千萬種而聰

承及則求臨事之際不能無遺忘之患理

所然也以事林廣記居家必用之所以撰其

東方雖西隅上以事乎大下以交乎降其

他若公若私不一其事自卿大夫而至晉史

以及卷居之士各有所當知之事必待效問

與故然後慮之無疑矣但事非一種而

川牛猝難可徵頃年有所謂帝王歷年記

人有所謂難集者俱不知何人所撰而歷年

記則所載太略而頗涉於國乘要集則詳

『고사촬요』, 1636, 규장각한국학연구원. 이수광이 쓴 서문이다.

어주고 활자로 인쇄해 보급하도록 했다. 국가의 관료제 운영에 적절한 쓰임새를 갖고 태어난 『고사촬요』는 이리하여 긴 세월 조선 사람과 운명을 같이하게 된다.

어숙권은 누구인가

『고사촬요』를 편찬한 어숙권은 명문가의 자제로 태어났다. 할아버지는 좌의정 세겸世謙이며 아버지는 감찰 맹렴孟濂이었다. 그러나 그는 서얼의 신분을 타고나 천부의 재주와 능력을 마음껏 펼치지는 못했다. 야족당也足堂이란 호를 썼고, 본관은 함종咸從(평안남도 강서군 소재)이었다.

어숙권은 평생 중국어 전문 관료로 살았다. 1525년(중종 20) 이문학관吏文學官에 참여해 최세진崔世珍에게 수업을 받은 뒤 한평생이 계통에서 생활했다. 이문학관은 중국과 왕래하는 문서에 쓰는 특수문체인 이문吏文을 전공해 외교 문서를 관장하는 승문원 소속의 관원을 말한다. 한리학관漢吏學官이라고도 했다. 중국어에 능란했던 만큼 어숙권은 중국을 자주 오갔고, 중국 사신들과의 만남 또한 잦았다. 보통의 관료들과는 달리 견문을 널리 쌓을 수 있는 입지에 있었다.

어숙권은 관료로는 이름을 드높이지 못했지만 16세기 중엽의 지식세계에서는 뚜렷한 자기 위상을 갖는 존재였다. 그는 아는 게 많고 시를 평론하는 데에도 독자적 경지에 이르렀다. 많은 사람이 그와 인연을 맺었는데 이이李珥 역시 그에게서 공부를 했다고

한다. 『고사촬요』 외에 『패관잡기稗官雜記』를 지었다.

어숙권은 조선의 서얼들에게 멘토와 같은 인물이었다. 서얼허통庶孼許通 논의가 활발히 일 때 서얼들은 그를 탁월한 능력을 지닌 인물로 입에 올리며 자신들 요구의 정당성을 그의 존재에서 구했다. 1724년(영조 즉위년) 서얼인 진사 정진교鄭震僑 등 260명이 서얼 허통을 요청하면서 올린 상소문이다.

서얼을 고위직에 서용하지 말자는 의논은 처음에 서천徐選에게서 나왔는데, 그 뒤 갈수록 심각해져 마침내 자손까지 영원히 금고禁錮하기에 이르렀습니다. 비록 재주와 덕이 있다 해도 배척받으며 마치 큰 죄나 지은 것처럼 살고 있습니다. 부자의 은혜도 군신의 의리도 누리지 못하니, 이처럼 윤리를 크게 해치는 일은 없습니다. (…) 성종 임금 이후 서얼 중에서 걸출한 사람이 많이 나왔으니 박지화, 어숙권, 조신, 이달, 정화, 임기, 양대박, 천응인, 김근공, 송익필 형제, 이산겸, 홍계남, 유극량, 천정길이 바로 그들입니다. 성상께서 서얼을 활용하는 길을 넓히는 결단을 내린다면, 수백 년 이래로 원통함을 품은 채 세상을 떠났던 수많은 이의 넋 또한 감격하고 고무되어 구천에서 성덕聖德에 보답하려고 할 것이며, 천심天心이 저절로 형통하여 화기가 흘러넘칠 것입니다.(『영조실록』 권2, 즉위년 12월 17일)

서얼들에게서, 아버지를 아버지라고, 형을 형이라고 부르지 못하게 하는 기막힌 금제의 사슬을 넘어 우뚝 솟은 이가 어숙권이었다.

시대마다 옷을 갈아입고 다시 태어나다

1554년 간행된 뒤 실무 행정에 두루 쓰임새를 지녔던 『고사촬요』는 여러 번 수정과 증보 작업을 거쳤다. 그때마다 책의 분량이 늘었으며, 구성 방식이나 내용도 그 모습을 계속 바꾸었다. 그리하여 처음에는 상·하 2권이었던 것이 18세기 후반에는 15권으로까지 늘어났다. 이런 작업은 관료 가운데 적임자가 정부의 지원을 받으며 주관했다. 증보된 책에서 대표적인 것은 [표 1]과 같다.

1554년에 간행한 초판본은 현재 실물이 확인되지 않는다. 이 책의 면모는 1585년에 출간된 책을 통해 유추할 수 있다. 조선과 중국·일본과의 외교관계와 관련한 역사적 사실과 의례, 조선의 행정 일반에 관한 사항, 길일을 택하는 법이나 메주를 만드는 방

[표 1] 『고사촬요』의 간행과 증보

연도	편찬자·증보자	체재	특징
1554(명종 9)	어숙권	불명	활자본. 현재 실물 확인 어려움
1585(선조 18)	허봉許篈	상·하 2권	목판본
1612(광해 4)	박희현朴希賢	상·하 2권	활자본. 1613년에도 간행되며 여기에는 이이첨의 발문이 실림
1636(인조 14)	이식李植	상·중·하 3권	활자본
1674년경 (현종 15년경)	증보자 불명	상·중·하 3권 및 부록	활자본. 내용상 비약적인 변화
1734년 전후 (영조 10년 전후)	증보자 불명	4권	목판본. 연도가 정확하지는 않으나 이 무렵에 간행된 것으로 보임. 영조 20년을 전후하여 5권 체재로 증보됨
1771(영조 47)	서명응徐命膺	15권	서명응이 지은 서문과 범례 '고사신서'로 이름을 바꾸어 간행

법을 다룬 일상생활에 관한 갖은 지식, 서울로부터 지방 각 군현까지의 거리 및 지역 특산물, 각 지방이 소유하고 있는 책판冊版(책을 찍는 판목)을 담은 지방 관련 정보 등이 이 책이 담고 있는 내용이다.

1612년(광해군 4)에 박희현朴希賢이 주관하여 간행한 책은 북인 정권의 산물로, 광해군 초년의 역사적 사실이 자세히 실려 있다. 이 책에서는 사대에 관한 내용 곧 공물로 바치는 물품, 중원으로 가는 공로貢路, 명나라의 관직 제도 등을 보완하고 또 관료의 월급, 문관과 무관의 복색, 문묘에 종향하는 인물, 종묘에 배향하는 역대 공신, 조선의 역대 명신의 이름 등 조선의 행정과 역사 사실을 보탠 것이 특징이다. 생활상의 일용 지식도 분량이 늘어났다.

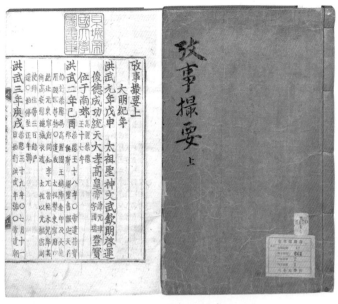

『고사촬요』, 규장각 한국학연구원. 1613년에 간행되었으며 활자본이다.

반면 앞선 책에 들어 있던 팔도의 책판 사실은 삭제되었다. 임진왜란을 겪은 뒤 각 지방에서 보유하고 있던 책판이 사라지거나 훼손되는 일이 많았기 때문이다.

이식이 주관하여 증보한 1636년(인조 14) 간행본은 이 시기 조선 사회의 북인에 대한 비판과 반감을 반영하고 있다. 이식은 앞의 여러 책에서 나온 내용을 활용하면서도 북인과 연관된 내용은 모두 빼버렸다. 그렇다고 전체 분량이 줄어들지는 않았다. 필요한 내용은 늘려 체재가 상·중·하 3권으로 커졌다.

1674년경(현종 15)에 증보한 『고사촬요』는 많이 달라졌다. 상·중·하의 본문 말고도 따로 부록을 붙여 행정 관련 내용을 늘린 것이 특징이다. 이 책에 이르러 『고사촬요』는 명실상부한 행정 편람서로서의 모습을 갖췄다. 본문은 이식이 증보한 것과 차이가 없지만 부록은 아주 특이하다. 이 책에서는 역대 조선 국왕의 기일을 비롯해 국가를 다스리는 데 필요한 규정과 의식을 대거 수록했다.

「국기안國忌案」, 34.8×91.8cm, 18세기, 유교문화박물관. 왕과 왕비의 기일을 적어놓은 기일판이다. 『고사촬요』는 조선 국왕의 기일들을 모두 기록해놓았다.

「해영연로도海營燕老圖」, 『계친서화첩』, 36.0×26.5cm, 유교문화박물관. 이 그림은 지방에서 열린 양로연 향사를 그린 것인데, 『고
사촬요』는 주현에서의 양로연 의식을 다루고 있다.

조선시대 고현동에서 향음주례에서 사용했던 예기. 태산선비문화사료관.

모두 34개 항목이나 된다. 이 가운데 주현州縣에서 봄·가을 두 차
례 사직제와 문묘 제사를 지내는 의식, 주현에서의 여제厲祭(역질이
돌 때 지내는 제사) 의식, 주현에서의 양로연 의식 및 향음주례鄕飮
酒禮와 향사의鄕射儀, 주현에서의 토지세 징수 방법, 양전법量田法,
각 도에서의 조운·공용으로 이용하는 도로 등에 관한 사실이 눈
에 띈다.

일상생활에 긴요한 여러 방법, 질병을 다스리고 소와 말을 잘
다루는 법도 크게 늘려 실었다. 길일에 관한 '선택選擇 제방諸方'이
22종, '잡용雜用 속방俗方'은 16종, 질병 치료법은 8종을 소개했다.
이들 일용에 필요한 내용은 중국에서 들어온 정보이거나 조선에
서 축적된 지식들이었다.

1734년(영조 10) 전후에 나온 『고사촬요』는 본문과 부록으로 구
성된 현종대의 증보본을 본문으로 통합해 정리했다. 과거를 행하

는 방식[대소과거식大小科擧式]처럼 새롭게 들어간 내용도 있지만 앞의 책에 비해 많이 줄어들었다. 주현에서의 문묘 제사와 여제 의식, 주현에서의 양로연 의식, 주현에서의 토지세 징수 방법, 양전법, 각 도에서의 조운 등이 빠졌다. 한편 질병 치료법 및 일상생활의 비법은 각기 잡병경험방雜病經驗方 및 일용제반속방日用諸般俗方이라는 이름으로 독립해서 다루어졌다.

1771년(영조 47)에 이르면 『고사촬요』는 전면적으로 체질을 바꾼 책으로 다시 태어난다. 이 책을 만든 서명응徐命膺은 어숙권의 『고사촬요』에서 사대에 관한 사실을 강조했던 것을 비판해 인사人事 중심으로 내용을 구성했다.

『고사촬요』는 중국과 조선 사이 사신이 오고간 사실이 절반을 차지한다. 반면 인사에 긴요한 것은 많이 빠져 있다. 이는 어숙권이 이문학관으로서 사대문자事大文字(외교에 관한 글)를 찬술하는 일을 맡아 상고하는 책을 만들려 했기 때문에 어쩔 수 없는 일이었다. (…) 지금에 이르러 중국의 정사正史가 널리 퍼져 있고 또 승문원의 등록謄錄이 매우 자세히 구비되어 있으므로 굳이 이 책이 없어도 된다. 그래서 지금은 모두 생략하고 인사에 매우 중요한 것으로 대신했다.(서명응, 『고사촬요』 범례)

책의 구성 또한 천도문天道門, 지리문地理門, 기년문紀年門, 전장문典章門, 의례문儀禮門, 행인문行人門, 문예문文藝門, 무비문武備門, 농포문農圃門, 목양문牧羊門, 일용문日用門, 의약문醫藥門 등 12개 편목으로 나누고 관련 사실을 모두 15권 분량에 담았다. 책 체재가

稽古之功 其書滿籍
龜�</br>
　　（좌측 상단 제발）

大家軍三館大學士戶朋學士任晚�"... 六十六歲眞

「서명응 초상」, 비단에 채색, 43.6×33.9cm, 덴리대.

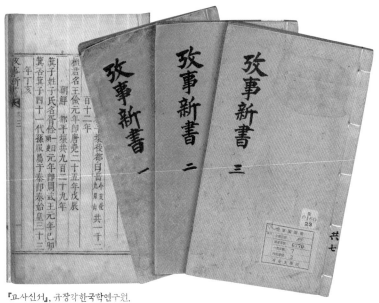

『고사신서』, 규장각한국학연구원.

바뀌고 성격 또한 모습을 달리했다. 이를테면 기년문에서 단군 조선으로부터 조선왕조에 이르기까지 한민족 여러 국가의 변천만을 실은 점은 이 책의 특징을 잘 드러낸다. 이러한 변화는 무엇보다 조선을 중국과의 관계 속에서가 아니라 그 자체로 자주적으로 보는 인식이 작용했기 때문일 것이다. 이후 이 책은 『고사신서故事新書』라는 이름으로 간행되었다.

18세기 후반 『고사촬요』의 변신에는 편찬자 서명응의 의도가 강하게 깃들었지만 이 시기 조선에 일었던 새로운 학술 움직임이 반영된 결과이기도 했다. 서명응이란 인물은 주목을 요한다. 박학다식하고 이용후생利用厚生의 학문을 지향했던 그는 영·정조대 학술계에서 능력을 발휘했으며 특히 정조에게서 크게 인정받았

다. 『임원경제지』를 지은 서유구는 그의 손자다.

이처럼 『고사촬요』는 명종대에 만들어진 뒤 내용을 더하거나 여러 번 간행되었다. 시대 상황에 맞춰 그 내용을 바꾸어가는 『고사촬요』의 변신은 그 자체로 실용의 의미를 적절히 구현하는 일이었다. 『고사촬요』는 명실상부 실용서였던 것이다.

외교와 행정의 교본

『고사촬요』가 담고 있는 지식과 정보는 간본에 따라 조금씩 변화했다. 후대에 만들어진 것일수록 주제가 다양하고 내용도 더 풍부하다. 수록 사실은 다음 몇 가지 유형으로 나누어 살필 수 있다.

우선 명나라와 조선의 역사를 거론할 수 있다. 중국이나 조선에서 상대 국가에 보낸 사신과 시간, 조선에서의 주요한 역사적 사건 등이 일목요연하다. 이를테면 세조대와 성종대에 『경국대전』을 차례로 간행하고 활용한 사실, 여러 조정에서 양전量田이나 호패법을 시행하고 적서嫡庶 차별법을 시행한 연도 등을 쉽게 알 수 있다. 하지만 오랫동안 이루어진 조선과 중국의 역사적 관계를 빠짐없이 정리하는 데는 한계가 있었다. "(『고사촬요』가) 일단 편년체 형식을 취해 대대로 기록해나간 만큼, 나라를 운영하는 과정에서 발생한 여러 사변事變까지 아울러 채집하여 부록으로 한두 가지씩 보여주지 않을 수 없었는데, 이는 소규모로 주워 담았을 뿐 빠뜨린 것이 많으니, 요컨대 미완의 책이라고 해야 할 것이다"라고 한 이식의 평가가 이를 잘 꿰뚫었다.

한편 이 책의 역사 서술은 어느 경우나 명나라 태조 원년에서 시작했지만 끝나는 시점은 책마다 달랐다. 처음 펴냈을 때는 명종 초년까지 실었고 그 뒤에 나온 책들은 선조 18년, 광해군 5년, 인조 13년까지 다루었다. 그러나 현종·영조대에 증보한 책이라도 인조 13년 이후의 역사는 기재하지 않았다. 이것은 1637년 조선이 청에 항복하며 청과 군신관계를 맺게 되어 명나라와는 관계가 끊어졌던 사실을 염두에 두었기 때문으로 보인다.

사대교린의 외교에 관한 사항 또한 중요한 요소였다. 중국에 보내는 조공물[진공방물수목進貢方物數目], 중국으로 가는 조선 사신의 노정[중원진공노정中原進貢路程], 일본 사신을 접대하는 예식[접대왜인사례接待倭人事例], 일본 사신들이 오는 노정[왜인조경도로倭人朝京道路] 등이 실려 있다. 일본 사신들이 서울로 오는 경로는 초창기에 간행된 책에서부터 나타난다. 육로와 수로 두 길이 소개되었는데, 이 길은 원래 조선에서 통상 이용하던 것이기도 했다. 육로로는 중로, 좌로, 우로 등 세 가지 경로가 있었다. 좌와 우의 판단은 수도 한성에서의 시점을 기준으로 한 것이었다. 수로는 한강 수계를 따라 충주에 이른 뒤 조령을 넘어 낙동강을 타고 부산포까지 가는 단일 경로였다. 수도 한성에서 부산포까지 직행하는 길이라 할 수 있다. 이외에 명나라의 관제, 명나라의 수도 북경에 있는 관아의 종류와 관원의 등급, 중국 내 각 지방의 거리 등도 자세히 소개되어 있다. 조선과 중국, 조선과 일본 사이에 행해졌던 외교적 관례의 기본이 어떠했는지 알려주는 사실들이라 할 수 있다.

『고사촬요』가 싣고 있는 또 다른 내용은 조선의 행정에 관한 것이었다. 정1품부터 종9품까지의 문무 양반의 관품과 관계, 제1과

『조천도朝天圖』, 35.8×64.0cm, 19세기, 육군박물관. 중국 등주 황현黃縣을 지나는 조선 사신의 사행 장면이다. '조천'은 명나라 사행을 의미한다. 『고사촬요』에 실린 내용 중 하나가 중국으로 가는 조선 사신들의 노정에 관한 것이었다.

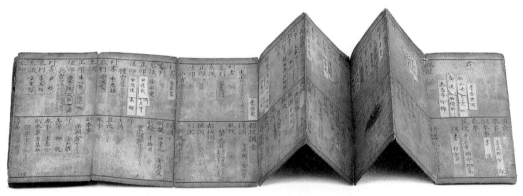

『진신편람첩縉紳便覽帖』, 12.5×24.5cm, 조선 후기, 유교문화박물관. 조선시대 중앙과 지방의 모든 관직을 순서대로 적어놓은 첩이다. 행정에 관한 내용이 자세히 실린 『고사촬요』는 조선시대 관직에 관하여 세세히 밝혀놓고 있다.

부터 제18과까지의 관료들이 받는 급여[반록頒祿], 6조의 낭관郎官이 관장하는 일, 상복 입는 범위와 수준을 다룬 복제식, 경외관京外官의 상피相避 규정, 관료의 휴가 규정[급가식給暇式], 생약生藥과 숙약熟藥의 가격, 과거를 행하는 방식[대소과거식大小科擧式], 지방 군현의 사직제 의례[주현사직제의州縣社稷祭儀], 향사·향음주 의식[향사향음주의鄕射鄕飮酒儀], 금형일禁刑日, 오형五刑에 대한 수속收贖 규정, 노비의 소송에 관한 참고 사항, 토지 면적 계산법, 책을 만드는 데 드는 종이의 수 등이 실려 있다. 하나같이 『경국대전』이나 이후의 법전에 실려 있는 규정과 의식을 축약했다.

이들 자료는 행정 전반에 관한 사항을 두루 담지는 않았다. 다만 오늘날의 독자들은 여기에 실린 내용을 보면 관청의 사무에서 가장 절실하게 이용되었던 것, 일반 백성의 삶에 커다란 영향을 미쳤던 행정 업무가 무엇이었던가를 짐작할 수 있다. 태형 등 여러 형벌에 대한 수속收贖 규정이 그러한 예다. 이 규정이 실린 것은 아마도 엄격한 법체계 위에서 형벌을 운용했던 조선에서 처벌받는

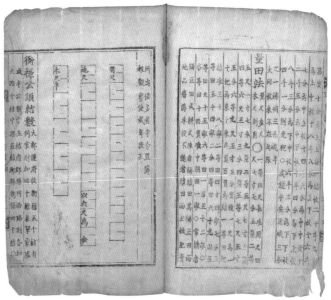

『고사촬요부록』, 규장각한국학연구원. 토지 측량법 및 토지 측량에 쓰는 자를 싣고 있다.

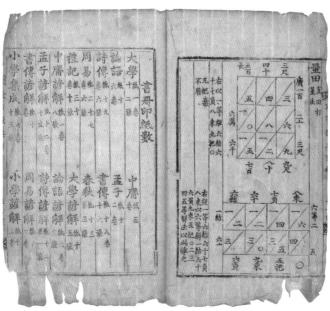

『고사촬요』에 실린 책을 인쇄하는 데 드는 종이의 수와 토지 면적 계산하는 법. 『대학』을 인쇄하는 데 종이 1천 12장이 필요함을 알 수 있다. 1권은 20장이다. 세로 543척×가로 123척의 토지는 1등전으로는 6결 67부 8속 9파이며, 6등전으로는 1결 66부 9속 5파임을 보여준다.

사람이 많았고 이에 따라 속전贖錢이나 속물贖物을 내려는 수요가 많았기 때문일 것이다. 조선에서는 『대명률』의 법규에 따라 형벌을 모두 다섯 종류[오형五刑]로 정하고 이에 따른 처벌을 정해두고 있었다. [표 2]는 영조대에 간행된 『고사촬요』에 나오는 수속 규정이다. 전錢 1관은 1000문인데 이는 전 10냥에 해당된다. 목 1필은 5승목 35척과 같았다.

전국의 각 군현에 대한 정보 또한 매우 중요한 내용이었다. 서울에서 지방 군현까지의 거리를 비롯해 군현의 별호別號, 지역 특산, 팔도관직총수八道官職總數 등을 담고 있다. 중앙에서 지방의 행정을 파악할 때나 혹은 지방에서 다른 지역의 사정을 파악할 때 손쉽게 이용할 수 있는 구성이다. 광해군 4년 이전에 나온 책에는 그 지역에서 소유하고 있던 책판에 관한 정보를 실어, 이 시기 지방 관청에서 행한 도서 간행 정보를 한눈에 볼 수 있다.

[표 2] 5형의 종류 및 영조대에 간행된 『고사촬요』의 속전

종류	형별 등급에 따른 처벌 내용	수속의 기준(영조대 간본)
태형	10, 20, 30, 40, 50	10대: 전錢 600문 혹은 목木 7척
장형	60, 70, 80, 90, 100	60대: 전 3관 혹은 목 1필 7척
도형	장 60/도 1년, 장 70/도 1년 반, 장 80/도 2년, 장 90/도 2년 반, 장 100/도 3년	장 60, 도 1년: 전 15관 혹은 목 15필
유형	2000리/장 100, 2500리/장 100, 3000리/장 100	장 100/2000리: 전 30관 혹은 목 37필
사형	교형絞刑 참형斬刑	해당 사항 없음

「태형」, 김준근, 28.0×33.1cm, 조선 말기, 모스크바 국립동양박물관.

[표 3]은 서울에서 반나절 거리에 있는 군현과 가장 멀리 떨어져 있는 몇몇 군현에 대한 정보다. 1585년 간행본과 1734년 무렵의 간행본을 비교해 정리했다. 책판은 앞의 책, 토산은 뒤의 책에 실려 있다. 반나절 거리의 가까운 고을은 경기도, 24일이나 가야 닿을 수 있는 먼 고을은 함경도에서 택했다.

[표 3] 각 군현에 관한 정보

	군현(도)	별호	특산	책판	비고
한나절 거리	고양 (경기)	고봉, 행주, 계백, 우왕, 왕봉, 덕양	위어, 게, 은구어		
	양천 (경기)	공암, 제양, 파릉, 양평, 양원	백어, 위어, 면어, 수어, 게		
4일 반 거리	풍기 (경상)	기림, 기주, 기천, 영정, 안정	수정, 석인, 삼, 꿀, 닥종이, 은구어 등	두시, 치가절요, 죽계지, 학구성현, 대적벽부	책을 찍어내는 군현은 정해져 있음
9일 거리	진주 (경상)	진강, 진산, 청천, 진양, 강주, 청주, 거타陀	고구마, 감, 차, 대구어, 해삼, 청어, 석류, 은구어, 매실, 웅담, 녹용, 오미자 등	도연명집, 무원록, 고문진보, 태평광기, 성리자의, 여씨향약, 경민편 등	선조 18년 간본에는 9일 반 거리로 되어 있음
	영변 (평안)	밀운, 안소, 영산, 영주, 무주, 무산, 약산	삼, 마, 오미자, 은구어, 인삼, 꿀, 사향, 활, 복령, 영양		
24일 반 거리	경흥 (함경)	예성, 광성	삼, 철, 인삼, 대우, 문어, 황어, 고등어, 홍합, 백합, 석화, 소금, 다시마, 미역 등		도성에서 가장 멀리 가는 고을
	경원 (함경)	공주, 광주, 추성	삼, 오미자, 인삼, 사향, 해달, 대구어, 해삼, 홍합, 고등어, 다시마, 소금 등		

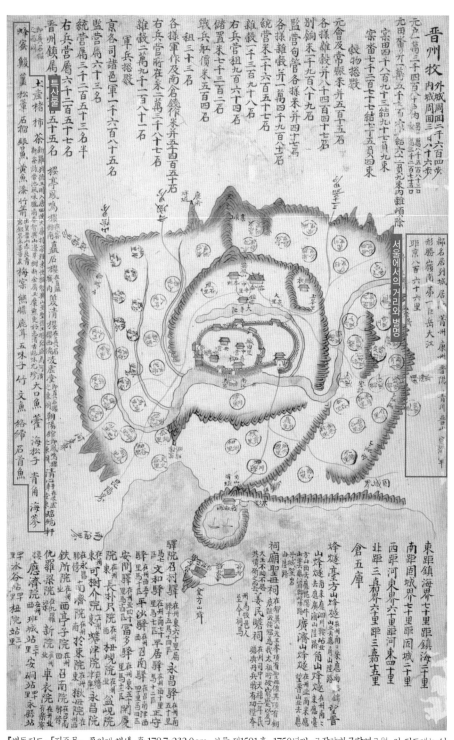

『해동지도』, 「진주목」, 종이에 채색, 축 178.7×232.0cm, 보물 제1591호, 1750년대, 규장각한국학연구원. 이 지도에는 서울에서 진주까지의 거리나 특산물 정보, 별명 등도 실려 있는데, 『고사촬요』 역시 이러한 내용을 담고 있다.

생활 지식의 보고

일상에 필요한 지식 또한 잡다하면서도 풍부하다. 간지의 옛 이름[간지고호幹枝古號], 24절기, 옷을 만들거나 이사하는 날의 길일을 다룬 '선택選擇', 메주를 만들거나 술 빚는 방법 등을 적은 '잡방雜方' 등이 실려 있다. 초기의 책에 비해 뒤에 나온 증보본으로 갈수록 관련 내용은 늘어난다. 언뜻 행정 편람에 이런 자료가 왜 실렸을까 의문이 들지만, 관직자와 일반인들에게 이런 '생활의 지혜'를 보급하려던 것이 애초의 목적이었다. 여기에 실린 생활 정보와 지식이 민간에 스며들어 자연스레 널리 퍼졌을 것이다. 새로운 지식의 형성에도 큰 영향을 준 것으로 보인다. 『산림경제』 『성호사설』 『연려실기술』의 저자들은 『고사촬요』를 주요한 정보원으로 다루었다.

길일과 관련된 내용으로는 장·초·누룩·술을 빚기 좋은 날, 채소와 나무 심기 좋은 날, 옷을 마름질하기 좋은 날, 성인례 하기 좋은 날, 상관 부임하기 좋은 날, 노비를 들일 때의 길일, 지붕 올리기 좋은 날, 문을 내기 좋은 날, 변소 짓기 좋은 날, 계모임 하기 좋은 날 등을 다루었다. 조선 사람들이 웬만하면 일진에 맞춰 일을 벌이고 행동했던 것

초립, 26.5×13.0cm, 조선 후기, 유교문화박물관. 조선시대 성인례 때 썼던 초립이다. 『고사촬요』에는 성인례 하기 좋은 날에 대해서도 밝혀놓고 있다.

을 알 수 있다.

음식, 주택 건축과 관리 등 의식주에서 유의해야 할 금기도 실려 있다. 터무니없는 것도 있지만 경험으로 얻은 지혜가 빛나기도 한다. 독버섯 감별하는 법에서는 이 시기 독버섯으로 피해를 입는 사람이 많았음도 짐작할 수 있다.

복숭아씨와 살구씨는 독毒이 있으니 먹지 말라.

9월에 서리 맞은 오이는 먹지 말아야 한다. 이것을 먹으면 사람의 위가 뒤집히는 병이 생긴다.

못 먹는 버섯은 털이 있는 것, 아래 무늬가 없는 것, 밤에 빛이 나는 것, 삶아도 익지 않는 것, 요리를 해도 사람 그림자가 보이지 않는 것, 봄이나 여름에 악충이나 독사가 지나간 것 등이니, 이들 버섯은 먹으면 모두 사람을 죽게 한다.

빛이 붉고 바짝 쳐든 채 엎어지지 않는 것, 들이나 밭 가운데 나는 것은 모두 독버섯이다. 닥나무, 느릅나무, 버드나무, 뽕나무에 생긴 버섯은 모두 먹을 수 있다.

창자와 쓸개가 없는 생선은 먹어서는 안 된다. 만약 먹으면 3년 동안 남자는 양기

항아리, 높이 80.0cm, 조선 후기, 국립민속박물관. 간장, 된장, 고추장과 같은 장류와 젓갈을 담았던 항아리다. 『고사촬요』에는 장 담그기 좋은 날에 관한 정보도 실려 있다.

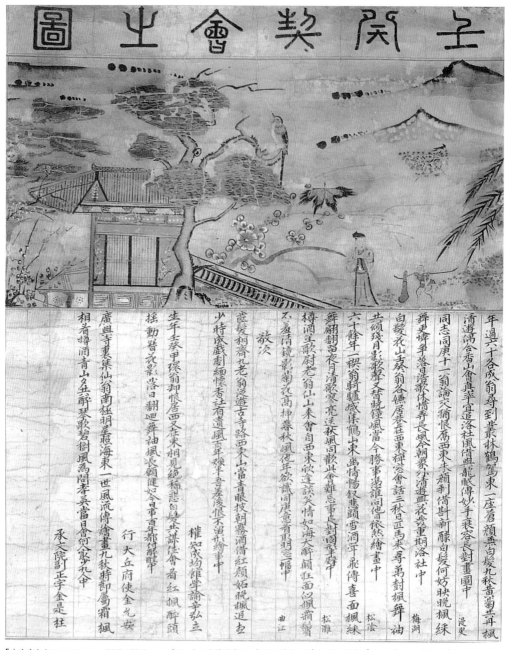

「임계계회지도王癸契會之圖」, 77.5×155.5cm, 1613, 유교문화박물관. 안동의 선비 11명이 계 모임을 갖고 기념으로 남긴 그림인데, 『고사촬요』에서는 계 모임하기 좋은 날 각종 길일에 대한 정보를 밝혀놓고 있다.

부족으로 방사房事를 못 하게 되고 여자는 생식이 끊어진다.

저절로 죽은 육축六畜은 모두 역병으로 죽었으니 먹으면 안 된다.

물에 뜨는 돼지고기는 먹으면 안 된다.

고기에 구슬 같은 반점이 있으면 먹지 말아야 한다.

가금류의 간에서 푸른색이 나면 사람을 해친다.

닭이나 들새가 발을 오그리고 죽은 것을 먹으면 사람이 죽는다.

백주白酒와 개고기를 함께 먹으면 촌백충寸白蟲이 생긴다.

최적의 주거지를 고르고 꾸미는 법도 자세히 소개했다. 풍수지리의 지식을 활용하거나 일반적인 감각과 기분으로 판단한 정보가 많다. 피 묻은 옷 빠는 법과 같은 소소한 지혜도 실려 있다.

주택에서 왼편에 물이 있는 것을 청룡靑龍이라 하고, 오른편에 긴 길이 있는 것을 백호白虎라 하며, 앞에 못이 있는 것을 주작朱雀이라 하고, 뒤에 언덕이 있는 것을 현무玄武라고 하는데, 이런 터가 가장 좋다. 주택에서 동쪽이 높고 서쪽이 낮으면 생기生氣가 높은 터이고, 서쪽이 높고 동쪽이 낮으면 부귀하지 못하고 호사스럽다. 앞이 높고 뒤가 낮으면 자식이 끊기고, 뒤가 높고 앞이 낮으면 우마牛馬가 번식한다. 복잡한 거리나 탑, 무덤, 절이나 사당, 그리고 신사神祠·사단祀壇, 대장간과 옛 군영 터나 전쟁터는 살 곳이 못 되고, 초목이 나지 않는 곳, 흐르는 물이 마주치는 곳, 산이 맞닿아 있는 곳, 큰 성문 입구와 옥문獄門을 마주보고 있는 곳, 모든 개천이 흘러 들어오는 곳은 거처할 곳이 못 된다. 대문의 문짝과 양쪽의 장벽牆壁은 크기를 똑같게 해야 한다. 왼쪽이

크면 아내를 바꾸고 오른쪽이 크면 고아와 과부가 나기 쉽다. 문짝이 장벽보다 높으면 울 일이 많아진다.

돌문을 만들어 살면 식구들이 집을 나가고 책을 멀리한다.

피 묻은 옷을 빠는 법: 냉수로 빨면 핏자국이 없어지지만 만약 열탕熱湯으로 빨면 핏자국이 빠지지 않는다.

기름 묻은 옷을 빠는 법: 목맥木麥(메밀) 가루를 위와 아래에 펴고 종이로 덮은 다음 다리미로 다리면 즉시 기름흔적이 없어진다.

천연두나 전염병, 추위와 더위로 인해 생긴 질환, 곽란, 이질, 학질, 흉복통胸腹痛, 천식 등의 질환을 치료하는 법, 음식물에 중독되었을 때 해독하는 법, 벼룩과 이를 없애는 법, 우황청심원 등 30여 가지 환약 복용법 등을 자세하게 실었다. 또한 흉년이 들어 기근에 허덕이는 빈민을 구제하는 처방도 수록했다. 특히 굶주린 사람을 구제하는 방법은 잦은 흉년에 초근목피로 생활하며 살았던 사람들을 살리는 일이기도 했다.

벼룩·이를 물리치기 위해서는 창포菖蒲·총葱·부평浮萍 각 1근을 가루로 만들어 매번 반 잔씩을 자리 위에 뿌리면 다음 날에는 절로 죽는다. 마른 창포를 잘게 썰어 자리 밑에 두거나 사향麝香 조금을 자리 위에 붙여놓으면 모두 제거할 수 있다.

곽란霍亂: 곽란에는 고혜초藁鞋草라는 풀의 뿌리를 캐서 쓴다. 뿌리 가운데 모양이 구슬을 늘어놓은 것 같은 것을 따서 흙을 털고 깨끗이 씻어 먹으면 신기한 효험이 있다. 혹은 관충혈關衝穴을 침으로 찔러 피

『고사촬요』에 실린 구황방救荒方 부분.

를 떠면 즉시 낫는다. 관충혈은 무명지無名指 바깥에 있다. 남자는 왼쪽, 여자는 오른쪽에 침을 놓는다. 또 감초 5전을 달여 먹으면 효과가 있다.

이질: 사계절을 막론하고 피똥과 곱똥을 누는 데에는 진전담眞煎膽 10푼을 물이나 술에 녹여 먹으면 신기한 효험이 있다.

해독: 버섯에 중독되면 참기름을 적절하게 먹는다. 박의 속을 불에 태워 재를 만들어 물에 타 먹으면 매우 효험이 있다. 고기에 중독되었을 때는 황백 가루를 먹는다. 벌이나 전갈 등에 물려 중독되었을 때는 황련즙黃蓮汁을 바르면 신기한 효험이 있다.

개에 물렸을 때는 마른 생강 가루를 상처에 바르면 차도가 있다. 혹은

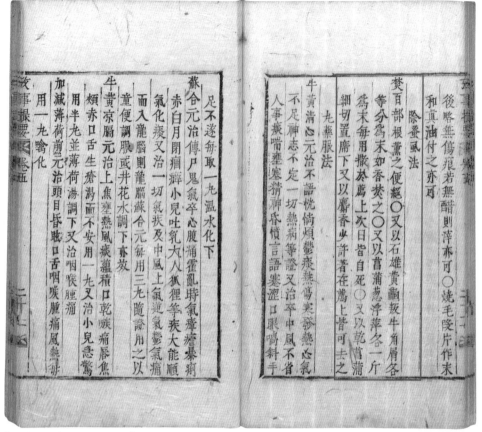

足不遂每取一丸溫水化下
蘇合元治傳尸鬼氣卒心腹痛霍亂時氣瘴瘧暴痢
赤白月閉痃癖小兒吐乳大人狐狸等疾大能順
氣化痰又治一切氣疾及中風上氣逆氣鬱氣痛
而入龍腦則龍腦蘇合元每用三丸隨證用之以
童便調服或井花水調下亦效
牛黃凉膈元治上焦壅熱痰蘊積口乾喉痛唇焦
煩赤口舌生瘡潟而不安用一丸又治咽喉腫痛
用半丸並薄荷湯調下治小兒急驚
加減薄荷煎元治頭目昏聦口舌咽喉腫痛風熱非
用一丸噙化

後略無傷痕若無醋則淬亦可○燒毛後片作末
和眞油付之亦可
除蚤虱法
焚百部根薰之便絶○又以石雄黃𩥫叛牛角屑各
等分爲末如香焚之○又以菖蒲葱浮萍各一斤
爲末每用撒於薦上次日自省○又以乾菖蒲
細切置席下又以麝香少許著在薦上皆可去之
丸藥服法
牛黃淸心元治不語恍惚煩鬱痰熱傷寒參熱心氣
不足神志不定一切熱病等證又治卒中風不省
人事痰喘壅塞痳昏憒言語塞澀口眼喎斜手

『고사촬요』에 실린 이와 벼룩 잡는 법除虱法 부분.

호랑이의 정강이뼈나 머리뼈로 만든 가루 2돈을 더운 물이나 끓인 물에 타서 먹는다. 호랑이에게 물리면 참기름 3~4홉을 마시고 상처를 기름으로 씻은 다음 백반을 가루로 만들어 상처에 붙이면 통증이 멈추고 곧 효과가 난다. 뱀에 물리면 소뼈를 가루로 만들어 태운 뒤 연기가 상처에 닿도록 한다.

이물질이 눈이나 귀에 들어갔을 때의 처치: 귀에 벌레가 들어가면 닭벼슬 피를 귀에 떨어뜨리면 나온다. 개미가 귀에 들어갔을 때는 돼지 비계, 양 비계를 구워 귀에 들어가게 하면 절로 나온다.

칼에 베인 상처와 화상 치료: 칼에 베인 상처는 혈갈血竭 가루를 뿌리고 싸매면 아픈 것이 곧 그친다. 나은 뒤에도 흉터가 안 진다. 화상을 입으면 식초를 바르고 이어 찌꺼기를 붙인 뒤 식초를 발라 마르지 않게 하면 비록 짓무르더라도 통증이 귀신처럼 그친다.

굶주린 사람 구하는 법: 굶주려 죽게 된 사람에게 갑자기 밥을 먹이거나, 뜨거운 음식물을 먹게 하면 반드시 죽는다. 그럴 때는 먼저 장즙醬汁(간장)을 물에 타서 마시게 한 다음 식은 죽涼粥을 주고 그가 소생하기를 기다려서 차차로 죽粥과 밥食을 주어야 한다. 솔잎 가루 3홉, 쌀가루 1홉, 유피즙楡皮汁 1되를 고루 섞어서 죽을 쑤어 먹으면 조석朝夕의 시장기를 면할 수 있다. 그런데 대개 솔잎은 성질이 깔깔하고 유피즙은 성질이 매끄러워서 쌀가루와 섞으면 위와 대·소장을 이롭게 한다. 이와 같이 하면 흉년에 대비될 뿐만 아니라 섭양攝養하려는 사람에게도 큰 도움이 된다.

초나 술, 장을 만드는 제법도 매우 자세하다. 다루고 있는 술은 백하주白霞酒, 소국주小麴酒, 약산춘藥山春, 삼해주三亥酒, 잣술柏子酒, 도화주桃花酒 등 20여 종이나 된다.

장 만드는 법: 더덕, 도라지를 꼭지를 떼고 씻어 말린 뒤 가루를 지어 자

술롱, 높이 56.3cm, 20세기 전반, 서울역사박물관.

루에 넣는다. 물에 담가 쓴맛을 없애고 눌러서 물기를 뺀 뒤 항아리에 가루 10말, 말장 12되와 소금물을 적당히 섞어 담그면 모두 익어 좋은 장이 된다.

초 만드는 법: 5월 5일이나 7월 7일에 가을보리 1말을 찧고 푹 찐다. 여기에 누룩 5되를 빻아 넣는다. 동류수東流水나 정화수 한 동이를 부어 팔팔 끓여 부은 뒤 유지로 주둥이를 봉하고, 푸른빛 보자기나 쑥을 엮어 덮는다. 21일이 지나면 먹는다.

송엽주: 찹쌀 1말을 쪄서 밥을 만든 뒤 누룩가루 1되와 솔잎 1되를 뒤섞는다. 객수를 넣지 않고 이를 빚는다. 3일 뒤에 술 1되를 첨가한다. 3일이 지나면 푹 익는다. 처음 맛은 조금 쓰고 독하나 뒷맛은 무척 맑고 달다.

조선 사람의 삶의 변화에 발맞춘 책

『고사촬요』는 틀이 고정되어 있지 않은 책이었다. 사회가 변화하고 시간이 흐르는 데 발맞춰 구성을 바꾸고 내용을 보완했다. 초기 사대 외교에 관련된 사실을 중심으로 구성되었던 것이 현종 대를 기점으로 조선을 다스리는 데 필요한 사항을 집중적으로 싣는 방식으로 바꾸다가 18세기 말에는 사대 외교보다는 조선 내부 실정에 중점을 둔 체재로 완전히 재구성되었다. 시대 변화에 맞춘 변신이야말로 『고사촬요』가 지닌 최고의 특징이자 장점이었다.

『고사촬요』는 그동안 우리 사회 일반 독자들에게 많이 알려지지 않았다. 이 책이 온갖 다양한 사실을 담고 있긴 하나, 체계성이

떨어지고 그다지 풍부한 이념과 사상을 제공하지도 않기 때문일 것이다. 오히려 잡다하고 쓸데없는 정보로만 가득 차 있는 인상을 주기도 한다. 굳이 관심 기울여 볼 만한 매력이 별반 없는 책일지도 모른다.

하지만 이 책은 조선에서는 관청의 행정 편람서로, 일상의 실용서로 널리 쓰임새를 지녔다. 조선 사람들은 이 책에서 역사적 사실을 확인하며 역사서로 활용하기도 했고, 자신들의 지식을 펼쳐가는 근거 자료로 삼기도 했다. 생활하며 부딪히는 어려움을 풀 때 이 책에 실린 일용의 실용 정보는 그 쓰임새를 톡톡히 다했다. 조선의 관료 조직에서 중시했던 행정 지식과 정보, 조선 사람들이 일상에서 영위하고 활용하며 삶을 지탱했던 지식이 어떠했던가를 알기에 이보다 더 좋은 자료도 없을 것이다.

이 책은 500년 넘도록 지속된 조선을 움직였던 힘이 어디서 나왔던가를 사유할 수 있는 단서를 제공하기도 한다. 조선은 통일된 법과 제도를 갖추고 중앙의 관료 기구와 300여 군현을 통해 유지되는 집권 국가였다. 느슨한 듯싶으면서도 꽤 복잡하게 작동하는 체제였다. 그런 만큼 이 나라를 이끌어나가는 데에는 다양한 이념, 지식, 방법이 요구되었고 그 과정에서 그러한 요소를 담은 책들이 만들어졌다. 최상위에 조선의 법과 예를 규정한 『경국대전』과 『오례의』, 유학 사상을 담은 사서삼경이 자리 잡고 있었다면, 행정 일선과 일상의 영역에서는 『고사촬요』와 같은 실용서가 만들어져 활용되었다. 조선 사람들은 이들 책을 씨줄과 날줄로 삼아 긴 시간의 역사를 만들어나갔다. 『고사촬요』는 조선 사회에서 없어서는 안 되는 참으로 긴요한 존재였다.

2장

선비가 꽃을 키우는 법

◉

15세기 원예실용서 『양화소록』

이종묵

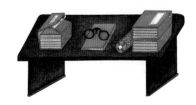

원예의 고전 『양화소록』

조선 선비들의 꽃에 대한 사랑은 유별난 데가 있다. 꽃을 사랑
하는 뜻에서 집 이름을 화암花庵이나 백화헌百花軒이라 한 사람이
있으며, 매화나 연꽃, 국화, 대나무 등 선비가 좋아하는 꽃 혹은
나무 이름을 따거나 그러한 꽃과 나무를 소재로 한 문학작품의 구
절을 따서 집 이름을 지었다. 이렇게 꽃과 나무를 사랑하다보니,
자연스럽게 꽃과 나무를 기르는 데 필요한 실용서가 등장했다. 중
국에서는 『군방보群芳譜』와 같은 화훼 전문 서적이 16세기에 나타
났고, 그보다 앞서 송대 이래로 『국보菊譜』 『매보梅譜』 『죽보竹譜』
『작약보芍藥譜』 등 다양한 꽃과 관련한 실용서들이 쓰여졌다.

우리나라에도 이러한 저술에 뒤지지 않는 화훼에 대한 실용서
가 있었으니 바로 15세기 문인 강희안姜希顔이 편찬한 원예서 『양
화소록養花小錄』이다. 강희안은 젊은 시절 집현전, 중추원에 주로
근무하며 중요한 연구들을 수행했다. 학문에 뛰어났을 뿐 아니라
시와 글씨, 그림에 모두 걸출해 삼절三絶로 일컬어졌다. 이처럼 타

「독서여가」, 겸재, 비단에 채색, 16.8×24.0cm, 1741, 간송미술관.

고난 능력이 있었건만 그는 남들보다 앞서려 하지 않았고 인맥을 통해 승진하려는 마음도 먹지 않았다. 사람들은 그가 세상에 크게 쓰이지 못한 것을 안타까워했지만, 정작 자신은 날마다 글을 읽고 꽃 키우는 일을 더 좋아했다. 출근하는 시간이나 부모님 안부를 여쭐 때를 제외하면 꽃 키우는 것으로 소일했다. 스스로의 시에서 "근래에 여러 꽃을 키우는 법을 배워서, 땅과 화분에 각기 심어 좋은 곳 따랐네年來學得養群芳, 種地栽盆各取長"라고 한 대로 아침저녁 꽃을 돌보다보니 절로 꽃 피우는 법을 터득했다. 예부터 전해오는 방법을 참고하기도 했는데, 그것조차 없으면 이리저리 물어보고 여기에 자신의 경험을 보탰다.

『양화소록』은 이런 과정을 거쳐 나온 책이다. 『양화소록』은 맨 앞에 강희맹의 서문이 실려 있고, 이어서 강희안이 직접 지은 서문이 한 편 더 붙어 있다. 이어 노송, 만년송, 오반죽, 국화, 매화, 난혜, 서향화, 연꽃, 석류꽃, 치자꽃, 사계화, 산다화, 자미화, 왜철쭉, 귤나무, 석창포 등 16종의 식물에 괴석을 붙여 총 17종의 꽃과 나무, 돌에 대해 기술했다. 여기에 등장하는 꽃과 나무는 모두 그의 집 화분에 키우던 것이다. 그리하여 『양화소록』은 스스로 쓴 서문에서 밝힌 대로 모란이나 작약처럼 땅에 직접 심는 꽃은 다루지 않았다. 그런 까닭에 모란, 작약, 장미 등 조선시대 정원을 가꾸었던 꽃과 나무를 두루 다루지 못한 아쉬움은 남는다.

그럼에도 불구하고 『양화소록』은 강희안 개인의 저술이면서 15세기 조선의 원예 기술을 집대성한 것이라 할 만하다. 실제로 『양화소록』은 후세에 두고두고 읽혔고 또 이를 참조한 다양한 원예서가 나왔지만, 조선의 원예 실상을 이 책만큼 구체적으로 다룬 예

養花小錄 華

養花小錄敍

天地氤氳化生萬物萬物之生莫不待養而成失
養而病此聖人所以盡裁成輔相之職而天地不
敢專其功造化之也一有大德之士
生逢九五展布經綸則利澤加于時仁恩及其物
舉天下國家皆在吾所養之內卒至於天地位萬
物育其功化之極有未易言語形容者不幸時命
不偶道蘊抱於心而不達化止於家而不廣欽我大
憲屈而莫伸則或花木淺末之事以寓夫全體大
用之妙斯乃士之不幸歟亦推小而例大夫東陵
之好種瓜靑陀之善種樹不徒成其業亦足精其

一

間也意花卉植物也既無知識亦不運動於
不知培養之理權攷藏之宜使濕者燥寒者煥
以離其天性則必至枯槁而已矣豈復有
敷榮茂秀以逞其眞態乎植物且然而况乎
於萬物者可食其心勞其形以違天害性耶
吾然後得養生之術也因此而擴充之則將
無往而不可失故余每隨所得輒錄其性品
養法錄己名曰菁川養花小錄以爲山林消
日之資而且與好事者共之若乃牧丹芳藥
眞裁歐陽永叔劉貢父曁王觀花譜余而香品
亦可種地之花卉法固與盆梅合異而各品
余不敢

贊云

老松

格物論松木大者敎園高十數丈礎砢多節文極
德厚如龍鱗盤根樛枝四時靑不改柯葉春二
三月抽藥生花結子然敎品三針五針爲枯子松五針
爲山松子松其脂苦入地子歲爲茯苓又千歲爲
瑚珀大松千歲其精化靑牛爲伏龜愚按怪松
諡云阿誰弄我汝來幾時翰囷轇膓蒼虬姿新怪松
怪雄牙聲拏空天蟠蠟枇枝○符戴檀松論若徒
共蔚述之間流溢之華住在內日月之光蕚枝外
祥鳳戲其上流泉瀉其下吳風四起聲拖竿嶺根

二

는 찾기 어렵다. 이 점에서 『양화소록』은 우리나라 원예의 고전 중에 고전이라 할 만하다. 18세기 남인 학자 김이만金履萬은 이 책을 필사한 뒤 쓴 글에서 "식물 중에 분재로 심을 만한 것을 대상으로 하여, 그 성품이 건조한 것이 맞는지 습한 것이 맞는지, 꽃이 피고 지는 것이 빠른 것인지 늦은 것인지, 북돋우고 물을 주는 것을 가끔 하는지 자주 하는지 등에 대해 하나하나 종류에 따라 편찬했다. 예전 것을 참작하면서 지금 것으로 고증하고, 사물을 완상하면서도 마음으로 합치하였으니 진실로 뛰어난 예궁蕊宮의 동호董狐요, 화림花林의 『춘추春秋』라 할 만하다"라고 하였다. '동호'는 춘추시대 진晉의 사관이고, 『춘추』는 공자가 편찬한 불후의 역사서다. 김이만은 『양화소록』을 꽃나라의 뛰어난 역사책이라 높이 평가한 것이다. 김이만이 따로 베낀 『양화소록』을 소장했다고 했거니와, 조선 후기 영남의 큰 학자 장현광張顯光이 1692년 『양화소록』을 아름다운 필체로 직접 필사한 책이 그의 후손가에 소장되어 오늘까지 전하는 것도 같은 이유에서다. 이처럼 『양화소록』은 분재의 고전으로 후대에 널리 읽혔으므로 국내외에 많은 필사본이 전한다.

조선 땅에서 화훼를 재배하는 법

앞서 말한 대로 『양화소록』은 화분에서 키우는 꽃과 나무, 괴석 하나하나에 대한 생태와 재배법 등을 기술한 책이다. 이에 덧붙여 마지막에 꽃과 나무를 화분에서 재배하는 법, 꽃을 빨리 피게 하

백자 분재무늬 병, 높이 48.0cm, 18세기,
세브르. 국립도자박물관.

는 법, 꽃이 싫어하는 것, 화분을 배열하는 법, 종자나 뿌리를 보
관하는 법 등 일반적인 원예 방법을 실어놓았다. 특히 꽃나무를
접붙이거나 겨울에 꽃을 피우는 방법 등이 『양화소록』에 상세히
적혀 있다. 책에 실린 매화 키우는 법을 보자.

대개 매화 접을 붙일 때에는 먼저 화분에 심은 작은 복숭아나무를 매
화나무에 걸어놓고 복숭아나무와 매화나무가 닿는 부분의 껍질을 벗
겨내고 합친 다음, 살아 있는 칡넝쿨로 단단하게 싸맨다. 기가 통하여
껍질이 서로 붙을 때까지 기다린 다음 원래의 매화에서 떼어낸다. 이
를 민간에서는 의접倚接이라 한다. 화분은 반쯤 볕이 들고 반쯤 그늘
이 지는 곳에 두고 자주 물을 준다. 그러면 서로 붙여놓았던 가지가
비스듬하게 누운 늙은 매화의 형상이 된다.
꽃봉오리가 가지에 붙으면 따뜻한 방에 들여놓고 더운 물을 가지고
가지와 뿌리에 뿜어준다. 화로에 숯을 달구어 그 곁에 두어 한기를 쐬
지 않도록 한다. 그러면 동지 전에 꽃이 활짝 피어 맑은 향이 방에 가
득하게 된다. 굳이 따로 수침사향水沈麝香을 태울 필요가 없다. 만약

꽃을 꽂거나 수석을 올려놓는 데 쓰였던 수반水盤. 국립민속박물관.

折梅寄句

「매화를 꺾어두고 글자를 찾다折梅寄句」, 이방운, 종이에 담채, 56.8×33.6cm, 1761, 프라이빗 콜렉션.

몹시 늙어 가지가 나지 않고 가지에 꽃봉오리가 생겨나지 않으면 양지 바른 곳으로 옮겨 심어 그 자라는 뿌리가 뻗어나가도록 하면 곧 커다란 나무가 된다.

화분의 매화는 꽃이 진 뒤에는 한기를 쐬지 않도록 다시 움집 안으로 들여놓아야 한다. 열매를 맺을 무렵 한기를 쐬면 열매를 다 맺지 못할 뿐만 아니라 가지 또한 말라 죽는다.

한겨울 눈 속에 피어나는 매화를 바라보는 일은 참으로 운치 있겠지만 사실 매화는 일부 도서지역을 빼고는 이른 봄이 되어서야 비로소 꽃을 피운다. 이 때문에 납매臘梅, 곧 음력 설 전에 꽃이 피는 매화는 사람의 손길을 기다려야 한다. 이를 위해 매화는 화분에 옮겨 심고 접을 붙여야 한다. 화분에 조그마한 복숭아나무를 심고 이를 땅에서 자라는 매화나무에 매달아 접을 붙여놓았다가 완전히 붙으면 가지를 잘라 방 안으로 들여놓는다. 그러고는 화로를 곁에 두어 따뜻하게 해준다. 『증보산림경제』를 보면 잘못 관리해 화분이 얼어 꽃이 피지 않을 때에는 끓는 물을 병에 담아 화분 위에 올려놓는다고도 하였다.

단순한 듯하지만 실제로 이렇게 해서 꽃을 피우는 일은 결코 쉽지 않았다. 이름난 화가 김홍도가 자신의 그림을 30냥에 팔아 매화꽃이 핀 화분 하나를 구입하는 데 20냥을 썼다고 하는데, 이는 쌀값으로 바꿔 계산하면 100만 원을 훌쩍 넘는 고가였다. 그만큼 한겨울 꽃을 피우는 매화는 만들기 쉽지 않았다. 18세기 문인 정극순鄭克淳은 「두 그루의 작은 매화二小梅記」에서 다음과 같이 적고 있다.

「기려심매騎驢尋梅」, 겸재, 비단에 엷은색, 22.7×30.4cm, 1742, 간송미술관. 눈이 펑펑 쏟아지는 날 털모자를 갖추고 나귀를 몰아 매화를 찾아나서는 이의 모습이다.

우리나라 사람은 백 가지가 서툴지만 볼만한 것은 매화를 기르는 것이다. 그 법이 매우 좋은데 예전에는 없던 것이다. 매화는 청고소담淸高疎淡한 것이 꽃에 있고 애초에 그 둥치는 여러 꽃나무 중에 아름다운 것과 다름이 없었다. 그런데 그 둥치가 예스럽지 않으면 그 아름다움을 칭할 수 없기에, 이에 기이함을 좋아하는 선비들이 산골짜기를 뒤져 복숭아와 살구나무 고목을 찾아 베고 자르고 쪼개고 꺾어 그루터기와 앙상한 뿌리만 겨우 남겨놓는다. 비바람이 깎고 갈고 벌레가 좀먹은 다음에, 무너지고 깎아지른 벼랑에 거꾸로 매달리고 오래된 밭의 어지러운 돌 더미에 비스듬히 눌려, 구불구불 옹이가 생기고 가운데 구멍이 뚫려 마치 거북과 뱀, 괴물 모양으로 된 것을 가져다가 접붙인다. 운치 있는 꽃이 평범한 가지에서 훌훌 떨어지고 나면, 그 위에 접을 붙인 다음 흙 화분에 심는다. 날이 차기 전에 깊숙한 방에 넣어두는데 또 왕성한 기운이 흩어져 빠져나가 꽃을 피우지 못할까 우려되면, 작은 합閤을 만들어 담아둔다. 먼지와 그을음이 절대 바깥을 오염시키지 않게 하여 맑은 싹이 안에서 자라날 수 있게 한다. 적당한 장소가 생기면 옮겨서 북돋워주고 물을 주되 또 합당한 재배법대로 한다. 이 때문에 온 천지가 한창 추울 때가 되면 꽃을 피운다. 마치 신선이나 마술사가 요술을 부려 만들어낸 것 같다. 아아, 신기하다.

매화는 꽃이 아름답지만 나무 등걸 자체는 보통의 꽃나무와 다를 것이 없다. 등걸이 기굴한 맛을 풍기게 하도록 복숭아나무나 살구나무를 기굴한 모습으로 변형시킨 뒤 매화나무와 접을 붙인다. 그리고 방 안에 작은 감실을 만들어 매화 화분을 보호하는데 이를 매합梅閤이라 한다. 매화 감실 매합은 매감梅龕, 매각梅閣, 매

「절매삽병도折梅揷甁圖」, 전 강희안, 비단에 엷은색, 17.9×24.2cm, 15세기, 삼성미술관 리움. 뜰에서 매화를 꺾어 꽃병에 담는 모습을 그렸다.

옥梅屋이라고도 불렀다. 정극순이 우리나라의 독특한 것이라고 한 대로 매합이나 매감에 대한 기록을 중국에서 찾아보기란 어렵다. 우리나라에서는 이러한 용어가 17세기 무렵부터 보이며 18세기에 는 자주 등장했다. 강희안 당대에서부터 한 단계 더 발전해 정극 순은 조선 사람의 매화 재배가 세계 최고라 한 것이다.

『양화소록』에는 『거가필용사류전집居家必用事類全集』『고금합벽 사류비요古今合璧事類備要』『제민요술齊民要術』 등 송대와 원대의 문 헌이 자주 인용되어 있어 꽃과 나무 재배하는 법을 중국에 상당

부분 기대고 있지만, 강희안이 이를 그대로 따르지 않고 몸소 체험한 것을 바탕으로 구체적인 재배법을 소개했다는 점에서 의미가 깊다. 이러한 사실은 연꽃 피우는 방법을 적어놓은 대목에서도 확인된다.

연실을 심을 때는 8~9월에 단단하고 검은 연실을 구해 기왓장 위에 놓고 뾰족한 머리 부분을 갈아서 껍질을 얇게 한다. 도랑의 흙을 가져와 숙성된 진흙으로 만들고 손가락 세 개 굵기에 두 치 길이로 하여 연실을 덮어씌우되, 연실의 꼭지 쪽은 평평하며 묵직하게 하고, 갈아놓은 껍질 부분은 뾰족하게 한다. 진흙이 마르려 할 때 물속에 던져넣으면 묵직한 꼭지 쪽은 아래로 향하고 얇은 껍질 쪽은 위를 향하게 되므로 쉽게 자라난다. 연실을 갈지 않은 것은 끝내 살아나지 않는다.
-대개 연실은 꼭지 부분에 거꾸로 달리기 때문에 뿌리는 위쪽의 머리 부분 뾰족한 곳에서부터 돋아난다. 연실은 뿌리가 먼저 나오지는 않고 줄기와 잎이 아래쪽 머리 부분에서 나온다. 아래쪽 머리 부분은 곧 꼭지의 머리 부분이다. 꼭지의 머리 부분을 평평하고 묵직하게 한다는 설은 아마도 옳지 않은 듯하다.

앞의 기록은 『제민요술』을 인용한 듯하고 뒷부분은 강희안 자신의 의견을 적은 것이다. 『제민요술』 등 중국 문헌에는 진흙으로 쌀 때 머리 부분을 뾰족하게 하여 가벼워 물에 뜨도록 하고 꼭지 쪽은 평평하게 하여 무거워 가라앉게 한다고 되

어 있다. 그러나 이에 대해 강희안은 자신의
재배 경험을 들어 그 오류를 지적했다. 곧
연실은 꼭지에 거꾸로 매달리므로 뿌리가
위쪽의 뾰족한 머리 부분에서 돋아나
지만, 그 뿌리가 돋기 전에 반대편 꼭
지 쪽에서 줄기와 잎이 나오므로, 꼭지
쪽을 무겁게 하는 것이 맞지 않다고 비
판했다. 연실의 뾰족한 머리 부분을 기
왓장 위에 놓고 갈아서 그 껍질을 얇게 한 다음, 숙성된 진흙으로
봉하고 마를 즈음이 되면 이를 못 속에 던져넣는 방식이 알맞다는
것을 이렇게 제시했다.

지금은 그리 흔하지 않은 서향화를 재배할 때『거가필용사류전
집』을 인용해 잿물이나 옻나무 진액, 닭이나 거위를 잡고 난 뒤 생
기는 즙, 돼지고기를 삶은 물 등을 쓰면 좋다는 사실을 적으면서
도 "옛날 방법대로 소변, 닭과 거위를 튀한 물, 돼지 삶은 물 등을
부으면 화분에서 냄새가 나고 곧바로 가는 뿌리들이 썩고 만다.
천천히 맑은 물을 주는 것만 못하다"고 적어 우리 풍토를 고려한
올바른 방법을 제시한 바 있다.

이처럼 『양화소록』은 조선 풍토에 맞는 화훼 재배법을 기록했
다는 점에서 의의가 있다. 강희안은 연꽃 키우는 방법을 다음과
같이 적고 있다.

연꽃을 심을 때는 붉은 꽃과 흰 꽃을 나란히 심어서는 안 된다. 흰 꽃
이 무성하면 붉은 꽃은 꼭 시들게 마련이다. 한 못 안에 반드시 격리시

겨 나누어 심어야 한다. 심는 방법은 반드시 옛 방법을 따라야 하지만, 절기에 얽매일 필요는 없다. 도성 안에 있는 한 줌의 흙도 한 줌의 황금만큼 귀하니 어찌 꼭 못을 파야만 하겠는가? 그저 큰 옹기 두 개만 구하여 붉은 꽃과 흰 꽃을 나누어 심으면 된다. 옹기에 심을 때는 곁뿌리를 모두 잘라버려야 하며, 절대 줄기가 마구 흔들리게 해서는 안 되니, 마구 흔들리면 꽃이 피지 않는다. 얼음이 얼기 시작하면 옹기를 햇볕이 잘 드는 곳에 갈무리하여 얼어 터지지 않도록 해야 한다. 이듬해 봄에 다시 가져오면 더욱 많은 꽃이 피어난다. 만일 옹기가 무거워 움직이기 어려우면 묵은 뿌리들을 캐어놔서 옹기는 비워두었다가 이듬해에 다시 채워도 좋다. 옹기를 땅에 묻을 때는 지면보다 조금 높게 한다. 옹기 입구는 반드시 넓어야 한다. 줄이나 부들, 개구리밥이나 말과 같은 물풀을 함께 심고 작은 물고기 대여섯 마리를 풀어놓아 연못의 형상을 이루게 한다.

연꽃은 보통 못을 파서 심지만 좁은 도성 안의 집에서 그리하는 것은 어려우므로 강희안은 큰 옹기를 땅에 묻고 물을 채운 뒤 그곳에 연꽃을 기르는 방법을 일러두었다. 이러한 것을 화분의 연꽃이라 하여 분련盆蓮이라 불렀는데, 조선 중기 이래 관아와 사대부가에서 이러한 분련을 많이 했다. 조덕린趙德鄰이 1692년 여름에 기록한 「승정원의 분련政院盆蓮說」이라는 글에서 "승정원 하인들이 앞뜰의 빈 땅에다 돌을 쌓아 단을 만들었는데, 사방에 기둥 네 개가 들어갈 정도의 크기였다. 흰 모래를 깔고 잔디를

입힌 다음, 한가운데에 질화분 두 개를 두고 진흙과 함께 물을 채워 그 안에 연꽃을 심었다"고 한 것이 한 예다.

선비가 화훼를 키우는 뜻, 운치와 절조

강희안은 『양화소록』 「꽃에서 찾아야 할 것取花卉法」에서 "대개 화훼를 재배할 때는 그저 심지心志를 확충하고 덕성을 함양하고자 할 뿐이다. 운치와 절조가 없는 것은 굳이 완상할 필요조차 없다. 울타리나 담장 곁에 되는 대로 심어두고 가까이해서는 안 된다. 이렇게 가까이하는 것은 열사와 비루한 사내가 한방에 섞여 있는 것과 같아 풍격이 바로 손상된다"라고 하였다. 운치와 절조가 꽃을 키우는 마음의 핵심이다. 운치를 더하기 위해 화분을 잘 배열해야 하며, 『양화소록』에서는 이와 더불어 꽃을 완상하는 법도 고안해 냈다.

즉 "초봄이 되어 꽃이 피면 등불을 밝히고 책상 위에 올려놓으면 잎 그림자가 벽에 도장처럼 찍힌다. 아름다워 즐길 만하다"라고 하여 촛불을 이용해 화분에 올려놓은 화훼의 그림자를 완상하는 법을 밝혀놓았다. 강희안이 제시한 촛불 그림자로 꽃을 즐기는 법은 이후에도 문인들이 꽃 감상을 운치 있게 하는 방법으로 계승되었다. 김안로金安老는 벗 신상申鏛이 보내준 화분에 키운 매화를 등불에 비춰 비스듬한 가지의 성긴 그림자가 또렷이 벽에 어리는 것을 함께 즐겼고, 그림에 뛰어난 아들 김희金禧로 하여금 이를 그림으로 그리게 했다. 특히 조선 후기에는 국화에도 이러한 방법이

응용되었다. 대학자 정약용이 국화 그림
자 놀이를 오묘하게 실현한 일은 「국
화 그림자 놀이菊影序」라는 글에 자세
히 적혀 있다. 이에 따르면 옷걸이와
책상 등 너저분한 물건들을 다 없애고
국화를 벽 사이 적절한 곳
에 촛불을 두어 밝히게
했다. 국화의 꽃과 잎,
줄기가 거리에 따라 농담
의 차이를 보이면서 한 편의
수묵화를 연출하게 만든 것이다.

등잔, 사기·놋쇠, 20세기, 온양민속박물관.

　　조선 선비들은 한겨울 매화가 피면 벗을 불러 매화를 감상하면
서 술을 마시고 시를 짓는 운치를 즐겼다. 이런 설중매雪中梅를 즐
기는 술자리를 매화음梅花飮이라 불렀다. 18세기 이윤영李胤英, 이
인상李麟祥 등 호사 취미를 가진 문인들은 여기에 더해 얼음을 이
용하기도 했다. 이윤영의 「얼음 등불을 읊조려 석정연구시에 차운
하다賦氷燈次石鼎聯句詩韻」에 따르면, 한겨울 매화가 피면 매화를 넣
어둔 감실에 구멍을 내고 운모로 막은 다음 이를 통해 그 안에 핀
매화를 보았다. 투명한 운모로 만든 작은 병풍을 둘렀기에 그 빛
에 의해 달빛 비친 매화처럼 보이게 만든 것이다. 여기에 품위를 더
하려고 당시 중국에서 유행하던, 주공이 문왕을 위해 만든 문왕
정文王鼎을 본뜬 솥과 그 밖의 골동품도 함께 진열했다. 또한 한밤
에는 큰 백자 사발 하나에 맑은 물을 담아 문밖에 내다놓고 얼린
다음 그 가운데에 구멍을 내고 촛불을 넣고 불을 밝혀 품위를 높

였다. 얼음과 촛불이 어우러진 환상적인 매화 감상이 된 것이다.

연꽃도 비슷한 방식으로 즐겼다. 이들은 경기감영에 있던 서지西池에서 연꽃 구경하는 모임을 가졌는데 이 때 이윤영은 손으로 막 피려는 연꽃을 꺾어다 연잎이 있는 물에 띄우고, 벗을 불러 유리 술잔을 꽃 가운데 두게 했다. 그리고 이인상이 술잔 가운데 촛불을 붙였다. 불빛이 유리 술잔을 비추고, 술잔이 꽃을 비추었다. 꽃빛과 물빛이 다시 잎을 비추었다. 바깥은 푸르고 안은 은빛이며 밝고 환했다. 꽃을 키우고 이를 즐기는 운치가 대단하다.

강희안은 조선 후기 문인들처럼 호사로운 운치를 즐기려 하지는 않았다. 강희안에게 운치는 마음을 맑게 하는 것이었다. 그리고 그 방법은 와유臥遊에 있다. 『양화소록』에는 화분의 연꽃을 재배하는 법을 적은 짧은 수필 하나를 붙였다.

사람이 한 세상에 태어나서 명성과 이익에 골몰하여 고달프게 일을 하면서 늙어 죽을 때까지 그만두지 못한다면 과연 무엇을 한 것이겠는가? 비록 벼슬아치의 관冠을 벗어두고 옷에 묻은 속세의 먼지를 털며 떠나가서 산수 사이에 소요하지는 못한다 하더라도, 공무의 여가에 매번 맑은 바람 불고 밝은 달빛 비치는 가운데 연꽃의 향기가 넘쳐나고 줄과 부들의 그림자 어른거리며 작은 물고기들도 물풀 사이에 파닥거리는 즈음이 되면, 옷깃을 활짝 열고 산보를 하면서 시를 읊조리며 배회하노라면 비록 몸은 명예의 굴레에 매여 있다 하겠지만 또한 정신은 물외物外에서 노닐고 정회情懷를 풀기에 충분할 것이다. 옛사람이 "조정과 시장에서 고삐를 휘두르며 바쁘게 다닌다면 답답한 마음이 생겨날 것이요, 한가하게 숲과 들판을 거닌다면 텅 빈 마음이 생겨날 것

「분매도盆梅圖」, 『계진서화첩』, 36.0×26.5cm, 유교문화박물관.
김농은 십매사十梅詞라는 10편의 시를 남길 정도로 매화를 극진히 아꼈는데, 자신이 거처하는 곳에도 매화 화분을 마련해두었다. 그리고 섣달 꽃이 피면 친구들과 술을 마시면서 감상했다.

盆梅圖

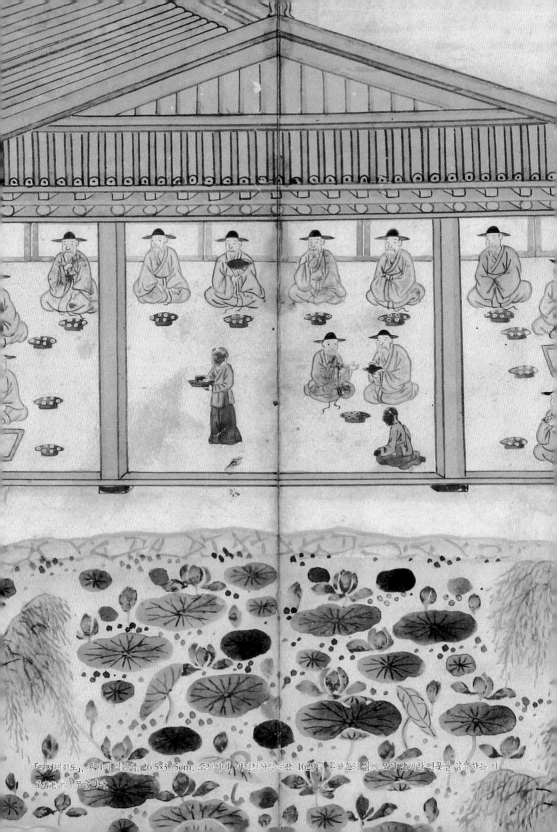

「연지계회도」, 종이에 엷은색, 26.5×37.5cm, 조선시대, 대전시 사립박물관. 1629년 홍사효의 집에 모여 만개한 연꽃을 감상하는 기로소 노인들의 모습이다.

이다"라고 하였다. 이로써 사람의 마음은 처지에 따라 바뀌는 것이어서 어디로 갈지 아무도 알 수 없다. 이 때문에 도를 지키고 덕을 기르는 선비가 번잡하고 요란한 것을 싫어하고 한가하며 편안함을 좋아하여 여유자적하면서 스스로 즐기고 다른 것 때문에 얽매이지 않는 것은 예나 지금이나 한가지다. 이는 속된 선비들과 더불어 논하기 어렵다.

옛사람이 꽃과 나무를 키우는 뜻은 바로 여기에 있다. 몸은 비록 조정이나 도회지에 있지만 마음은 숲과 들판에 있도록 한 것이다. 이를 옛사람들은 누워서 노닌다는 뜻으로 와유臥遊라 일컬었다. 꽃과 나무를 통해 심신의 피로를 푸는 뜻은 예나 지금이 다르지 않다.

그러나 이를 두고 고상한 뜻을 숭상하는 선비들은 완물상지玩物喪志라 비판할 수 있다. 『양화소록』 맨 마지막에 붙인 「꽃을 키우는 뜻養花解」이라는 글은 발문 성격을 띤 것으로, 강희안은 완물상지라는 비판에 대한 반론을 적었다.

청천자가 어느 날 저녁 뜰에서 구부정하게 엎드려 흙을 북돋워 나무를 심는데 지겨운 줄을 알지 못하였다. 어떤 객이 찾아와서 말하였다. "자네의 꽃을 키우는 양생의 기술은 내가 벌써 들어 알겠네. 그러나 육신을 수고롭게 하고 힘을 근실히 들여서 그 눈을 기쁘게 하고 그 마음을 어지럽게 하여서 외물의 부림을 받게 되었으니, 이는 무슨 까닭인가? 마음 가는 것이 뜻이라 하였으니, 그 뜻이 어찌 상하지 않겠는가?"
청천자가 말하였다.

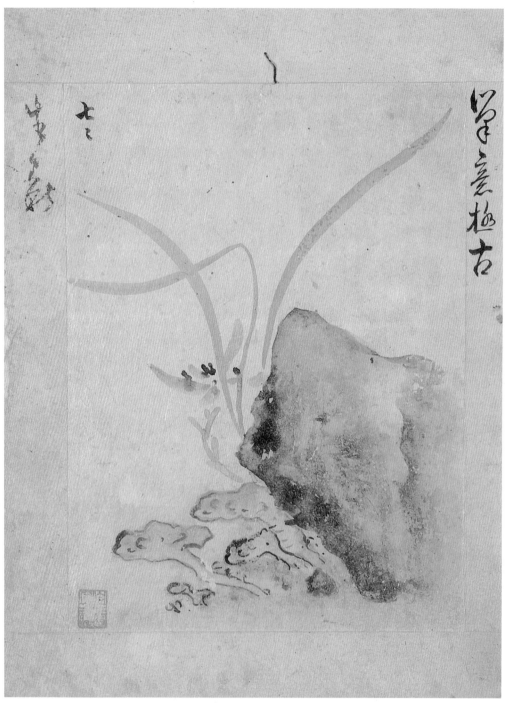

「난초」, 『와유첩』, 최북, 종이에 채색, 17.3×23.5cm, 18세기, 개인. 조선 사람들이 즐겼던 와유의 한 예를 볼 수 있다.

"아, 정말 자네 말대로라면 이는 그 육신을 고목처럼 마르게 하고 그 마음을 쑥대처럼 어지럽게 한 다음에야 끝이 나겠지. 내가 보니, 만물이 천지를 가득 채우고 있는 것이 많고도 끝이 없지만 현묘하고도 현묘하여 제각기 이치가 있는 법이네. 정말 끝없는 이치를 다 탐구하지 않으면 지식 또한 이를 수가 없다네. 비록 풀 하나 나무 하나처럼 사소한 것이라도 또한 제각기 그 이치를 다하고 그 근원을 찾아가보면 그 지식이 두루 미치지 않는 것이 없고 그 마음이 두루 통하지 않는 것이 없다네. 그렇다면 내 마음이 절로 다른 사물에 부림을 받지 않고 만물 그 너머로 초탈할 수 있게 되겠지. 그 뜻을 어찌 잃어버리는 일이 있겠는가? 게다가 '사물을 관찰하여 마음을 반성하고 지식이 지극해야 뜻이 성실해진다'고 고인이 예전에 말하지 않았던가? 이제 저 창관蒼官의 장부라는 소나무는 꼿꼿이 겨울에도 시들지 않는 지조로 온갖 꽃과 나무 위에 홀로 솟아나 있으니 이미 더할 것이 없다네. 그 나머지 은일隱逸의 국화와 품격 높은 매화, 그리고 저 난초와 서향화 등 10여 종은 제각기 풍미와 운치를 떨치고 있고, 창포는 추위 속에서도 고고한 절조를 지녔으며, 괴석은 확고부동한 덕을 가지고 있어 정말 마땅히 군자가 벗으로 삼아야 할 바라네. 서로 더불어 눈으로 보고 마음으로 체득해야지, 버리거나 멀리할 수 없는 것이라네. 저들이 지닌 풍모를 나의 덕으로 삼는다면 이익이 되는 것이 어찌 많지 않겠는가? 또 그 뜻이 어찌 호탕해지지 않겠는가? 이에 비해 값비싼 양탄자를 깔아놓은 고대광실에서 옥구슬과 비취를 장식한 여인을 끼고 풍악을 울리며, 노래를 부르는 기생을 불러 노는 자들은, 마음과 눈을 즐겁게 하려고 하지만 이는 그저 성명性命을 도끼로 버려쳐 상하게 하며, 교만하고 인색한 마음을 싹틔울 뿐이라네. 어찌 뜻을 상실하여 내 몸에 도

『미원장배석도米元章拜石圖』, 거숙, 종이에 엷은색, 105.7×58.7cm, 삼성미술관 리움. 보기 드문 괴석을 보면 절을 하곤 했다는 북송의 화가 미불의 고사를 그린 것이다.

리어 해가 된다는 사실을 알 수 있겠는가?"

객이 말하였다.

"자네 말이 맞네. 나는 자네 말을 따르겠네."

송나라 학자 사양좌謝良佐가 역사서를 잘 외우고 박학다식한 것
을 자부하자, 정명도程明道가 "잘 외우고 많이 알기만 하는 것은
장난감을 가지고 놀면서 본심을 잃는 것과 같다以記誦博識, 爲玩物喪
志"라고 경계한 바 있다. 후에 화훼나 그림, 골동 등에 빠진 것을
비판할 때 완물상지라는 말을 자주 쓴다. 박학소인博學小人이라는
말도 같은 문맥에서 나온 것이다. 사림의 상징 조광조가 "바깥에
는 말을 좋아하는 이도 있고 화초를 좋아하는 이도 있으며, 거위
나 오리를 좋아하는 이도 있는데, 만약 외물에 마음이 쏠린다면
반드시 집착에 빠져 끝내 도에 들어갈 수 없다. 이것이 이른바 완
물상지라는 것이다"라고도 하였다.

강희안은 꽃을 기르는 일이 완물상지가 아니라 관물찰리觀物察
理의 공부라 하였다. 사물에 깃든 이치를 살피는 것이 선비의 공부
법인지라 화훼를 기르면서 그 이치를 살피고 이로써 마음을 갈고
닦는다고 한 것이다. 운치와 절조를 지닌 꽃을 완상하면서 마음을
닦고 사물의 이치를 깨닫기를 바란 강희안이 노송을 두고 수필 한
편을 실은 것도 이 때문이다.

조선 초에 한 종친이 먹고사는 문제를 좋아하지 않고 평소 화훼를 가
지고 스스로 즐겼다. 다른 집에 기이한 화초가 있다는 말을 들으면 많
은 돈을 아끼지 않고 반드시 구입하고야 말았다. 예전에 노송 화분 하

「채국견남산도」, 노수현, 종이에 엷은색, 31.5×43.5cm, 1975, 순천대박물관.

나를 구했는데 제법 기괴했다. 스스로 용이 올라타고 범이 웅크린 듯
한 자태라서, 비록 중국의 태산 꼭대기라 해도 이보다 더 나은 것이 나
올 수는 없을 것이라 생각하고 진심으로 사랑했다.

하루는 시중드는 사람이 아침에 알현하러 왔는데 마침 의빈이 안에
있으면서 밖으로 나오지 않았다. 시중드는 사람은 아부하여 총애를
받고자 하여 노송 화분 앞으로 가서 차고 있던 칼을 꺼내 오래되어 묵
은 가지를 자르고 쭈글쭈글한 껍질을 벗겨내 한 움큼 손에 들고 무릎
을 꿇고 기다렸다. 의빈이 나와서 보고 놀라 물었다.

"무엇 때문에 그리하였는가?"

시중드는 사람이 이에 아첨하는 웃음을 지으면서 머리를 들고 대답했다.

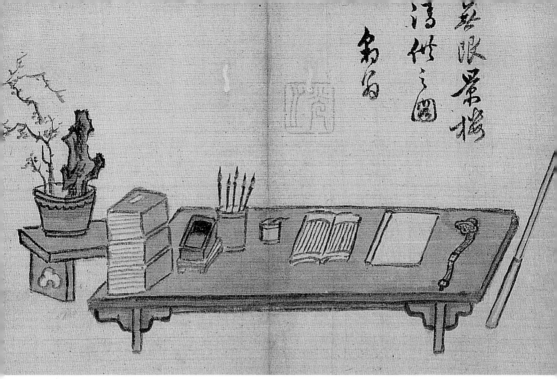

「청공도淸供圖」, 강세황, 비단에 엷은색, 39.5×23.3cm, 선문대박물관.

"옛것을 제거하여 새것을 기르려 한 것입지요."

의빈이 웃으면서 말했다.

"'네모난 대지팡이를 깎아 둥글게 하고, 구리 화병 골동품을 씻어 하얗게 한다'고 한 말이 정말 이를 두고 한 것이구나."

그러고는 더 이상 꾸짖지 않았다. 사람들은 그의 아량에 탄복했다.

내가 보니 후세의 신하된 자들이 재상의 반열에 오르자마자 모두 경솔하게 옛 법을 개혁하고자 "옛 법은 폐단이 많아 새로운 법을 쓰는 것만 같지 못하다. 굳이 옛것에 얽매일 필요가 있겠는가?"라고 하면서 아침에 만든 법을 다시 저녁에 고쳐 거의 옛 법이 남아 있는 것이 없게 되었고, 국가는 그 때문에 위태롭게 되었다. 어찌 시중드는 사람이 예

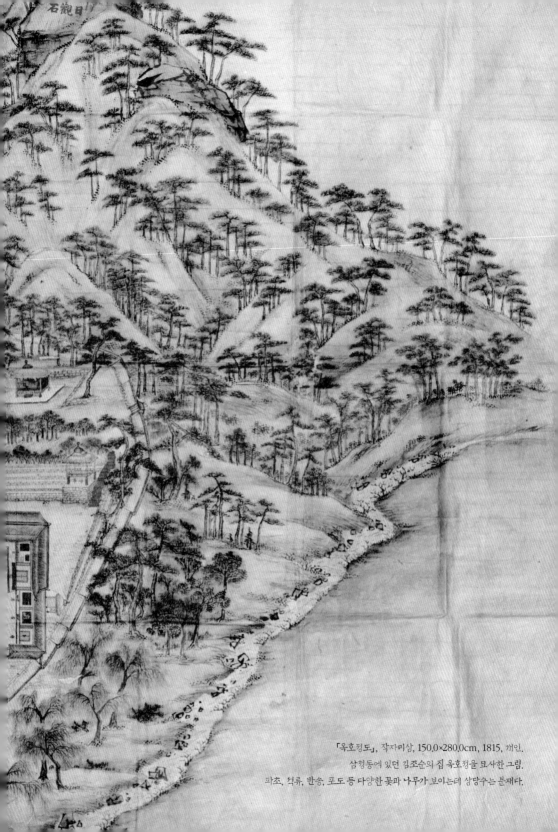

「옥호정도」, 작자미상, 150.0×280.0cm, 1815, 개인.
삼청동에 있던 김조순의 집 옥호정을 묘사한 그림.
파초, 석류, 반송, 포도 등 다양한 꽃과 나무가 보이는데 상당수는 분재다.

친 것을 잘라 없앤 것과 다르겠는가?

   옛것을 제거해 새것을 기른다는 뜻의 제구양신除舊養新이 오히려 폐단을 초래한다. 중국 윤주潤州의 감로사甘露寺로 놀러 간 이덕유李德裕가 사각으로 각이 진 특이한 방죽장方竹杖 하나를 그곳의 승려에게 선물했다. 이 방죽장은 서역西域 대원국大宛國에서 생산된 사각형의 대지팡이로 마디마다 수염과 이빨 문양이 새겨진 희귀한 것이었다. 그러나 그 가치를 모른 승려는 둥글게 깎고 까맣게 칠을 해버렸다. 이를 두고 "네모난 대지팡이를 둥글게 깎고, 끊어진 문양을 한 거문고를 까맣게 칠하네削圓方竹杖, 漆却斷紋琴"라는 시를 지었다. 오래된 거문고는 여러 문양의 균열이 일어나는데 이를 매우 진귀하게 여긴다. 그런데 아낀다 하여 옻칠을 해 까맣게 만드는 어리석음을 범한 것이다. 강희안이 인용한 "구리 화병 골동품을 씻어 하얗게 한다洗白古銅缾"는 구절은 파랗게 녹이 슬어야 멋이 나는 구리 화병을 깨끗하게 씻어 하얗게 만든 어리석음을 말한 것이다. 옛사람들은 이러한 것을 살풍경殺風景이라 하였다.

   사물의 이치를 탐구하는 공부를 지공부知工夫라 하고 심신을 수양하는 공부를 행공부行工夫라 한다. 지공부를 행공부에 연결시키고 행공부를 통해 지공부에 이르는 것이 조선 선비의 공부법이다. 꽃과 나무를 키우면서 지공부와 행공부를 거듭하는 것, 이러한 공부가 지금에는 사라진 안타까운 공부법이다. 이 점에서 『양화소록』은 인문학적 성찰을 위한 실용서이기도 하다.

3장

실학의 시대에 꽃피운
실용적인 지식과 기술

⊙

현장에서 즉시 활용 가능한
『소문사설聞見事說』

장유승

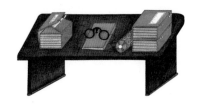

현실 감각과 경험을 쌓은 자들의 시대

18세기 조선은 이른바 실학의 시대였다. 홍대용, 박지원, 박제가를 위시한 일군의 학자는 연행을 떠나 목도한 청나라의 현실에서 받은 자극을 바탕으로 북학北學의 논리를 세웠다. 비록 조선 후기 사회를 지배한 성리학적 이념으로부터 완전히 벗어난 것은 아니었지만, 이들의 학문과 사상이 지니는 실증적, 실용적 성격으로 인해 이들은 종래의 학자들과 구별되어 실학자로 일컬어진다.

실학자들의 신분은 대개 국가 운영을 책임진 사대부였다. 이들은 거시적 관점에서 조선 사회가 안고 있는 제도적 문제점을 날카롭게 지적했다. 즉 신분제도, 관료제도, 토지제도, 군사제도와 같이 사회 근간을 이루는 제도의 개혁을 주장하는 한편, 시장 교역의 활성화와 농업 생산성의 향상을 추구함으로써 조선 사회의 체질을 개선하고자 했다. 말하자면 국가가 나아갈 방향에 대한 커다란 밑그림을 그렸던 것이다. 하지만 실행에 옮기는 데 필요한 구체적인 방안을 마련하는 데는 다소 소홀했다는 점은 부정하기

어렵다.

　사대부가 마련한 계획을 실행에 옮기는 이들은 중인中人이다. 중
인은 사대부와 서민 중간에 위치해 전문적인 기술을 바탕으로 실
무를 담당하는 계층이다. 행정 실무자인 서리, 그리고 역관이나
의관을 비롯한 전문 기술자들이 여기에 속한다. 이들은 오랜 실무
경험과 예리한 현실 감각을 바탕으로 국가 운영의 최전선에서 활
약했다.

　중인 계층 역시 사대부와 마찬가지로 연행을 통해 중국 문물을
접하고, 서적을 통해 선진 지식과 기술을 습득했다. 하지만 이들
의 관심사는 사대부와 다소 차이가 있었다. 이들의 관심사는 거창
한 제도 개혁이 아니라 업무와 관련하여 현장에서 즉시 활용 가능
한 실용적인 지식과 기술이었다. 『소문사설謏聞事說』은 이 점을 잘
보여주는 책이다.

　『소문사설』은 숙종과 경종의 어의를 지낸 이시필李時弼(1657~
1724)이 지은 책이다. '소문사설'이란 "생각이 고루하고 견문이 좁
은 사람이 보고 들은 이야기를 기록하였다"는 뜻이다. 하지만 겸
손한 책 이름과 달리 이 책에는 당시의 최신 지식과 기술에
대한 정보가 가득하다. 이 책에 실린 온돌 설치법, 도구
제작법, 음식 조리법, 질병 치료법 등 다양하고
실용적인 과학 지식과 기술은 지
금도 재현 가능할 정
도로 상세하다.
『소문사설』은 조선
후기의 지식

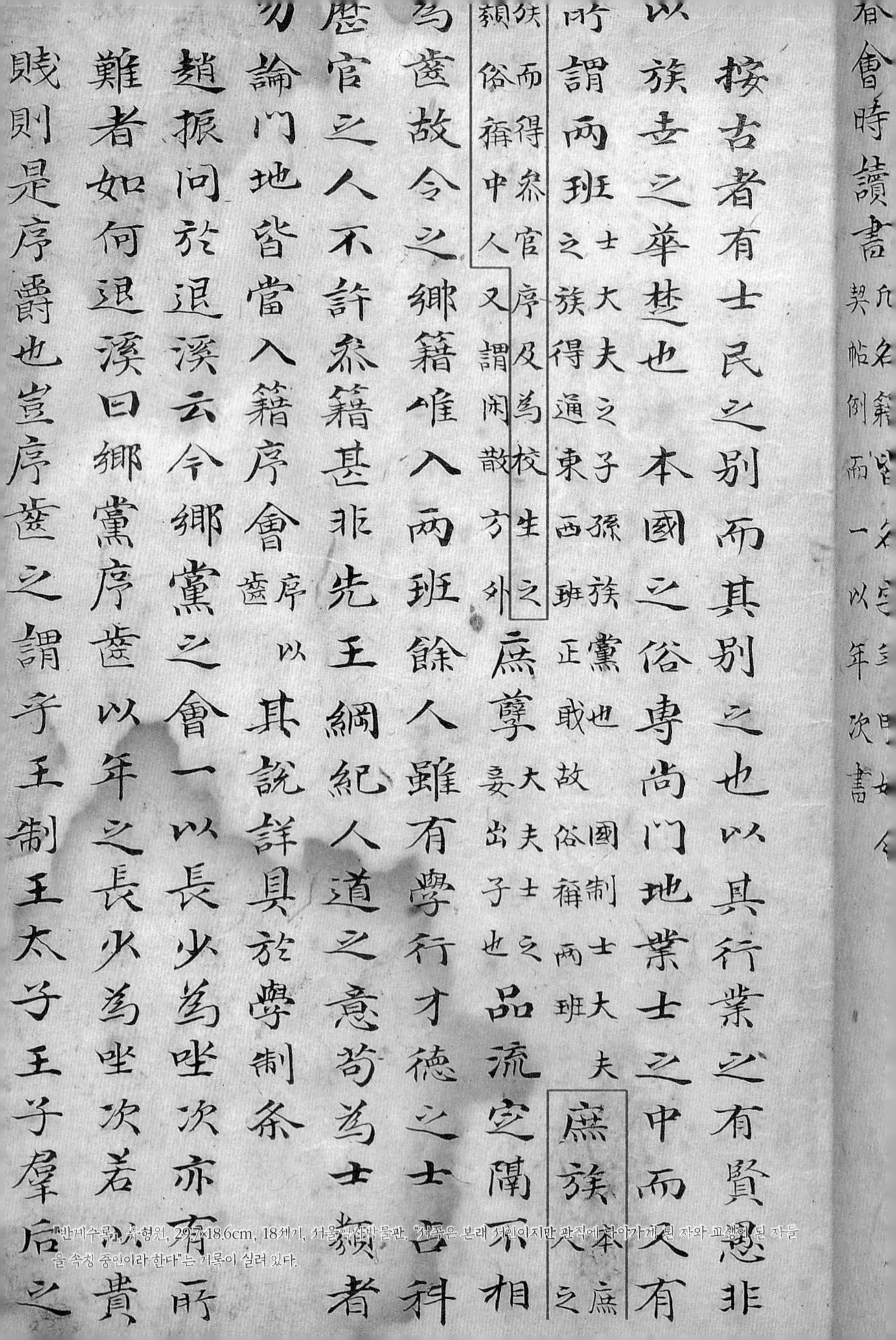

會時讀書
契帖例而一以年次書
按古者有士民之別而其別之也以其行業之有賢愚非
以族也之華楚也本國之俗專尚門地業士之中而又有
所謂兩班士大夫之子孫族黨也故國制士大夫之族得通東西班正職故俗稱兩班庶族庶人之
族而得叅官序及爲校生之類俗稱中人又謂閑散方外庶孽大夫士之妾出子也品流定隔不相
爲齒故今之鄉籍唯入兩班餘人雖有學行才德之士吾科
歷官之人不許叅籍甚非先王綱紀人道之意苟爲士類者
勿論門地皆當入籍序會序齒以其說詳具於學制条
趙振問於退溪云今鄉黨之會一以長少爲坐次亦有所
難者如何退溪曰鄉黨序齒以年之長少爲坐次若貴
賤則是序爵也豈序齒之謂乎王制王太子王子羣后之
「반계수록」, 유형원, 29.7×18.6cm, 18세기, 서울역사박물관. "서족은 본래 서인이지만 관직에 나아가게 된 자와 교생이 된 자들을 속칭 중인이라 한다"는 기록이 실려 있다.

노동자였던 중인 계층이 어떤 지식을 받아들였고 이를 어떻게 활용했는지를 보여준다.

호기심 강했던 한 지식노동자의 생애

이시필은 자가 성몽聖夢, 본관이 경주다. 1678년 의과에 합격하고 숙종의 어의가 되었다. 1694년부터 1717년까지 적어도 네 차례 이상 의관 자격으로 사신단을 수행해 중국에 다녀왔다. 사대부가 연행을 갈 기회는 평생 한두 차례밖에 주어지지 않았지만 실무를 맡는 역관과 의원, 그 밖의 하인들은 많게는 수십 번이나 중국을 드나들었다. 이시필은 수차례의 연행을 통해 중국의 실상을 속속들이 들여다볼 기회를 얻었다. 이런 경험을 발판 삼아 그는 새로운 지식과 실용적인 기술을 배웠고, 중국의 최신 서적들을 입수해 정보의 폭을 넓혔다. 이시필은 왕성한 호기심의 소유자였다.

1717년 연행에서 이시필의 임무는 숙종의 눈병을 치료할 공청空青이라는 약재를 구해오는 것이었다. 그는 심양瀋陽에서 공청을 구입해 즙을 추출하는 데 성공했다. 그는 이 사실을 서둘러 조정에 보고했으나, 귀국 후 재개한 실험에서 충분한 효과를 거두지 못하는 바람에 이듬해 북청北靑으로 유배되었다.

하지만 유배조차 그의 왕성한 호기심을 억누르지는 못했다. 『소문사설』에 따르면 이시필은 유배지에서도 약재 수집과 각종 실험을 계속했다. 『본초강목本草綱目』의 기록에 따라 주사朱沙를 증류해 수은을 추출하고, 물에 젖지 않는 화약을 만들었으며, 끈끈이

를 붙인 장대黏竿를 만들어 참새를 잡기도 하고, 연못을 만들어 물고기 기르는 법을 시험해보기도 했다.

1720년 경종의 비 단의왕후가 위독해지자 이시필은 내의원으로 복귀했다. 그는 다시 어의로 활약하면서 여러 차례 경종을 진맥하기도 했다.

이시필은 당색을 따지기 어려운 중인의 신분이었지만, 당시 노론의 핵심 인물이었던 이이명李頤命과 가까웠다. 『승정원일기』에 따르면 이이명이 내의원 도제조로 있을 때 임금에게 올리는 약물과 음식 따위를 모두 이시필에게 맡겼다고 한다.

하지만 1722년 신임옥사辛壬獄事가 일어나 이이명이 처형당하자 이시필의 입지도 위태로워졌다. 이듬해 이시필은 경종의 병을 의논하는 자리에서 말실수를 저질렀다. 늙어서 귀가 어두웠던 탓이

북경 사신단의 모습.

었다.

　소론 측에서는 이시필의 실수를 집요하게 물고 늘어졌다. 이이명의 잔당을 완전히 제거하려는 목적이었다. 한때 이이명과 대립하던 김일경은 이시필의 말실수를 트집잡으며, "이시필이 흉역[凶逆](이이명)의 집을 출입하면서 늘 역적의 무도한 말을 들었기 때문에 이렇게 말한 것입니다"라고 공격했다. 논란 끝에 이시필은 제주로 유배되었는데, 유배지로 가던 중 세상을 떠났다. 그 역시 당쟁의 희생양이었던 셈이다. 지금 남아 있는 그의 저술은 『소문사설』이 유일하다.

　『소문사설』은 이시필이 궁중에서 활약하던 1720년에서 1722년 사이에 편찬한 것으로 추정되며, 「전항식[甎炕式]」 「이기용편[利器用篇]」 「식치방[食治方]」 「제법[諸法]」의 네 부분으로 이루어져 있다. 「전항식」은 열효율을 높인 벽돌식 온돌 설치법을 설명하는 내용이며, 「이기용편」은 각종 생활 도구의 제작법을 그림과 함께 소개하고 있다. 「식치방」은 여러 음식의 조리법을, 「제법」은 과학적 지식의 잡다한 활용법을 기록해놓았다.

「이이명 초상」, 비단에 채색, 37.0×29cm, 덴리대.

잡다한 기록이다.

　『소문사설』의 네 부분은 언뜻 보기에 별 관련이 없어 보이지만, 이시필의 신분과 생애를 고려하면 서로 깊은 연관을 맺고 있음을 알 수 있다. 「전항식」은 숙종을 간호하는 연잉군(훗날 영조)을 위해 온돌을 설치한 일을 계기로 수록한 것이며, 「이기용편」은 그가

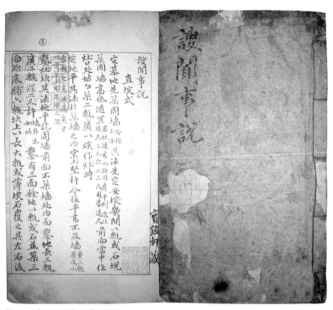

『소문사설』, 이시필, 서울시립종로도서관.

의관 자격으로 연행했을 때 중국에서 견문한 실용적 도구들에 대한 기록이다. 「식치방」은 병으로 입맛을 잃은 숙종을 위해 맛있는 음식을 수소문한 결과이며, 「제법」은 의원으로서 각종 약재의 특성과 효능을 연구하는 과정에서 나온 것이다. 다시 말해 『소문사설』은 의원이었던 이시필이 업무에 필요한 최신 정보와 실무 지식을 한데 엮은 책이라 할 수 있다.

벽돌과 수레를 어떻게 만들 것인가

연행을 다녀온 사대부들이 시급히 들여와야 한다고 주장했던

것은 벽돌과 수레였다. 벽돌은 단순히 집 짓는 재료가 아니다. 벽돌만 있으면 집도 짓고 도로도 깔고 성도 쌓을 수 있다. 모든 건축물을 쉽고 빠르고 튼튼하게 지을 수 있는 벽돌의 보급은 조선 사람들의 삶을 획기적으로 바꿀 수 있었다.

수레도 마찬가지다. 수레는 단순한 운송 수단이 아니다. 수레는 물자가 유통되게 함으로써 자본이 빠르게 순환되고 축적되는 데 꼭 필요한 도구였다. 그런 까닭에 박제가는 『북학의』에서 "조선이 가난한 이유는 수레가 없기 때문이다"라고 했던 것이다.

하지만 사대부들은 벽돌과 수레 사용의 이점은 자세히 설명하면서도 구체적인 제작 기술과 사용법에 대해서는 '배워와야 한다'고만 언급했을 뿐이다. 벽돌과 수레 제작법에 대한 구체적인 기록을 남긴 사례가 없진 않으나, 피상적인 수준에 머물러 재현하기에는 꽤나 어려움이 따른다.

반면 『소문사설』의 벽돌 제작법은 매우 체계적이고 상세한 매뉴얼 수준이다. 벽돌 제작 과정을 여러 단계로 나누고 단계별로 과제를 설정해 설명했는데, 벽돌 반죽을 만들기 위한 전지甋池 만드는 과정, 벽돌 찍어내는 과정, 벽돌 굽는 가마의 형태와 제작 과정, 가마 안에 벽돌을 굽기 위해 쌓는 과정, 벽돌을 굽는 과정, 그리고 적합한 땔감에 대한 언급까지 있다. 실무를 담당했던 중인 계층의 성격이 뚜렷이 드러난다. 이 점은 「전항식」이 편찬되는 과정에

수레.

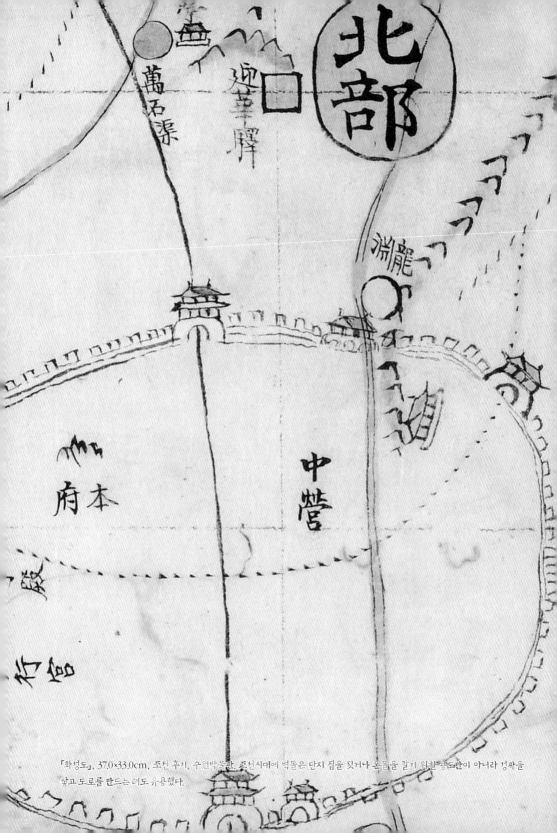

「화성도」, 37.0×33.0cm, 조선 후기, 수원박물관. 조선시대에 벽돌은 단지 집을 짓거나 온돌을 깔기 위한 용도만이 아니라 성곽을 쌓고 도로를 만드는 데도 유용했다.

서도 관찰할 수 있다.

이상의 내용은 내의원 도제조 판부사 이상국李相國(이이명)께서 지으신 글이다. 정유년(1717)과 무술년(1718) 무렵 주상(숙종)께서 편찮으실 적에 사옹원으로 옮겨 숙직한 지가 여러 해였는데, 제조 세 사람과 낭관, 심부름꾼들이 모두 엄동설한에 머물러 있을 곳이 없었다. 그래서 도제조의 방과 제조 및 낭청의 방을 모조리 이 방법을 따라 마루를 철거하고 개조하였는데, 비용이 절감되고 일이 줄어들 뿐만 아니라 아침에 온돌을 설치하기 시작하면 저녁에 거기서 잠을 잘 수 있으니, 매우 빠른 방법이라 하겠다.

연잉군께서 선왕을 간호하다가 종종 사알司謁(왕명을 전하는 심부름꾼)의 방에서 쉬었는데, 역시 이 방법대로 온돌을 만들어드렸다. 연동蓮洞 정승 댁(이이명의 집)에도 이 방법대로 직돌直堗과 풍조風竈를 설치했는데, 참으로 오묘하였다.

벼슬아치들이 이 이야기를 듣고 본받아 실행하려고 했지만 아직 그러지 못하였다. 우리는 힘이 없어 실행할 수가 없으니, 우선 계획을 세우고 비용을 모으며 사람들을 만나면 권하고자 한다. 아! 사람들이 이전의 습속에 안주하여 고치기를 게을리하는 것이 이와 같구나. 그런데 사치스러운 복식과 머리 모양은 어찌도 그리 빠르게 유행한단 말인가?

「전항식」 말미에 이시필이 남긴 기록이다. 「전항식」은 열효율을 높인 벽돌식 온돌 설치법을 설명한 내용이다. 조선의 전통 온돌은 자연석을 놓고 흙을 발라 틈을 메우는 방식으로 설치했는데, 시공이 어렵고 오래 걸리면서도 열효율이 낮은 단점이 있었다. 「전항

「도간운벽도陶侃運甓圖」, 이도영, 종이에 엷은색, 20.8×33.0cm, 1926, 서울대박물관. 인부들이 벽돌을 나르고 있는 모습으로, 『소문쇄설』
은 벽돌 제작의 모든 과정을 세세히 담고 있다.

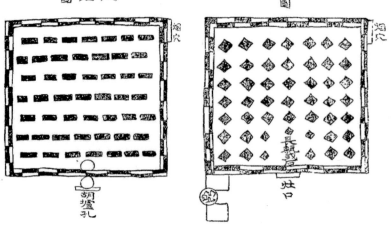

『소문사설』에 실린 벽돌식 온돌의 설계도「전항식輾炕式」. 직돌식(오른쪽)과 풍조식이다.

식」에 소개된 벽돌식 온돌 설치법은 만주족의 난방 시설인 캉炕을 개량한 '직돌식直燠式'과 '풍조식風竈式' 두 가지 방식이다. 이 방식은 규격화된 벽돌을 사용해 시공이 편리하면서도 열효율이 높았다. "땔나무 반 다발만 때고도 밤을 지낼 수 있을 정도"였다.

위에서 말했듯이「전항식」은 원래 이시필의 저술이 아니라 이이명의 기록이다. 그러나 이이명의 기록 역시 중인들에게서 얻은 정보를 기반으로 한 것이다. 이이명은 여러 차례의 사행을 통해 벽돌식 온돌이 필요하다는 것을 절감하고 이를 조선에 들여오고자 했다. 하지만 설치법을 아는 사람을 찾을 수 없었다. 과거에 역관 김지남이 중국에서 설치법을 배워왔으나, 그가 세상을 떠나자 잊히고 말았던 것이다. 이이명은 다른 사람을 수소문한 끝에 여러 번 중국을 다녀온 무관 박동추에게 물어 벽돌식 온돌 설치법을 도설로 작성했다.

벽돌식 온돌 설치에 필요한 벽돌 제조법
은 역관 이추李樞로부터 전해 들
은 것이다. 이추는 1723년 우
리나라에 표류해온 중국인
들을 송환하기 위해 북경
에 갔다가 마침 벽돌 굽는
광경을 보고 장인에게서
그 방법을 배워왔다. 「전항식」
에는 역관 이석채가 벽돌 굽는 기술
을 중국에서 배워오자 수어청에서 그 기술을 시험했다고 한 언급
도 보인다. 이러한 사실은 새로운 지식과 기술의 수용이 중인 계
층에 의해 이루어졌음을 입증한다.

『소문사설』의 수레 제작법 역시 다른 저술과 비교가 되지 않을
정도로 구체적이다.

외바퀴 수레. 형태는 우리나라의 초헌軺軒과 같으나 앞쪽 손잡이나 학
슬鶴膝이 없다. 바퀴는 손잡이 위로 튀어나온다. 앞부분의 형체는 조
금 뾰족하다. 좌우에 고동목이 있고 뒤쪽 손잡이는 짧다. 가마꾼들이
하는 것처럼 가죽끈을 매어 어깨에 걸친다. 멈춰 서 있게 하고 싶으면
따로 나무 장대 하나를 받친다. 수레 하나로 한 바리의 짐을 운반할 수
있다. 바퀴가 손잡이 위로 나오지 않게 하기도 하는데, 진흙이 튈까 염
려되기 때문이다.
내가 중국에 갔다가 외바퀴 수레로 물건을 운반하는 것을 보았는데
매우 편리해 보였다. 그러나 북경에는 도랑이나 구덩이 같은 험한 곳이

없으니 이것을 사용할 수 있지만, 우리나라는 그렇지 않아 열 걸음 안에 도랑이 네댓 군데가 넘으니, 어찌 수레를 사용할 수 있겠는가? 또 북경은 길이 넓어서 수레 두 대가 오갈 수 있지만 우리나라는 그렇지 않다. 골목이 좁아서 겨우 한 사람이 지날 만한 곳도 있고, 골목이 구불구불하여 말을 타고 지나갈 수 없는 곳도 있다. 수레가 무슨 방법으로 다닐 수 있겠는가?

연행을 계기로 수레의 편리성을 직접 보고 조선에 들일 것을 주장한 사대부는 결코 드물지 않다. 그러나 위의 내용처럼 즉시 제작할 수 있을 만큼 수레의 구조를 세세히 밝혀놓은 것은 찾기 어렵다. 뿐만 아니라 수레를 세워두는 방법, 흙이 튀지 않게 하는 방법은 물론, 조선에 들여올 경우 맞닥뜨릴 문제점까지 고려했다. 이야말로 『소문사설』이 여느 사대부가 편찬한 실용서들과 변별되는 점이다.

벽돌과 수레를 들여오려는 북학파 지식인들의 의지는 매우 강했으며, 그들의 주장 역시 설득력이 높았다. 다만 그것들을 제작해 사용하는 데 필요한 구체적인 지식과 기술에 대한 관심은 미흡했다. 이것은 이시필을 비롯한 중인들의 역할이었다.

중인 계층은 실용적인 지식과 기술에 높은 관심을 보였으며, 이를 실천에 옮길 능력도 갖추고 있었다. 하지만 이들의 의지와 능력만으로 일이 이루어지진 못했다. 이시필이 「전항식」 말미에서 "우리 같은 경우는 힘이 없어 실행할 수 없다"고 한탄한 것은 이 때문이다. 그는 벽돌식 온돌을 널리 보급하려는 의지도 있었고, 설치에 필요한 지식과 기술도 확보하고 있었다. 그러나 관심과 지원 부

『소문사설』에 실린 외바퀴 수레獨輪車.

족으로 시범적으로 몇 군데 설치하는 데 그쳤을 뿐, 결국 벽돌식 온돌을 널리 보급하는 데는 이르지 못했다.

벽돌의 중요성을 역설했던 박지원이 직접 벽돌을 구워 사용한 일화는 유명하다. 하지만 이렇게 개인이 벽돌을 제조하면 품질 보장과 단가를 낮추기 어렵다. 벽돌 사용의 효과를 극대화하려면 규격화된 벽돌의 대량생산이 이뤄져야 했다. 따라서 국가 개입은 필수적이었다.

수레 역시 마찬가지다. 수레를 쓰기 위해서는 조건이 있었다. 길이 닦여야 했던 것이다. 조선 문인들이 북경에서 본 수레는 모두 벽돌로 짜맞춘 포장도로 위를 다니고 있었다. 수많은 사람의 주장에도 불구하고 우리나라에서 수레가 제대로 쓰이지 못한 이유는 바로 여기에 있었다.

전국적인 도로망을 개통해 수레를 통행시키려는 이상은 실현할 수 없었지만, 이시필은 개인의 힘으로 유용하게 쓸 수 있는 수레라도 도입하자고 생각했다. 그 결과가 외바퀴 수레였다. 외바퀴 수레

를 비롯해 이시필이 소개한 수많은 도구는 대부분 개인의 힘으로 제작해 쓸 수 있는 것들이었다. 그는 이 도구들의 제작법과 사용 방법을 그림과 함께 자세히 설명했다.

"우리나라 사람들이 사물에 박학하지 못한 것이 참으로 놀랍다"

『소문사설』의 내용 중에는 이시필이 연행에서 직접 견문한 것도 적지 않으나, 상당 부분은 그가 입수한 명청 시대 서적에서 초록抄錄한 것이다. 특히 「제법」은 초록한 내용이 대부분이며, 여기에 저자의 의견을 약간 덧붙인 정도다.

폭넓은 독서를 통해 새로운 지식 정보를 얻고, 이를 특정한 주제에 따라 분류한 뒤 자신의 견해를 덧붙이는 방식은 당시 백과사전류 저작의 일반적인 저술 방식이었다. 이수광의 『지봉유설』이 그 효시이며, 이익의 『성호사설』, 이덕무의 『청장관전서』, 성해응의 『연경재전집』, 이규경의 『오주연문장전산고』 등이 모두 이러한 방식으로 편찬되었다.

『소문사설』 역시 기존의 지식 정보를 이용해 새로운 지식 정보를 생산하는 방식으로 편찬되었다. 이 책에 인용된 명청 시대 서적은 매우 다양하다. 의서로는 이시진李時珍의 『본초강목』, 장로張璐의 『의통醫通』과 『본경봉원本經逢原』, 유서類書로는 송응성宋應星의 『천공개물天工開物』, 왕기王圻의 『삼재도회三才圖會』, 호응린胡應麟의 『소실산방필총少室山房筆叢』 등이 있다. 이밖에 송렴宋濂의 『잠계

石碾

『천공개물』에 실린 맷돌.

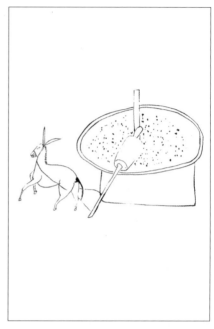

『삼재도회』(왼쪽)와 『소문사설』에 실린 맷돌.

집潛溪集』, 양신楊愼의 『승암집升菴集』, 이동양李東陽의 『회록당집懷麓堂集』, 장거정張居正의 『태악집太岳集』 등이 있다.

　이시필이 열람한 이들 명청 서적은 대부분 조선에서 구하기 어려운 최신판이었다. 이시필은 연행을 통해 다양한 분야의 최신 서적을 접하고 나름의 필요와 기준에 따라 그 내용을 취사선택해 『소문사설』에 수록했던 것이다. 실제로 『소문사설』에 실려 있는 그림을 보면 『천공개물』이나 『삼재도회』에 그려진 것과 비슷한 게 많다.

　이 가운데 가장 많이 인용된 책은 단연 『본초강목』이다. 『본초강목』은 약재의 속성과 효능을 기록한 책이다. 이시필이 의관이었

다는 사실을 고려하면 그가 이 책을 집중적으로 인용한 것은 그리 특이한 것이 아니다. 하지만 이시필이 이 책에서 얻은 것은 의학 지식에 그치지 않는다.

원래 『본초강목』은 사물의 다양한 물명物名을 비롯해 형태, 속성, 원산지, 사용처, 사용 방법 등을 종합했다. 이처럼 여러 사물에 대한 정보를 제공하는 것이 본초학本草學의 기본 성격이다. 이시필은 "우리나라 사람들이 사물에 박학하지 못한 것이 참으로 놀랍다"는 점을 문제로 인식하고 있었다. 그는 『본초강목』으로부터 사물에 대한 풍부한 지식을 얻고 실생활에 응용하고자 했다. 유서류와 문집류에서 인용한 내용 역시 사물의 명칭, 속성, 사용처 등이 대부분인 것을 고려하면, 이시필이 명칭 서적을 열독한 이유는 결국 과학 지식을 얻기 위해서였다고 할 수 있다.

『소문사설』「제법」의 내용은 이들 명칭 서적을 통해 얻은 지식이다. 「제법」에서 다루는 분야는 매우 광범위하다. 우선 화학, 생물학, 광물학, 의학 등 자연과학의 여러 분야에 걸친 내용을 들 수 있다. 연단술과 연금술, 도금하는 법, 화약 제조법 등은 화학과 관련된 내용으로 분류할 수 있고, 어류, 조류, 그리고 무소나 코끼리 같은 거대 포유류 등에 대한 기록과 꽃, 풀, 약초, 과일 등에 대한 기록은 생물학과 관련된 내용으로 볼 수 있다. 마취하는 법, 안경 만드는 법 등은 의학 지식으로 분류할 수 있다. 이밖에 일상생활에서 유용한 염색하는 법, 탁본하는 법 등 이시필의 관심 분야는 그 폭이 매우 넓었다.

심지어 도망간 사람을 돌아오게 하는 법, 써버린 돈을 돌아오게 하는 법, 사랑하는 사람을 얻는 법, 몸을 감추어 보이지 않게 하

『천공개물』에 실린 외다리 방아.

『삼재도회』(왼쪽)와 『소문사설』에 실린 외다리 방아.

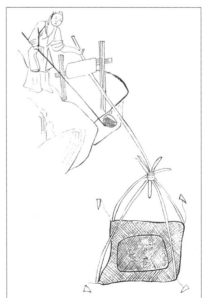

『삼재도회』(왼쪽)와 『소문사설』에 실린 그물.

는 법, 바람을 불게 하는 법, 효도하고 순종하는 아내를 만드는 법 등 조금 황당무계한 내용도 실려 있다. 이러한 내용은 지금의 관점에서 보면 비과학적이지만 당시로서는 나름의 근거와 논리에 기반한 지식이었다.

이시필은 사물의 겉모습이나 기능에만 관심이 있었던 것이 아니라 그 원리를 파악하고자 했다. 『소문사설』에 그의 업무와 관계없어 보이는 정보가 꽤나 실려 있는 것은 이 때문이다. 본디 쓸모 있는 지식과 쓸모없는 지식은 명확히 구분하기 어렵다. 당장은 쓸모 없어 보일지라도 그 원리를 응용해 다른 지식과 결합시킴으로써 쓸모 있는 지식이 될 수 있기 때문이다. 사물에 대한 폭넓은 관심과 그 원리를 탐구하려는 열망은 과학 발달의 원동력이다.

안경. 우리나라에 현존하는 가장 오래된 안경인데, 『소문사설』에는 안경 만드는 법까지 적혀 있다.

우리나라 사람은 성품이 게으르고 대충대충 하는 습속이 있다. 장인이 물건을 제작하는 데 있어서도 사물의 이치를 미루어 밝히거나 만들어내는 방법에 대해서는 전혀 노력을 기울이지 않는다. 장인들은 겨우 모양이나 낼 뿐이며, 물건을 만드는 방법은 방서方書라고 멸시하며 하려들지 않으니 한탄스럽다.

우리나라 사람들이 물건 제작에 쓰이는 사물의 원리를 탐구하거나 제작 기술을 개선할 방안을 강구하지 않는다는 지적이다. 조선의 전문 기술자들은 오랜 경험을 통해 얻은 지식과 기술을 축적하고 전달하는 데 익숙지 않았으며, 새로운 지식과 기술을 들여오는 데도 소극적이었다. 사람들은 새로운 것을 쉽게 받아들이려 하지 않는다. 오래된 것의 익숙함 때문이었다. 그 익숙함은 더 편리하고 더 효율적인 지식과 기술의 도입을 가로막는 장애물이기도 했다. 새로운 지식과 기술이 소개된 서적이 방서로 폄하되는 상황에서는 산업의 생산성과 제품의 품질 향상을 기대하기 어려웠다. 이시필의 문제의식은 당시 북학을 주장한 사대부들과 유사하면서도 훨씬 구체적이고 실용적이었다.

한 사람의 힘으로 세상을 바꾸다

앨빈 토플러는 『부의 미래』에서 사회 각 분야의 변화 속도를 열거했다. 그에 따르면, 현대사회에서 변화 속도가 가장 빠른 것은 기업이며, 가장 느린 것은 정치시스템, 그리고 법이다.

사람들은 늘 법과 제도가 문제라고 말한다. 사회를 변화시키는 데 가장 직접적이고 강력한 수단이 법과 제도임은 분명하다. 하지만 법과 제도는 사회 변화를 앞장서 이끄는 주체가 아니다. 온갖 문제가 다 터진 끝에 마지못해 변화를 따라간다. 법과 제도가 바뀌기를 기다리면 아무것도 할 수 없다.

실학자들은 법과 제도의 개혁을 요구했다. 조선 사회의 체제를 단번에 바꾸려는 목적에서였다. 당대 최고의 지식인이었던 그들의 개혁안은 사회 현실에 대한 깊이 있는 성찰의 산물임에 틀림없다. 그러나 그들의 개혁안은 복잡한 이해관계가 얽힌 기존 체제의 완강한 저항에 부딪혀 결국 빛을 보지 못하고 말았다. 어쩌면 이것은 그들 역시 기존 체제의 기득권자로서 변화에 대한 열망이 부족했기 때문인지도 모른다.

이 시기 사대부들의 실용서는 대체로 세부적인 주제에 초점을 맞췄다. 명청 시대 서적에 실린 방대한 지식 정보를 체계적으로 정리한 성과는 무시할 수 없으나 실제로 쓰임새를 발휘한 사례는 찾기 어렵고, 설사 활용되었더라도 사회 구성원들의 삶의 질을 높이는 데 도움이 된 예는 더욱 찾기 어렵다. 이서구의 『녹앵무경綠鸚鵡經』(앵무새), 이덕무의 『발합경鵓鴿經』(비둘기)과 『속백호통續白虎通』(범), 『윤회매십전輪回梅十箋』(밀랍 매화), 이옥의 『연경煙經』(담배), 김덕형의 『백화보百花譜』(원예), 유박의 『화암수록花庵隨錄』(원예), 서유구의 『예원지藝畹志』(원예) 등 18세기에 유행한 백과사전식 저술의 한계가 바로 여기에 있다. 이러한 저술을 지은 동기는 지적 욕구와 호사 취미에서 비롯된 것이리라.

이시필은 사대부가 아니었다. 즉 법과 제도의 개혁을 요구할 수

있는 처지에 있지 못했다. 어의의 신분으로 대궐을 드나들고 중국을 오간 만큼 기존 체제에 안주하는 길을 택할 수도 있었다. 그러나 그는 그렇게 하지 않았다. 그는 조선 사회의 체질을 바꾸고 사람들의 삶을 좀 더 낫게 만들고자 자기가 할 수 있는 일을 찾아보았다. 그 결과가 바로 『소문사설』이다.

『소문사설』의 내용 가운데 일부는 지금 우리가 전통사회의 고유한 지혜라고 알고 있는 것들이다. 이시필이 소개한 지식과 기술이 뒤늦게나마 당시 사회에 보급되었다는 증거다. 『소문사설』에서 소개한 지식과 기술을 활용하는 데는 국가 정책의 개혁이나 제도의 개선을 필요로 하지 않는다. 그것은 한 사람의 힘으로도 충분히 실천에 옮길 수 있는, '현장에서 즉시 활용 가능한 실용적인 지식과 기술'이었다.

4장

조선 후기 의서들,
실용지학의 정점에 이르다

⊙

『동의보감』에서 『언문후생록』까지

김호

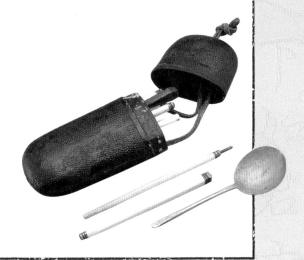

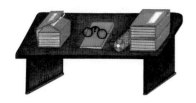

목숨 걸고 펴낸 『동의보감』
그 활용과 난점

　1610년 『동의보감』이 완성되자 광해군은 간행에 박차를 가하
는 동시에 나라 전체에 이를 보급하는 데 힘썼다. 책의 권수가 많
을뿐더러 조금의 오탈자라도 생기면 목숨과 관련된 일인지라 교정
에 세심한 공력과 긴 시간을 들이는 일이 쉽지 않았지만, 백성의
목숨을 구하는 일은 한시가 급했다.

　광해군의 격려에 힘입어서인지 『동의보감』은 출간되자마자 지
방에도 어느 정도 보급되고 있었다. 17세기 강릉의 한 약국계藥局
契 규약에는, 약국계의 공동 재산인 『동의보감』을 계원이 아닌 다
른 사람에게 함부로 대출하지 말 것을 강조해놓기도 했다. 18세기
에 이르러서도 『동의보감』의 확산은 계속되어 서울을 비롯해 지
방 사족들이 소장해야 할 의서가 되었다. 급기야 18세기 후반에
『동의보감』은 『상례비요喪禮備要』 『삼운성휘三韻聲彙』 『경국대전經國
大典』 등과 함께 사대부가에서 갖추어야 할 4대 도서로 꼽힐 정도

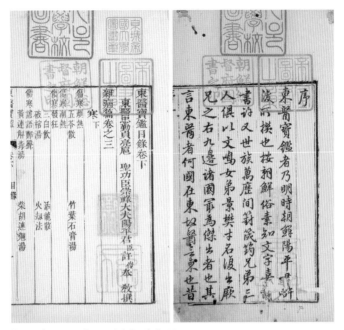

『동의보감』, 허준, 1610, 규장각 한국학연구원.

였다. 사족과 의원들은 『동의보감』을 자기 나름으로 정리·발췌해 이를 활용했다. 특히 사족들은 의원과 약국에서 받아온 처방전과 약물을 『동의보감』과 대조해 확인하거나 수정했고 이에 따라 약재를 빼거나 더했다.

　문제는 『동의보감』이 거질의 의서라는 점에 있었다. 즉 『동의보감』이 표준 의서가 되긴 했지만 워낙 방대해 까다로운 한문을 문제없이 독해했던 이들조차 내용을 섭렵하기란 어려웠다. 『동의보감』이 편찬된 뒤 많은 사람이 권질이 번다하고 내용이 겹친다며 이 책의 실용성을 문제 삼은 이유가 여기 있었다. 그중 대표적인 비판자가 성호 이익이었다.

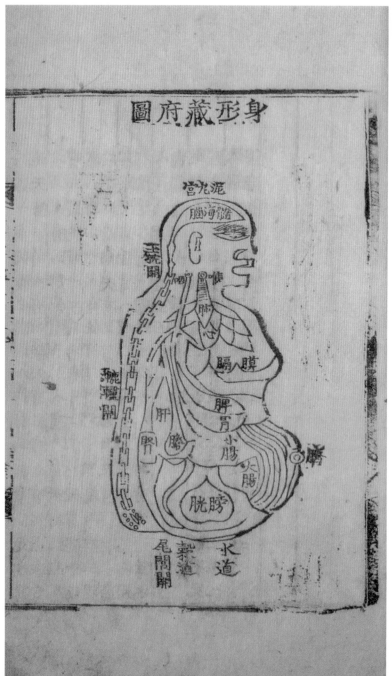

『동의보감』에 실린
신형장부도.

근세에 의관 허준이 『동의보감』을 지었는데, 먼저 『내경內經』과 『영추靈樞』 따위로 『소학』의 두편頭篇과 같이 하고 다음은 단계丹溪와 하간河間의 설을 드러내서 『소학』의 가언편嘉言篇과 같이 하고, 끝에 병을 다스린 실적 및 여러 방문을 기재해 『소학』의 계고편稽古篇·선행편善行篇과 같이 하였으니, 규모는 잘되었다. 그러나 많이 늘어놓고 뜻은 소략해 사람들이 족하게 여기지 않는다.(『성호사설』 「시문문詩文門」 무경경武經經)

한편 조선 후기에는 상업이 발달하면서 민간 약국과 의원들의 활약이 두드러졌다. 자연히 처방과 약재를 구입하는 일도 쉬워졌는데, 약물 치료를 선호하는 것이 지나쳐 남용에까지 이르자 사회 문제로 떠오를 정도였다. 또한 18세기 후반 서울에서는 이미

약장, 높이 53.0cm, 조선 후기, 가천박물관.

의료 분화가 일어나 소아과, 두창과, 부인과 등 전문 의원들이 활약했다.

이런 사회 변화는 곧 의서의 수요 증대로 이어졌고, 『동의보감』처럼 거질이 아닌 좀 더 간편하고 분야별로 전문화된 의서를 찾는 사람이 늘어났다. 특히 당시 의사나 약국상 대부분은 한문을 모른 채 기술만 전수받곤 했기에 『동의보감』과 같은 종합 의서를 필요로 하지 않았고, 중인 이하 상민들 역시 어려운 의서에서 큰 도움을 얻지 못했다.

『동의보감』의 해체와 수정, 보완
역병 전문 의서들의 출현

시대 요구에 응해 18세기에 『동의보감』은 새롭게 편집되거나 재구성되었다. 즉 두과痘科, 소아과 혹은 부인과 등 전문 분야를 특화한 의서들과 『동의보감』을 요약·발췌한 뒤 자신의 경험방을 추가한 간편한 의서들이 대거 출판된 것이다.

특히 역병을 전문적으로 다루는 책이 많이 쓰여졌는데, 소아들에게 치명적인 두창痘瘡(천연두)과 마진麻疹(홍역)을 주로 다루었다. 현종대에 출간된 것으로 보이는 박진희朴震禧의 『두창경험방痘瘡經驗方』은 17세기 중·후반의 대표적인 두창 치료서다. 이 책은 『동의보감』의 초록본이라고 밝혀놓긴 했지만 단순한 요약본에 머물지 않았다. 『동의보감』 이후의 새로운 치병 이론과 경험방들을 덧보탠 것이다. 가령 17세기 중반 전유형이 개발한 '사성회천탕四聖回天

『두창경험방』, 박진희, 17세기, 규장각한국학연구원.

湯'이 좋은 예다. 인삼, 황기, 당귀, 석웅황石雄黃을 기본 약재로 삼아 조제한 이 처방은 효험이 매우 커서 두창 환자 대부분이 완치되었다고 전해질 정도였다. 전유형은 북인 계열의 학자로 17세기 중엽 신속申洬의 『농가집성農家集成』에는 그의 목면木綿 농법이 소개되어 있는데, 이것은 전업 농민들이 농업을 상업화할 때 좋은 농법으로 알려져 있다. 이처럼 농학이나 의학 등 실용의 학문에 밝았던 그의 처방이 현재 『두창경험방』에 실려 전한다.

박진희는 두창 치료 이론에서도 『동의보감』의 학설을 수정했다. 허준은 두창을 오장의 불순에 따른 발병으로 설명했던바, 소

아가 태어나기 전 어머니 자궁 속에서 흡입한 태독胎毒이 오장 속에 섞여 있다가 환경이나 아이의 건강이 좋지 못하면 발진으로 표출된다고 보았다. 반면 박진희는 오장설五臟說을 비판하고 두창의 열꽃, 즉 피부 발진은 오장 가운데 기육肌肉을 주관하는 비위脾胃와 연관되는 증세라고 보았다. 당연히 치료법도 비위의 보사補瀉에 초점을 맞추었다. 허준이 두창을 태독의 열꽃 현상으로 여겨 상한류傷寒類의 열병과 동일한 하열下熱의 치료법을 권장했다면, 박진희는 소진消疹의 표증 치료보다 비위의 보사라는 본증 치료를 선호한 것이다.

『동의보감』의 두창학을 특화시킨 『두창경험방』은 초간 후 서울과 지방에서 다양하게 판각되어 민간에 널리 보급되었다. 현재 서울대 규장각한국학연구원과 지방 대학 도서관에 여러 이본이 전할 만큼 수차례 중간되었다. 『두창경험방』이 후대에 끼친 파급력 또한 크다. 전국적으로 활용된 『산림경제』나 『고사촬요』의 두창 치료법에 영향을 끼쳤을 뿐 아니라, 1737년(영조 13) 경상도 의령에서 간행된 『고금경험두진방古今經驗痘疹方』 역시 비위의 보사를 두진 치료의 핵심으로 강조하고 있다.

한편 1672년에 간행된 『용산요두편龍山療痘篇』은 택당 이식의 손자인 이번李蕃의 저술이다. 그는 '『만병회춘萬病回春』은 소략하고 『동의보감』은 번다하다. 근래 여러 의사의 경험방 중에서 증세에 따라 간략하게 약물을 처방한 것들이 있긴 하지만 내가 다시 여러 의서의 두창 치료법을 종합해 이 책을 만들었다'면서 의서 편찬의 동기와 서술 방향을 밝혀놓았다. 특히 박진희의 처방이 효과는 높으나 향촌에서 찾기 힘든 드문 약재를 쓰는 폐단이 있다고 지적해

궁벽한 향촌에서 쓸 만한 의서를 편찬하겠다는 의지를 천명했다.

조선 후기에는 두창과 함께 마진을 치료하는 전문 의서들도 다양하게 간행되었다. 경상도 지역의 향의鄕醫로 유명했던 유이태는 부모의 역병을 치료하면서 의술을 공부해 숙종대 말 을병乙丙 대기근 때 숱한 사람의 목숨을 구하는 공을 세웠다. 1706년(숙종 32)에 그는 홍역 치료 전문 의서인 『마진편麻疹篇』을 저술했다. 이밖에 18세기에는 『홍진신방紅疹新方』 『진역방疹疫方』 등 다양한 마진 전문 의서가 나왔는데, 훗날 다산 정약용은 『마과회통麻科會通』을 편찬해 조선 후기 마진 치료법을 집대성했다.

두창과 마진 외에 온역瘟疫을 치료하기 위한 의서들도 발간됐다. 1653년(효종 4) 안경창安景昌이 저술한 『벽온신방辟瘟新方』은 조선 후기의 대표적인 온역 치료서다. 안경창은 당시 황해도에 온역이

『유이태마진방』, 조선 후기, 가천박물관.

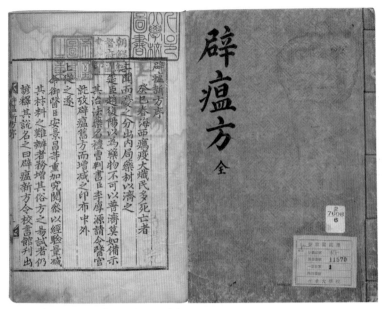

『벽온신방』, 안경창, 조선 후기, 규장각한국학연구원.

성행해 많은 사람이 죽어나가자 이를 치료하기 위해 기존의 온역 의서들을 참고해 언해를 붙여 발간했다. 채유후蔡裕後의 서문에 따르면, 온역이 창궐하자 왕이 약재를 보내 치료하도록 명했는데, 차라리 치료법이나 약재명을 널리 알려주는 것이 더 좋을 거라는 중론이 있자 효종은 어의 안경창 등을 시켜 『벽온방辟瘟方』을 참고해 완성하도록 하고 이를 언해해 교서관에서 펴냈다고 한다.

『벽온신방』은 조선 전기의 온역 치료서들을 종합 정리한 허준의 『신찬벽온방新撰辟瘟方』을 기초 삼아 보완한 의서다. 안경창은 온역에 대한 자세한 이론을 제시한 허준의 방법 대신 간단하면서도 효과적인 처방들을 소개함으로써 실용성을 높이고자 했다. 가

령 승마갈근탕升麻葛根湯을 강조한 것이 그러하다. 17세기 중·후반 이후 두창과 마진 그리고 온역 치료에 널리 쓰이던 승마갈근탕은 온보溫補 위주의 치료법이었다. 당시 두창의 열꽃이나 상한의 발한 증세를 기육肌肉을 주관하는 비위와 연관짓는 해석이 힘을 얻으면서 비위를 보하며 해표解表하는 처방이 애용되었다. 안경창의 『벽온신방』은 조선 후기에 여러 차례 중간되면서 온역 치료의 주요한 의서로 자리매김했다.

소아 및 부인과 치료에 진력하다

조선 후기 의서의 전문화에서 두 번째 흐름은 소아과를 특화한 것이었다. 기존의 역병 치료서들이 두창과 마진 등 소아과 질병의 일부만 다뤘다면, 소아과 전문 의서는 육아 전반을 포함시키면서도 전문화와 간편화를 지향했다.

먼저 17세기 중후반에 김좌명金佐明(1616~1671)이 저술한 『보영요법保嬰要法』은 육아법의 요체를 다룬 의서다. 현재 원문이 전하지 않아 정확한 내용을 알 길이 없으나 약방제조를 지냈던 저자의 발문에 따르면 '궁중의 고방서古方書들 가운데 중요한 내용을 모아 언문으로 번역했으며, 소아의 질병 치료시 부득이한 경우에만 약을 쓴다는 원칙을 세웠다'고 한다. 언해본이며 제목에 '요법要法'을 밝혀놓아

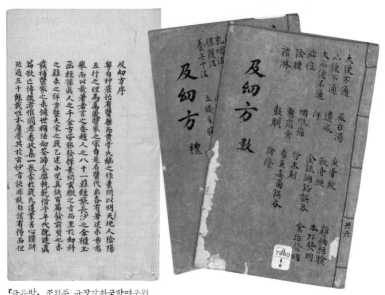

『급유방』, 조정준, 규장각한국학연구원.

종합적인 소아과 의서라기보다 소아 구급에 관한 요체를 한글로
소개해 부인들도 쉽게 활용하도록 만든 의서였다.

소아과를 전문으로 다룬 종합 의서는 1749년 펴낸 조정준趙廷俊
의 『급유방』이 최초다. 조정준은 서문을 쓰면서 '소아과를 연구한
지 거의 50년이 지났으나 본성이 노둔해 그 심오한 진리를 얻지 못
했다. 다만 선배들의 주고받은 내력을 잘 살피고 고금 사람들의
품부받은 기질이 서로 다른 점을 참작해 병을 보고 약을 주어 효
험을 많이 보았다. 이제 팔순을 바라보매 정력이 쇠모하고 기억력
이 나빠지므로 그동안 공부했던 고방古方을 편집하고 자설自說을
첨부해 『급유방』을 펴낸다'고 회상했다.

『급유방』은 조선 후기에 분화를 거듭하던 의학계의 사정을 잘

보여준다. 의서 편찬의 기준과 서술 방향을 드러낸 「범례」에서 조정준은 명나라 이천李梴이 저술한 『의학입문醫學入門』과 전을錢乙의 소아 처방들을 근간으로 각종 소아 질병에 전력專力하고, 두창과 마진의 치료는 자세히 서술하지 않는다며 『급유방』의 저술 목적을 명시해두었다. 이미 두창과 마진 의서들이 특화되었던 터라 이를 제외한 소아과 분야를 전문화함으로써 차별성을 둔 것이다.

조정준은 특히 전문화와 더불어 실용성을 제고했다. 『급유방』 말미에 부록으로 실려 있는 「급유방약명고及幼方藥名考」는 본문 처방에 쓰이는 탕액湯液 및 환약丸藥의 이름과 재료, 조제법 등을 알기 쉽게 색인으로 만들어 쓰임새가 매우 높았다. 본문 중 '초생아의 여러 병세初生雜症'에 처방하는 양유방釀乳方, 백강산白殭散, 장생환長生丸, 욕체법浴體法, 지황탕地黃湯을 자세히 적어놓았을 뿐 아니라 색인으로 이를 찾아보기 쉽게 해두었다.

이처럼 처방전과 약물의 목차 및 찾아보기를 덧붙이는 구성은 의학 지식이 확대됨에 따라 방대한 정보를 일목요연하게 볼 수 있도록 한 방법으로 조선 후기에 널리 택해졌다. 많은 의원과 약국상은 의서에 있는 색인을 보고 간단히 처방전의 약재 구성을 확인한 뒤 조제할 수 있었기 때문이다. 이후 1781년에는 『급유방』을 기본으로 한 『유유일심幼幼一心』이 간행되기도 했다.

의료도구, 20세기 전반, 가천박물관.

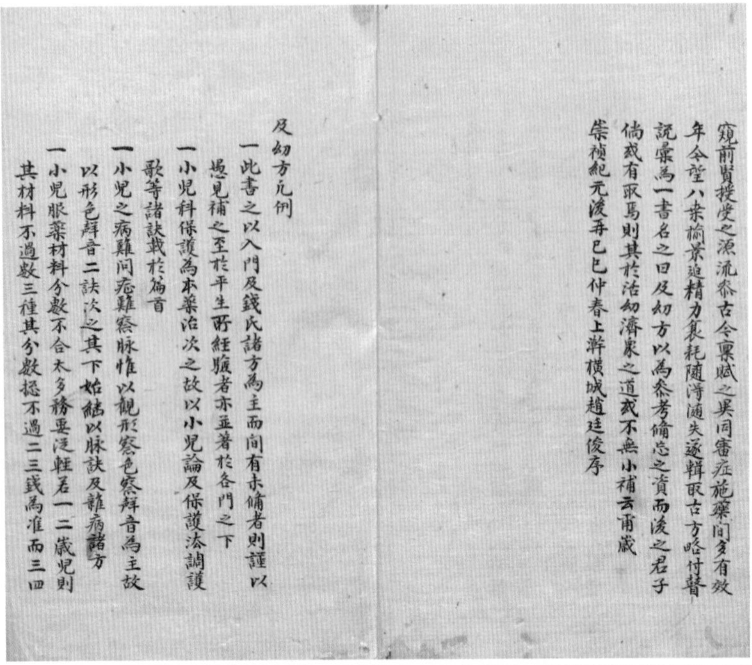

窃前賢提攜之源流參古今稟賦之異同審症施藥間多有效
年今荃八条楠景逆精力裒耗隨溜漏失遂辑取古方略付替
說彙為一書之曰及幼方以為參考備忘之資而凌之君子
倘裁有取焉則其於治幼濟衆之道或不無小補云甫歲
崇禎起元後再巳仲春上辯横城趙廷儁序

及幼方凡例

一此書之以入門及錢氏諸方為主而間有未備者則謹以
　愚見補之至於平生耵經腴所亦並著於各門之下
一小児科保護為本藥治次之故以小児論及保護調護
　歌等諸訣載於篇首
一小児之病難問疚脉惟以視形察色察辩音為主故
　以形色辩音二訣次之其下始齪以脉訣及雞疴諸方
一小児眼藥材料分敗不合太多務要涇輕者一二歲児則
　其材料不過数三種其分數挹不過二三錢為准而三四

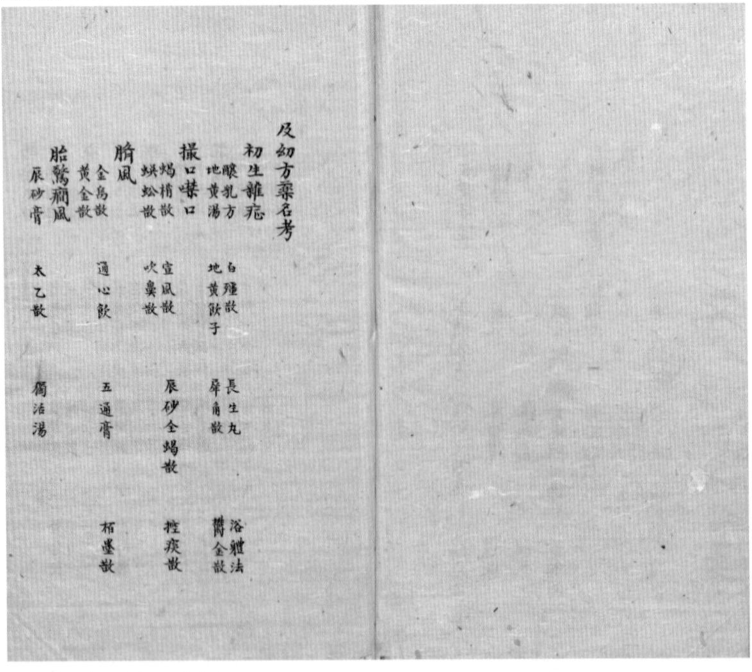

及幼方藥名考

初生雜疤
眼乳方　　白殭散　　長生九　　浴㵎法
地黄湯　　屖角散　　屖角散　　舊金散
地黄猷子　辰砂全蝎散　控痰散

撮口噤口
㸃口　　宣風散　　辰砂全蝎散
蝎精散　吹鼻散
㸃口

臍風
金烏散　通心猷　五通膏　柏墨散
黄金散

胎驚痫風
辰砂膏　太乙散　蠲活湯

「급유방」 범례 및 「급유방약명고」.

소아과 의서는 산부인과와 밀접한 관련이 있었기에 소아과와 산부인과를 동시에 요약해 싣기도 했다. 『의보醫寶』가 그러한 의서다. 18세기 후반에 간행된 것으로 보이는 이 책은 소아과와 부인과 질병에 대한 의론醫論을 간단히 정리한 뒤 구급방류의 처방을 여럿 실어놓았다. 질병에 대한 의학 이론서라기보다 처방전 모음집의 성격이 강한 의서로, 실용성을 목적으로 삼았음을 알 수 있다.

저자는 '소아가 처음 태어났을 때, 그리고 두창과 마진의 증세를 초기에 구분하기 어려워 세상의 많은 속의俗醫가 잘못 처방하고 생명을 죽이는 일이 흔하므로 책머리에 싣는다'고 한 뒤, 어른보다 진단이 어려운 소아 질병의 진찰법, 즉 소아의 용모와 상태를 살필 수 있는 방법을 소개했다. 특히 소아 질병의 가장 근원으로 여겼던 '태독류胎毒類'를 따로 설정해 상세히 풀어놓기도 했다. 저자는 태독의 중요성을 강조하면서도 『동의보감』과 달리 마진을 태독과 연결시키지 않고 비위의 경맥에서 원인을 찾았다. 치료 역시 비위와 연관된 피부의 발진을 제거하는 방법을 택했다. 이는 앞서 언급한 대로 '비위의 보사'라는 새로운 치료법을 취한 것이다. 부인병에 대해서는 산전과 산후에 생기는 각종 질병과 이에 대한 구급 처방을 수집했으며, 임상에 필요한 구체적이고 실질적인 처방을 싣고 있다. 부인병의 모든 원인을 혈체血滯에서 찾은 저자는 남성에게는 '정精'이, 여성에게는 '혈血'이 가장 중요하다고 강조했다.

한편 조선 후기 산부인과 전문 의서 가운데 『달생비서達生秘書』라는 조금 특별한 책이 있다. 이 책은 중국에서 1715년에 간행되었다고 전해지는 극제거사亟齊居士의 『달생편達生編』과 중국 저장성

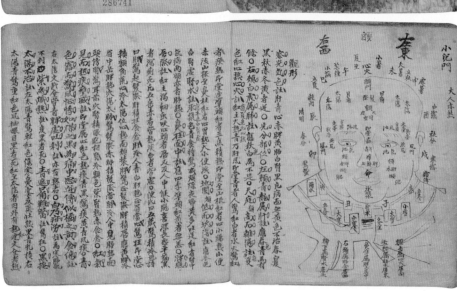

『의보』, 규장각한국학연구원.

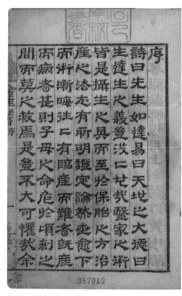
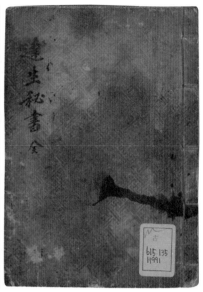

『달생비서』, 규장각한국학연구원.

죽림사竹林寺의 의승醫僧들이 대대로 비밀리에 전하는 산부인과 처방전인 『산과비서産科祕書』를 합본한 것으로 18세기 후반 조선에 들어온 뒤 필사본으로 전하고 있었다. 『동의보감』의 산부인과학이 송대 진자명陳自明의 『부인대전양방婦人大全良方』에서 수립되어 금원사대가 의학으로 완성된 한량寒涼 준제의 전통을 이은 것과 달리 이 책은 하제下劑 처방의 폐단을 지적하고 온보의 방법을 강조했다. 당귀와 천궁을 위주로 한 생화탕生化湯 처방은 조선 후기 보혈補血을 강조한 온보파의 전통을 잘 보여준다.

사주당 이씨의 『태교신기』 역시 흥미로운 의서다. 대부분의 의서를 남자들이 짓거나 엮었다면, 이 책은 여성이 여성을 위해 지

은 여성 전문서라는 점에서 주목할 만하다. '사주당師朱堂'이라는 당호가 말해주듯이, 주자를 스승으로 삼았던 여사女士는 성리학의 화두인 욕망의 문제를 태교와 연관지어 설명함으로써 당대 의학 지식이 성리학과 무관하지 않음을 잘 보여준다.

사적이고 간편한 경험방들의 출현
수많은 경험방의 집대성

조선 후기 의서 간행의 세 번째 경향을 꼽자면, 『동의보감』의 기본 틀을 유지하되 내용의 호번함과 처방의 중복을 해결한 축약본 의서들의 등장을 들 수 있다. 『동의보감』 이후 많은 의원은 『동의보감』의 처방을 변용하거나 독창적인 처방들을 개발했는데, 임상에서 치료 효과를 인정받은 처방들이 필사본 형태로 다양하게 유통되고 있었다. 『사의경험방四醫經驗方』 『주촌신방舟村新方』 『단곡경험방초丹谷經驗方抄』 『산림경제山林經濟』의 「구급방救急方」, 『의문보감醫門寶鑑』 등이 대표적인 경험방 의서였다.

1687년에 간행된 『주촌신방』은 『동의보감』의 편명과 항목을 그대로 따랐다. 저자인 신만申曼은 송시열과 송준길의 고제자로 병자호란 때 처자와 어머니를 잃고는 관직에의 뜻을 접고 은거했다. 의학에 조예가 깊었던 그는 『주촌신방』 서문에서 고인들의 치료 방문方文이 번잡하고 증상에 맞는 방서方書를 택하기 어려워 위급 상황에 대처하기 곤란하므로 향리에서 쉽게 구할 수 있는 처방을 중심으로 의서를 편찬했다고 밝혔다.

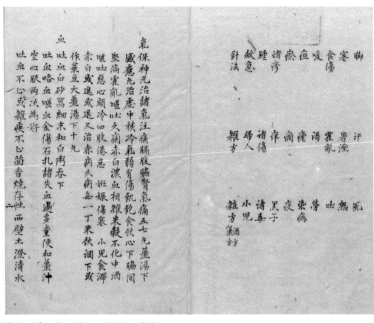

『주촌신방』, 신간, 1687, 규장각한국학연구원.

17세기 후반에 간행된 것으로 보이는 지은이 미상의 『단곡경험방초丹谷經驗方抄』 역시 『동의보감』을 요약·발췌한 뒤 자신의 경험방을 추가한 의서다. 책 말미의 「경험經驗」편에는 다양한 처방이 실려 있다. 『동의보감』 이후 사적인 경험방들이 늘어났던 상황을 잘 보여준다. 1724년 간행된 『의문보감』의 저자 주명신周命新은 '허준의 『동의보감』으로 역대 의서들이 잘 정리되었지만 편질이 호대하고 내용이 중복된다'는 세의世醫들의 지적을 인용하면서, 『동의보감』을 토대로 하면서도 실용성을 높이려면 겹치는 내용을 빼는 것이 불가피하다고 강조했다.

17세기 후반에서 18세기에 걸쳐 우후죽순으로 쏟아지던 각종

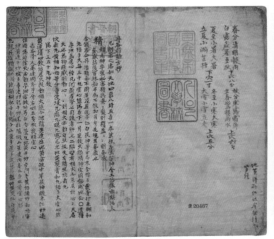

『단곡경험방초』, 17세기 후반, 규장각한국학연구원.

경험방을 일차적으로 집대성한 서적은 『산림경제』였다. 『산림경제』 「구급방」이 널리 활용되었음은 현재 전하는 여러 이본을 통해 유추할 수 있다.

　18세기 후반에 이르면 실용성을 목적으로 간행되는 의서들은 더욱 늘고 그 종류도 다양해졌다. 『동의보감』을 발췌한 의서 가운데 하나인 『의감집요醫鑑集要』는 조금 특이하다. 25책의 거질인 『동의보감』을 7책으로 요약한 이 책은 『동의보감』의 처방 대신 질병의 의론 부분을 모두 실었다. 『동의보감』은 각종 질병의 원인과 치료 요점을 정리한 의론을 먼저 서술한 뒤 진단에 해당되는 맥진脈診을 싣고 이어서 각종 침구 및 처방전을 밝히는 방식이었다. 그런데 조선 후기 대부분의 『동의보감』 요약 의서들이 처방전을 간략히 하는 방식으로 작업한 데 비해 이 책은 질병의 치료 원리를 기

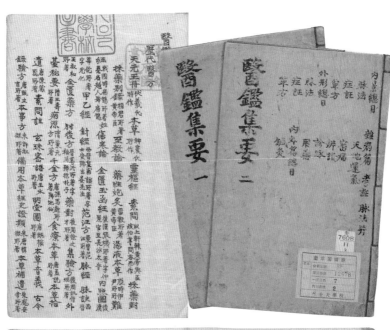

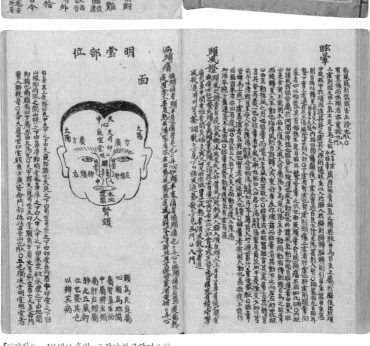

『의감집요』, 18세기 후반, 규장각한국학연구원.

술한 이론 부분을 집대성한 독특한 형식을 취하고 있다.

정조의 명으로 펴낸 『제중신편』
비만과 노인 질병에 대한 관심

『동의보감』이 세상에 나온 뒤 끊임없이 이뤄졌던 축약 작업은 18세기 후반 정조가 명해 편찬한 『제중신편濟衆新編』에 의해 일단락되었다. 『제중신편』역시 『동의보감』의 실용성을 제고하려는 취지에서 펴낸 것이지만 기존의 간편 의서들과는 질적으로 달랐다.

『제중신편』의 저자 강명길康命吉은 발문에서 18세기 후반에 필요한 의서의 조건과 관련해 다음과 같이 언급했다. 『동의보감』이 비록 상세하지만 글이 번잡하고 말이 중첩되거나 증상을 빠뜨린 것이 있으며 지금 쓰이는 처방들을 기록하지 못했다. 즉 의리醫理를 아는 자는 한마디로 요약할 수 있지만 요점을 모르는 사람은 이해가 산만하다는 지적이었다.

이는 결국 『동의보감』의 가장 중요한 원리인 섭생론을 바탕으로 하면서도 번거롭지 않고 쓰임새가 높아야 하며 『동의보감』 이후에 증보된 각종 경험방을 보충해야 한다는 의미였다.

이러한 의서의 편찬은 세손 시절부터 정조가 기획한 사업이었다. 정조는 병든 영조를 수발하면서 얻은 의학 지식을 바탕으로 손수 『수민묘전壽民妙詮』이라는 의서를 지은 뒤, 『동의보감』의 섭생론에 근거한 실용적인 의서 간행을 가장 신뢰하던 어의 강명길에게 명했다. 정조는 강명길이 편성하여 올린 의서 내용을 직접 검

토한 뒤 뺄 것과 더할 것을 지시하는 등 적극적으로 편찬 작업에 참여했다.

18세기가 되면 생활이 편리해지고 살림이 풍족해 마땅히 병이 없어야 할 것 같은 귀인貴人들은 병이 많은 반면, 가난하여 추운 방에서 제대로 음식도 못 먹어 병이 많을 듯한 한사寒士들은 병이 적었다. 빈부와 비례하지 않는 사태가 벌어진 것이다. 18세기 후반에 이르면 귀인과 한사로 대비되는 비만한 자와 마른 자가 고려되면서, 같은 병이라도 몸을 많이 움직이는 사람과 그렇지 않아 비대한 사람은 서로 구별해서 약을 조제해야 한다고 생각되었다. 섭생 방법에도 변화가 뒤따랐다. 잘 먹는 일보다 운동이 권장되었고 지나친 정신 소모 대신 적당한 노동이 요구되었다. 생각을 많이

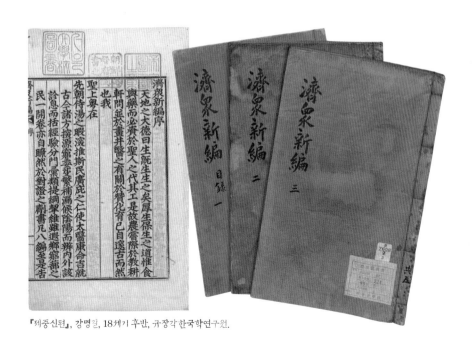

『제중신편』, 강명길, 18세기 후반, 규장각 한국학연구원.

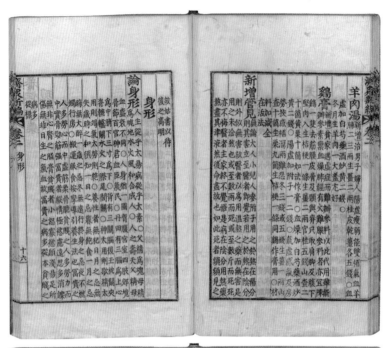

하는 대신 몸을 움직이지 않으며 방종할 가능성이 높은 부귀한 자들에게는 소식이 중시되었다.

조선 후기의 새로운 변화 가운데 주목되는 것이 또한 '양로養老'다. 『제중신편』은 「범례」에서부터 노인의 병이 젊은이와 다름을 강조했다. 강명길은 '신증新增'이라고 표시한 「노인혈쇠老人血衰」「노인보양老人保養」 항목을 따로 마련하고 노인의 병은 기혈氣血의 보양을 최우선으로 한다는 주장을 펼쳤다. 강명길은 노인들이 비록 외감外感으로 병이 생겼어도 절대로 차고 쓴 약과 토하거나 땀을 많이 내거나 설사를 하게 하는 준한제峻寒劑 처방은 금해야 한다고 지적했다. 이보다는 오곡과 채소, 과일 및 육류, 어류 등 순한 약으로 보해야 한다고 주장했다. 빠른 효과보다 근본적인 치료에 중점을 두었던 조선 후기 의학의 지향은 '양로' 항목에서도 일관되게 나타났다.

소아와 노인에 대한 배려, 의학 이론의 정비 등을 염두에 두면서도 강명길이 중시한 것은 실용성이었다. 무엇보다도 『동의보감』을 간결히 하고 이후 저술된 각종 경험방을 최대한 흡수해 쓰임새를 높이는 것이 당대 과제였기 때문이다. 강명길은 『동의보감』 이후 새로 간행된 경험방류(『정씨경험방鄭氏經驗方』『조씨경험방趙氏經驗方』『황씨경험방黃氏經驗方』)와 중국에서 새로 수입된 의서들을 적극 활용했다.

『제중신편』의 실용성은 일상에 긴요한 지식을 제공한 데서도 잘 드러난다. 개나 고양이, 벌 등에게 물리거나 쏘인 상처를 포함해 여러 가지 음식독을 해독하는 방법, 누룩 만드는 법, 모기와 파리, 벼룩 등을 없애는 방법, 좀을 제거하는 방법 등이 그것이다.

이러한 경험 처방들은 『동의보감』 같은 전문 의서에서는 상대적으로 소홀히 했던 지식으로 『고사촬요』와 『산림경제』 등 생활 서적에 실렸던 내용이다. 이제 『제중신편』은 최고의 의서인 『동의보감』에서 쓰임새 높은 내용만 간추리면서도 생활에 필요한 지식까지 더해 일상에 필요한 백과사전적 정보를 제공하게 되었다. 그 결과 조선 후기에 우후죽순으로 번창하던 약국과 의원을 비롯해 사대부와 상민들에게 널리 사랑받는 최고의 의서로 자리 잡았다.

19세기의 실용 의서들

『제중신편』 이후 19세기 의서들은 간편화 작업에 더욱 속도를 냈다. 증세와 의학 이론에 대한 번잡한 설명 대신 처방과 처방전을 구성하는 약재들 그리고 이를 사전처럼 찾을 수 있도록 색인으로 구성한 의서가 여러 권 쓰여졌다. 『의방활투醫方活套』『의종손익醫宗損益』『방약합편方藥合編』『단방신편單方新編』 등이 대표적인 예다.

황도연의 연작 가운데 하나인 『의종손익』은 『동의보감』의 권질이 많을 뿐 아니라 병증病症의 분류가 복잡한 것을 정돈하기 위해 덜어낼 건 덜어내고 부족한 것은 채워넣은 의서다. 황도연은 1868년(고종 5) 『의종손익』을 편찬한 뒤 이듬해에 『의방활투』라는 사전식 의서를 만들었다. 색인식 체재는 암송하고 열람하는 데 편리했다. 황도연은 자서에서 "투약은 형편에 따라 적당하게 늘리거나 줄이고 치료는 증세에 따라 앞뒤를 가려야 한다. 열 가지 병에 동일한 처방을 쓰거나 하나의 처방에 여러 약재를 합하기도 한다.

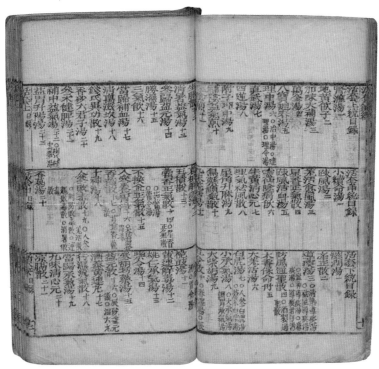

『의방활투』, 황도연, 1869, 규장각한국학연구원.

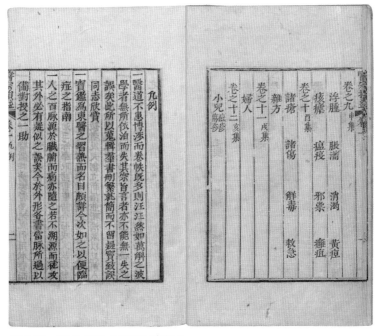

『의종손익』, 황도연, 1868, 규장각한국학연구원.

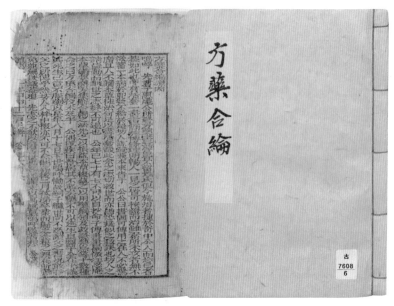

『방약합편』, 황필수, 규장각한국학연구원.

(…) 방문을 분류한 다음 이를 세 가지 계통으로 하여 보補·화和·
공攻의 세 가지 품성을 알게 하고 별도로 운용법을 달아서 배우는
자가 책을 보면 모두 치료할 수 있게 했다. 이는 비록 고인의 방식
은 아니나 투약의 한 사례가 될 것이다"라고 밝혔다.

치료의 편의를 극대화하기 위해 기존의 의서 체재를 과감히 포
기하고 새로운 방식으로 처방과 약재를 배열한 것이다. 새로운 체
재란 상통上統·중통中統·하통下統으로 구분한 뒤 각각의 처방전을
기록하는 방식으로 오늘날의 사전과 흡사하다.

황도연의 의서들은 그의 아들 황필수黃泌秀가 더욱 진일보한
『방약합편方藥合編』으로 재탄생시켰다. 황필수는 1884년(고종 21)

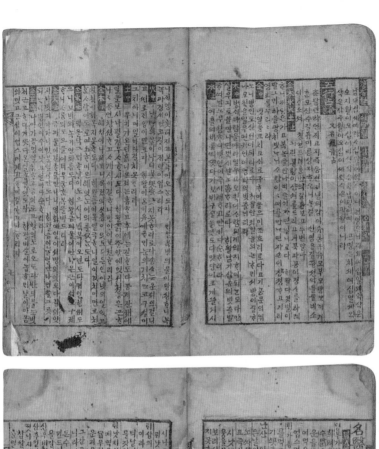

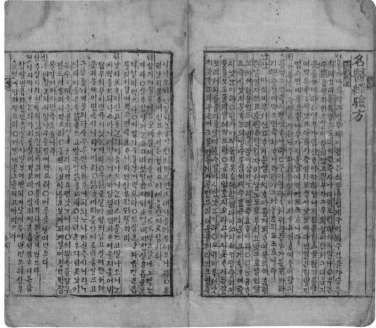

『직성행년편람』, 19세기 후반, 규장각한국학연구원.

『의방활투』와 『의종손익』을 합편해 처방전과 약재 활용의 편리성을 극대화했다. 『방약합편』은 19세기에 수많은 증정본增訂本과 활판본으로 간행되면서 민간에서 가장 널리 쓰이는 의서로 자리 잡았다.

색인집 유형의 의서는 의원들에게 편리할 뿐 아니라 민간의 구급용으로도 애용되었다. 19세기 후반에 나온 『직성행년편람直星行年便覽』은 색인 유형의 처방이 종합 생활서에 편입된 경우다. 일단 한글로 쓰였다는 점에서 활용도가 높았다. 운수를 점치는 다양한 점술을 수집한 것에 부인문·소아문 등 집 안에서 간단히 처치할 수 있는 구급방류를 부록으로 실은 한글본 생활서로, 의학 지식이 민중의 생활 속에 침잠해 들어간 예를 보여준다.

19세기 말에서 20세기에 이르면 가정백과서와 결합된 의서가 다양하게 편찬되었다. 1909년 이의강은 정약용과 신만 두 사람의 단방 의서를 합편하고 한글로 번역한 『단방신편』을 발간했으며, 이외에 저자를 알 수 없는 『일용후생록日用厚生錄』『언문후생록諺文厚生錄』 등은 '후생'이란 제목처럼 생활에 필요한 온갖 지식을 소개했는데, 의학 지식 역시 빼놓지 않고 다루었다. 19세기 말 일상에 긴요한 의학 지식들은 한글로 쓰인 간편 의서와 생활 서적을 통해 널리 대중화되어갔다.

5장

소송의 나라 조선,
그 해결 방법

◉

조선을 다스린 실용 법서들

정긍식

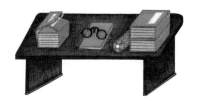

동방예의지국? 동방소송지국!

예부터 우리 민족을 일러 동방예의지국이라고 했으며, 우리는 이 찬사를 듣고는 아무런 의심도 품지 않았다. 그래서인지 예전의 국민법의식조사를 보면, 소송을 싫어해 조정이나 화해를 선호했다고 결론내리고 있다. 자, 우리 주위를 둘러보자, 얼마나 많은 이웃이 송사訟事에 시달리고 있는지를. 2008년 통계에 따르면 전국 법원에 접수된 사건은 약 1840만 건으로, 인구 4954만 명으로 셈할 때 국민 5명 중 2명꼴로 법원을 방문했으며, 시시비비를 가려받기 위해 소송의 힘을 빌린 국민은 8명 중 1명이었다. 이를 이웃 나라인 일본과 단순히 견주면 비교가 안 될 만큼 우리가 많다. 게다가 형사고소가 엄청나며, 어떤 사람은 무려 25년 동안 125건을 고소해 무고죄로 처벌받은 예도 있다. 이런 사실들을 보면 우리나라는 '동방소송지국東方訴訟之國'이라는 말이 어울릴 정도다.

소송의 홍수는 오늘날만의 문제였을까? 1123년 고려에 사신으로 온 송나라의 서긍徐兢은 고려에는 송과 비교해 소송이라고 할

만한 것이 거의 없다고 했다. 그러나 고려 말기에 이르러서는 정치
사회 혼란으로 소송이 엄청나게 늘어났으며, 이를 반영해 조선 초
에 편찬된『고려사』등에는 명판결과 재판관의 목록이 실려 있다.
조선 초기에는 소송이 커다란 골칫거리였다. 위정자들은 소송 때
문에 부자형제의 윤리가 사라지고 풍속이 무너져 결국 고려가 망
했다고 여겼다. 그들은 소송이 없는, 위계질서가 잡힌 조화로운
사회를 만들려고 노력했다. 이들은 공자의 저 유명한 말, "재판을
하는 것은 나도 남들처럼 할 수 있다. 그러나 나는 기필코 소송 없

「형정도」, 김윤보, 조선 후기. 관가에 소지를 내는 장면을 그렸다.

友朋中獄子

「감옥에 있는 친구를 방문하다」, 김준근, 조선 말기, 로열 온타리오 박물관.

「고문」, 김준근, 조선 말기, 모스크바 국립동양박물관.

는 사회를 만들겠다子曰 聽訟 吾猶人也 必也 使無訟乎"(『논어』「안연」)에 따라 무송사회無訟社會를 이상으로 삼아 실현시키려 했다.

소송 없는 평화롭고 조화로운 사회는 불가능한 것일까? 이것이 어렵다면 분쟁을 조정해 개인의 권리를 보호하고 사회질서를 유지하는 방법은 없을까? 언제까지 아웅다웅 다투며 살아가야 하는 걸까? 이제 그 길을 찾아 먼 여정을 떠나보자.

재판과 법 그리고 법전들

소송은 개인들 사이의 다툼을 해결하는 민사소송과 국가가 범죄인을 처벌하는 형사소송으로 나뉘며, 이것은 조선시대에도 마찬가지였다. 조선시대에는 형사재판을 '옥獄' 또는 '결옥決獄', 민사재판을 '송訟'으로 구분했으며, 송은 다시 간단하게 말로 하는 '사詞'와 문서로 하는 '송'으로 나뉘었고, 이 모두를 일컬어 '옥송獄訟'이라 했다. 이러한 개념은 『경국대전』 등 법전에 청송동聽訟同, 결옥동, 사송동, 옥송동 등으로 용어상 명백히 구분되어 있다. 조선시대에도 오늘날처럼 민사든 형사든 같은 사람이 재판을 했다.

지금은 행정과 사법이 분리되어 일정한 자격을 갖춘 사람만이 법관이 될 수 있고 그들만이 재판할 수 있으며, 국민은 법관에게 재판을 받을 권리를 가진다(헌법 제27조 등). 조선시대에는 사법관이 행정관을 겸했으며, "수령→ 감사(관찰사)→ 국왕"으로 이어지는 지방행정제도의 정비에 따라 재판제도도 완전히 갖춰졌다. 수령은 모든 민사소송과 태형笞刑사건을 도맡았으며, 감사는 민사소

송의 2심 및 장형杖刑, 도형徒刑, 유형流刑사건을 관장했다.* 형조는 형사사건, 한성부는 토지사건, 장예원掌隸院은 노비사건에 대한 최상급심이었으며, 최종 재판권자는 국왕이었다.

　오늘날 행정부는 사법부와 비교도 안 될 만큼 규모가 거대하다. 조선시대에 수령들은 백성을 대면하면서 지방 행정뿐 아니라 재판까지 진행했다. 이들의 업무 가운데 재판이 차지하는 비중은 어느 정도였을까? 1900년대 초의 증언이기는 하나, 사법 업무를 보좌하기 위해 온 일본인 법무보좌관은 수령의 업무 중 70퍼센트가 재판이라고 했다. 이는 우리 상상을 초월하는 증언이다. 국왕은 애민愛民정치를 추구했지만 현장에서 이것이 실현되느냐의 여부는 수령의 자질에 달려 있었다. 따라서 수령을 평가할 기준이 있어야 했고, 이것은 『경국대전』「이전吏典」 고과考課에 '수령칠사守令七事'로 정립되었다. 내용은 이렇다. "농사와 양잠업을 흥성하게 하고農桑盛, 호구를 증가시키고戶口增, 교육을 흥왕하게 하며學校興, 군정을 잘 다스리고軍政修, 부역을 고르게 하며賦役均, 소송을 간소화하고詞訟簡, 간사하고 교활함이 없도록 한다奸猾息." 이 가운데 법이나 분쟁과 전혀 관련이 없는 것은 앞의 세 가지이고, 사송간, 간활식뿐만 아니라 나머지 모두 분쟁과 떼어놓고 볼 수 없다. 또한 유희춘의 『미암일기眉巖日記』에는 전라도 관찰사로 순행하면서 늦게까지 촛불을 밝히고 소장을 읽었다는 기록 등이 나오며, 감사를 보좌하는 도사都事인 황사우의 『재영남일기在嶺南日記』에도 소장을

* 조선시대 형벌은 오형五刑으로, 태형(10~50대, 5단계), 장형(60~100대, 5단계), 도형(1~3년, 5단계), 유형(2000~3000리, 3단계), 사형(교·참) 등 20단계로 이뤄져 있다(도형과 유형에는 장형이 부과되었다).

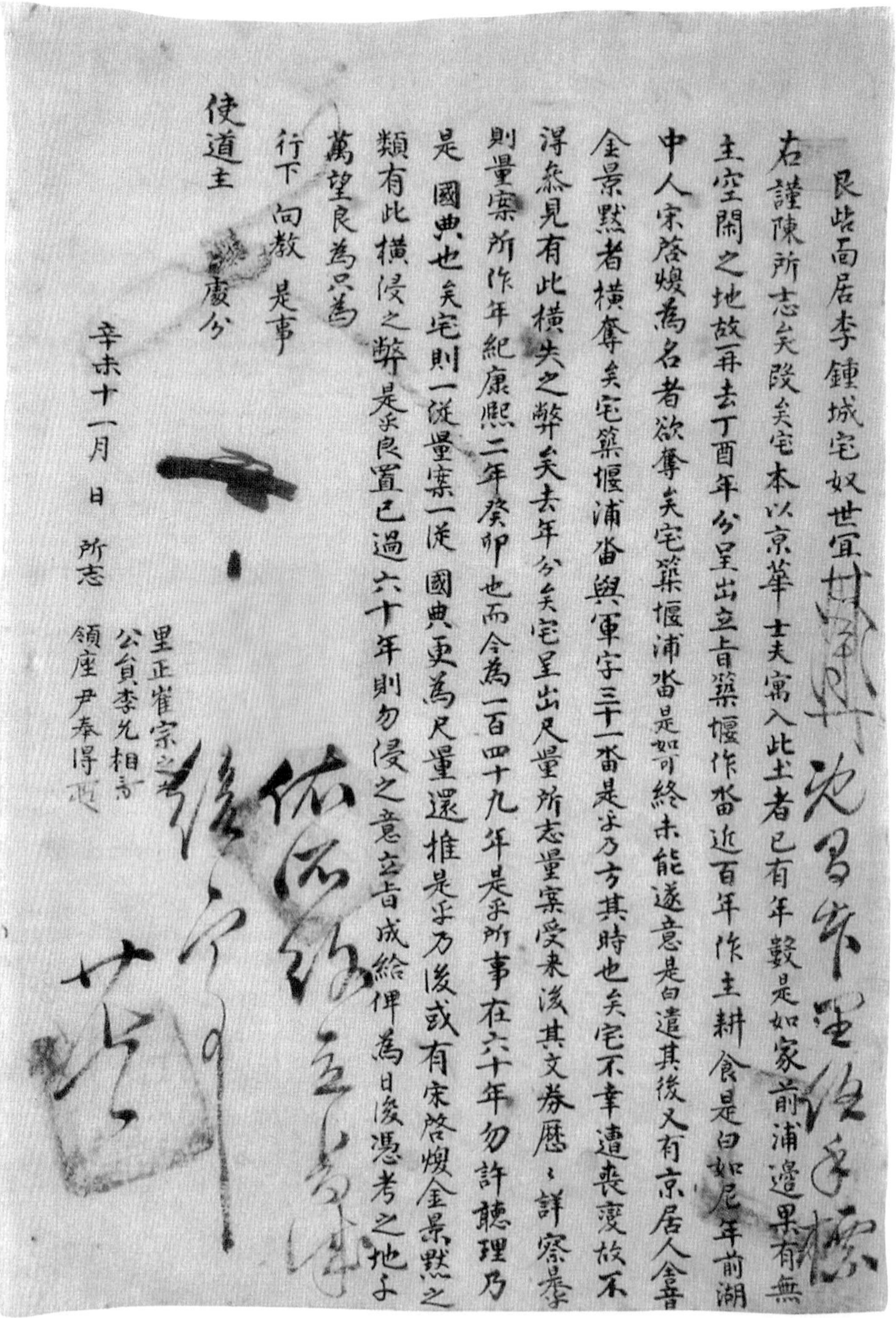

右謹陳所志矣段矣宅本以京華士夫寓入此土者已有年數是如家前浦邊果有無

主空閑之地故再去丁酉年分呈出立旨築堰作畓近百年作主耕食是白如尼年前湖

中人宋啓煥爲名者欲奪矣宅築堰浦畓是如可終未能遂意是白遣其後又有京居人金喜

金景煥者橫奪矣宅築堰浦畓與軍宇三十一番是乎乃方其時也矣宅不幸遭喪擾故不

得參見有此橫失之弊矣去年分矣宅呈出尺量所志量案受來後其文券歷歷詳察憙

則量案所作年紀康熙二年癸卯也而今爲一百四十九年是乎矣所事在六十年勿許聽乃

是國典也矣宅則一從量案一從國典更爲尺量還推是乎乃後或有宋啓煥金景煥之

類有此橫浸之弊是乎良置已過六十年則勿浸之意立旨成給俾爲日後憑考之地乎

萬望良爲只爲

　　行下　向教　是事

使道主　處分

辛未十一月　日　所志

里正崔宗之古音
公貟李先相古音
領座尹奉得古音

소지, 60.0×43.0cm, 1811, 국립민속박물관. 조선시대 소지의 한 양식이다. 간점면에 사는 이종성의 집 노비 세의가 상전을 대신
해서 지방관에게 제출한 것이다.

처리하는 기사가 자주 눈에 띈다. 이처럼 조선시대에는 소송이 다반사였고, 수령은 재판관으로서 중요한 임무를 맡았다.

　법제사의 관점에서 볼 때 조선의 가장 큰 특징은 꾸준히 법전을 편찬해 '법에 의한 지배'를 지향한 점이다. 『경국대전』을 비롯한 법전과 수시로 반포되는 국왕의 명령인 수교受敎 그리고 형사법의 근간이 되는 『대명률大明律』 등이 기본이었고, 때로는 국가 전례典禮를 규정한 『국조오례의國朝五禮儀』 등도 쓰임새를 다했다. 예나 지금이나 법은 형식과 전문성으로 인해 일반인은 물론 식자층도 이해하기 어렵다. 그렇지만 법 없이는 행정이 돌아가지 않는다. 따라서 수령들은 법을 알아야만 재판은 물론이고 다른 업무도 처리할 수 있었다. 문과 출신 수령들은 복시覆試에 응시하고자 『경국대전』을 직접 읽고 시험을 치렀다. 그러나 정약용이 지적했듯이 이는 암기 위주로 이뤄졌고, 다른 법서를 공부하는 일은 거의 없었다. 물론 율과를 통과한 율관들은 『경국대전』 외에 『대명률』 등에 대해서도 시험을 봤지만 그들의 역할은 제한적이었고 대우 또한 높지 않았다. 결국 재판의 처리는 수령들이 직접 해야 하는 것이었다.

소송을 없애라! 하지만……

무송사회를 향해 가는 데는 온갖 방법이 동원되었다. 그중 재미있는 것은 1413년(태종 13) 9월에 시행된 노비중분법奴婢中分法이다. 이 법은 소송 대상이 된 노비를 시비곡절을 가리지 않고 원고와 피고가 똑같이 나누는 것이다. 노비는 조선시대에 가장 중요한 재

산으로 조상에게 물려받은 것이므로 이런 법에는 타당한 면이 있었다. 문제는 권리가 전혀 없는 사람도 소송을 제기하면 절반을 받을 수 있는 그야말로 기가 막힌 법이어서, 이를 악용하는 사람이 늘어났고 결국에는 폐지되었다. 성종대에도 이와 비슷한 가탁둔전법假託屯田法이 있었다. 이것은 소송 대상의 토지를 판결이 확정될 때까지 임시로 군비에 충당하는, 둔전에 귀속시키는 법이었다. 불법으로 타인의 토지를 점유한 자가 소송이 진행되는 동안 토지로부터 이익을 누리는 것을 막기 위한 조치였다. 그러나 이 역시 악용하려는 자들의 손아귀를 벗어나지 못했다. 남을 해코지하려는 자들이 일단 소송을 걸고 운 좋게 이기면 내 땅이요, 지더라도 소송하는 동안 저 원수는 자기 땅을 갈아먹지 못하게 되는 것이었다.

소송을 없애는 가장 확실한 방법은 아예 소송을 걸지 못하게 하는 정책이었다(단송斷訟정책). 특정 범주에 속하는 사건, 특정 시기 이전에 벌어진 사건에 대해서는 아예 소송 자체를 금해 현재 상태를 권리로 인정해주었다. 또 도관都官 등 재판을 전담하는 임시 기관을 설치해 특정 시기까지 소송을 처리할 것을 독려했다. 『조선왕조실록』에 그와 관련한 기록이 많이 보인다. 1413년(태종 13) 9월 1일에는 소송이 2000여 건이어서 노비중분법을 실시했지만 이듬해 6월에는 1만2797건에 이르렀으며, 그해 10월에도 2500여 건이었다. 이후 소송을 얼마나 빨리, 잘 처리하는가는 수령의 능력과 자질로 꼽혔다. 이처럼 소송을 수리하는 데 기한을 정하는 단송정책은 『경국대전』 「형전」의 부록 '노비결송정한奴婢決訟定限'에 정리되었다.

分給奴婢數少未得中分者將後所生充給强壯老弱和會執籌中分限
以京中十月外方十二月畢分給從之
召世子賓客韓尚敬等仕書筵
命曰世子廢學曰久予不忍視更宜努力教之若又不改則復誰怨哉又
召判敬承府事李之崇等曰世子宮中之事今後有一違誤當以法論其
知之
命禁鐵原平康等處私獵○議政府議號牌之法以聞
一曰形制長三寸七分廣一寸三分厚二分上圓下方二品以上用象牙
代用鹿角唯於詣闕用之四品以上用鹿角代用黃楊木五品以下用黃
楊木代用資作木七品以下用資作木上得以用下下不得用上庶人以
下用雜木京中漢城府外方各界首官掌之令本人作牌納訖方許着印
其不能自作者許納木令工匠造給二曰面書二品以上書其官時散同
乞以正郎佐郎各一員爲一房與參議商確決絶若招供立案則依前例
舉司署合下政府議之乞如所啓於招供立案則唯其房二員與參議同
署若一員有闕令他房一員通敏者與議爲便從之
命議政府毋擅用典醫監唐藥○對馬州管領源榮使人獻禮物告禁賊之意
九月丁丑朔立奴婢中分法
上御便殿引見河崙等曰國初 太祖惡訟者之煩其所訟奴婢許於時
得者給之今問於都官曰訟者率二千人予以爲若於時得者給之則一
人必怨矣若中分以給兩人則本是同宗必無大怨大抵骨肉相殘職此
之由爲之奈何僉曰此天誘 上衷也此法一行則相訟之人明日必相
笑語 上曰卿等若以爲是則當速行之中外所訟宜以今日爲限政府
上啓本曰奴婢爭訟累年未畢以致骨肉相殘風俗不美今九月初一日
以前中外相訟事兩邊中分決給若訟者一邊數多一邊數少者以人數

『태종실록』, 규장각한국학연구원. 노비중분법이 보인다.

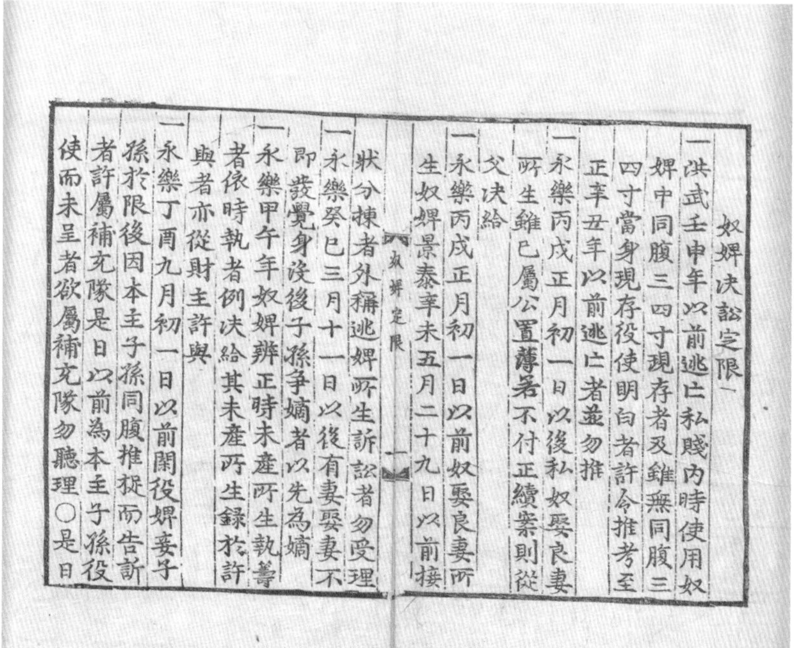
奴婢決訟定限
一洪武壬申年以前逃亡私賤內時使用奴
婢中同腹三四寸現存者及雖無同腹三
四寸當身現存役使明白者許令推考至
正辛丑年以前逃亡者並勿推
一永樂丙戌正月初一日以後私奴娶良妻
所生雖已屬公置簿者不付正續案則從
父決給
一永樂丙戌正月初一日以前奴娶良妻所
生奴婢景泰辛未五月二十九日以前接

狀分揀者外稱逃婢所生訴訟者勿受理
一永樂癸巳三月十一日以後有妻娶妻不
即發覺身沒後子孫爭嫡者以先爲嫡
一永樂甲午年奴婢辨正時未產所生執籌
者依時執者例決給其未產所生錄於許
與者亦從財主許與
一永樂丁酉九月初一日以前闕役婢妾子
孫於限後因本主子孫同腹推捉而告訴
者許屬補充隊是日以前爲本主子孫役
使而未呈者欲屬補充隊勿聽理○是日

『경국대전』 「형전」 '노비결송정한奴婢決訟定限', 규장각한국학연구원.

한 줄기 빛, 『사송법서』의 등장

눈앞에는 소송이 잔뜩 쌓여 있고 법에 대해서는 정통하지 못하고, 위에서는 소송을 빨리 처리하라는 지령이 내려오고, 게다가 인사평가는 닥쳐오고, 그렇다고 해서 농간을 일삼는 아전들에게 소송을 전부 맡기기에는 백성이 불쌍하고……. 수령들은 진퇴양난에 처해 있었다. 이러한 현실의 필요에 따라 민사소송과 관련된 사송詞訟법서가 만들어졌다.

『경국대전』과 『대명률』은 그 분량이 방대했으나 수령들이 재판할 때 여기 실린 모든 조문을 활용한 것은 아니었다. 법전에 장래에 일어날 모든 사건에 대한 처리 방법을 규정할 수 없었으며, 새로운 사건의 해결 방안은 각각의 사건을 해결하면서 정립되어갔는데, 이것이 바로 수교다. 때로는 수교가 법전보다 중요했지만, 이는 수시로 나오는 것이었기에 존재마저 확인하기 어려웠다. 재판하는 수령들은 관련 조문과 수교를 찾는 데 애를 먹기 마련이었다. 혹 수령들이 현장에서 부딪히는 소송과 관련된 조문만 초록해 정리하더라도 재판에 더할 나위 없는 도움이 될 것이었다. 16세기 중엽에 이런 요구에 부응하는 사송법서가 등장했다.

어숙권의 『고사촬요』나 편자가 분명치 않은 『복식服式』이 그 시초이며, 이후 본격적으로 민사소송에 관한 법서인 『사송유초詞訟類抄』『청송제강聽訟提綱』『상피相避』, 신변申漢의 『대전사송유취大典詞訟類聚』 등이 편찬되었다. 그런데 이들 책은 지금 국내에는 남아 있지 않고 임진왜란 때 일본 땅으로 옮겨졌다.

사송법서의 백미, 『사송유취』의 탄생

가장 널리 보급된 것은 『사송유취詞訟類聚』다. 김백간金伯幹
(1516~1582)이 편찬하고 심희안沈希安 등이 교정해, 아들 김태정金
泰廷(1514~?)이 전라감사로 있는 동안 1585년 광주에서 간행했다.
본문 24조목와 부록 6조목으로 구성되어 있는데, 목록은 다음과
같다(부록은 다양하다).

본문: 1. 상피相避 2. 단송斷訟 3. 청송聽訟 4. 친착親着 5. 결송일한決
訟日限 6. 금제禁制 7. 위조僞造 8. 속신贖身 9. 진고陳告 10. 청송停訟
11. 속공屬公 12. 매매買賣 13. 매매일한買賣日限 14. 징채徵債 15. 입
후立後 16. 봉사奉祀 17. 향역鄕役 18. 면역免役 19. 공신功臣 20. 혜휼
惠恤 21. 혼가婚嫁 22. 역로驛路 23. 공천公賤 24. 사천私賤

부록: 1. 사손도使孫圖 2. 대전성취연월大典成就年月 3. 공신명호功臣
名號 4. 대명연기大明年紀 5. 본조연기本朝年紀 6. 청송식聽訟式

『사송유취』는 나라의 법전인 『경국대전』을 중심으로 『대명률』
과 『대전속록』 『대전후속록』, 각종 수교에서 민사소송과 관련된
조문을 발췌해 소송 절차 등에 따라 주제별로 편집한 것이다. 본
문 구성은 재판 절차에 따라 당사자와 재판관의 개인적인 관계를
판단하는 '상피'를 머리에 두고, 소송의 수리 여부를 판단하는 '단
송, 청송', 이어서 소송 기간과 관련되는 '친착, 결송일한'을 두어
절차에 관한 규정을 정리했으며, 그다음으로 실체법 규정을 두었

다. 실체법은 다시 신분(속신, 진고, 향역, 면역, 공신, 혜휼, 혼가, 역로, 공천), 거래관계(금제, 매매, 매매일한, 징채), 양자(입후, 봉사), 상속(사천) 등으로 분류했다.

부록에는 『경국대전』『대전속록』『대전후속록』 법전의 시행일을 제시한 '대전성취연월'이 있는데, 이것은 법의 효력 발생일과 직결되기 때문이었다. 또한 공신전 등과 관련한 '공신명호功臣名號', 문서 작성과 관련된 연호 등을 싣고 있다. 주목할 것은 '사손도'와 '청송식'이다.

『경국대전』에서는 직계 자손이 없을 때 4촌까지 상속할 수 있도록 했는데, 이를 '사손'이라 한다(오늘날에는 1991년부터 4촌까지이며, 그 이전에는 8촌까지였다). 그런데 3촌 조카와 아저씨, 4촌 손자와 형제들 사이의 선후에 대해서는 아무런 언급이 없었다. 이에

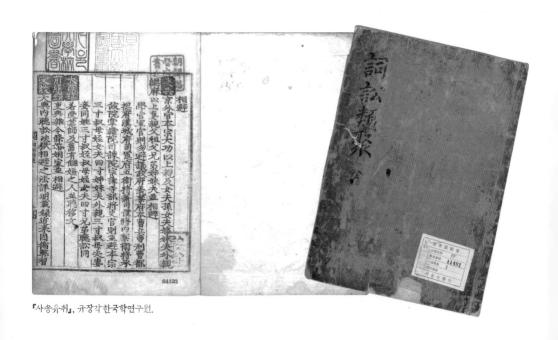

『사송유취』, 규장각한국학연구원.

『결송유취보』「사손도使孫圖」, 규장각한국학연구원. 반드시 형제자매가 다 죽은 뒤에야 (혈족인) 3촌이 사손이 되고, (혈족인) 3촌이 다 죽은 뒤에야 (혈족인) 4촌이 사손이 된다. 관리들이 다만 살아 있는 자에게만 주고 죽은 자에게는 주지 않는 것은 입법의 본뜻을 심히 어기는 것이다. 지금 이후로는 생존과 사망을 막론하고 고루 주게 하며, 3촌 이하의 사손도 또한 이 예에 의한다.

1555년에 간행된 『경국대전주해』에 서는 조카와 손자가 우선하는 것으 로 정리했다. '사손도'는 이를 알기 쉽게 그림으로 보여준다.

'청송식'은 관례적인 재판 절차를 정리한 것이다. 원고가 소장을 제출 하고 피고(척隻)가 이에 대응하면 소 송이 개시된다(시송始訟). 이어 원고 가 진술하고 당사자가 관련 문서를 제출하면 재판이 본격적으로 진행된 다. 재판이 한창인데 농번기가 시작 되면 소송을 중단하는 절차(정송停訟) 에 대해서도 설명했다. "문서에 따라 재판을 시행하라從文券施行"는 재판 법언이 있는데, 이는 '문서, 즉 증거

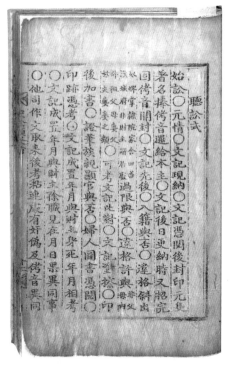

『사송유취』「청송식聽訟式」, 규장각한국학연구원.

에 의한 재판'을 강조하는 것이다. 청송식의 핵심 내용은 위조문서 감별법을 설명한 것이다. 문서 위조 행위는 엄하게 처벌되었음에도 사람들은 승소하기 위해 문서 위조를 감행하곤 했다. 이에 공정성 을 기하고자 청송식에서는 기존의 법과 수교 및 실무 경험에 근거 해 위조문서를 감별하는 핵심 방법 17가지를 정리했다.

『사송유취』는 16세기까지의 소송 실무를 바탕으로 민사소송과 관련된 법조문을 주제별로 정리하고 또 현실의 수요에 따른 다양 한 내용을 수록한 사송법서의 백미라 할 수 있다. 그런 까닭에 이 는 목판으로 간행되기 전에 이미 '청송지남聽訟指南' '결송유취決訟

類聚' 등의 제목을 달고 필사본으로 유포되었으며, 목판본과 필사본 21종이 오늘날까지 전한다.

15세기는 창업의 시기, 16세기는 수성의 시기다. 나라가 세워지고 100여 년이 걸려 1485년(성종 16)에 『경국대전』이 완성되었다. 16세기에는 새로운 문제를 입법이 아닌 법 해석으로 해결하려 했고, 그 결과 1555년(명종 10)에 공식 주석서인 『경국대전주해』가 편찬되었다. 또한 경제가 발달하고 백성의 권리의식이 강해지면서 소송이 늘었고 그에 따라 수교도 급격히 늘어났다. 더욱이 조선 초에 급진적인 단송정책을 포기하고 소송을 인정하면서 이를 합리적으로 해결하려는 것으로 정책이 바뀌었다. 이에 따라 법전과 수교를 종합해서 고찰하려는 움직임들이 생겨났다. 이러한 법에 대한 현실적인 수요가 사찬私撰 사송법서가 등장한 배경이다.

형사 법규까지 보완한 법서의 탄생, 『결송유취보』

16세기까지 안정을 누린 조선사회는 전란의 파도가 두 번 휩쓸고 지나가자 급격히 변했다. 이에 전쟁 뒤에 혼란을 바로잡고자 법령을 정비하자는 주장이 제기되었고, 이는 1698년(숙종 24) 『수교집록受教輯錄』과 1706년(숙종 32) 『전록통고典錄通考』의 간행으로 이어졌다. 특히 『전록통고』는 현실의 법 집행을 중시해 『경국대전』의 권위는 인정했지만, 수교들 사이에서는 뒤에 나온 수교를 우선시했다. 이어서 1739년(영조 15) 『신보수교집록新補受教輯錄』의 편찬을 거쳐 1746년(영조 22) 『속대전續大典』의 반포로 완결되었다.

이는 1786년(정조 10)의 『대전통편大典通編』 반포와 『전율통보典律通補』 편찬으로 연결되었다. 그 결과 조선 후기에는 국전은 물론이고 『대명률』과 『국조오례의國朝五禮儀』 『상례보편喪禮補編』 등 예서까지 종합한 법서가 등장했다.

그러나 위의 종합 법서는 현장에서 활동하는 수령들에게는 무척 방대했다. 더욱이 『사송유취』의 흠은 형사사건을 처리하는 데 필요한 규정을 싣고 있지 않다는 점이었다. 형사, 특히 살인사건은 사람 목숨을 다루는 일로 국왕의 애민정신이 그대로 드러나는 까닭에 수령들은 더욱 신중히 처리해야 했다. 수요가 공급을 낳고, 말 타면 종을 부리고 싶은 것이 사람의 마음이다. 『사송유취』에 이어 형사 법규까지 보완한 법서의 탄생은 그러므로 필연이었고, 이는 『결송유취보決訟類聚補』로 결실을 맺었다.

『결송유취보』를 편찬한 인물과 편찬된 연도 등에 대해서는 밝혀진 것이 없으며, 17세기 중엽에 간행된 것으로 추정할 뿐이다. 내용 역시 『사송유취』보다 풍부해 범례와 목록, 권수卷首 그리고 본문과 부록으로 짜여 있다. 권수에서는 『사송유취』의 부록을 보충했으며, 본문은 42개 항목으로 구성되어 있고, 부록은 재판과 직결되진 않지만 수령 업무와 긴밀히 관련 있는 9개 항목으로 짜여 있다.

범례

목록

권수卷首: 1. 대명연기大明年紀　2. 청조연기淸朝年紀　3. 본조연기本朝年紀　4. 본조국기本朝國忌　5. 대전성취연월大典成就年月　6. 오형지도五刑

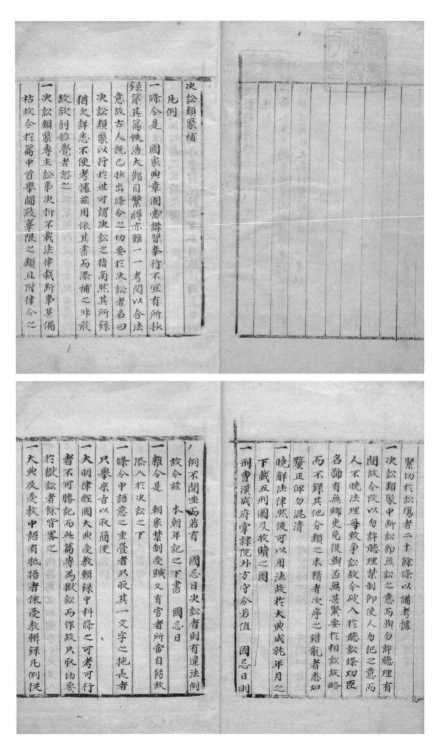

『결송유취보』 범례 부분, 규장각한국학연구원. 범례 부분 10개 항. 찬자의 태도와 내용 등을 알 수 있다. 그 내용에 비해 찬자는 새로운 책을 만드는 것이 아니라 『사송유취』를 보완한 것일 뿐이라는 겸손함을 보이고 있다.

범례에서는 편찬 취지와 방향을 이렇게 밝히고 있다. ①수령은 마땅히 법을 공부해야 하지만, 지나치게 많아서 부득이하게 수령의 업무와 관련된 조문을 초록해 편의를 도모한다. ②『사송유취』는 민사에만 치우쳐 있기 때문에 투구鬪毆와 고한辜限 등 긴요한 것을 덧붙인다. ③『사송유취』의 '단송'은 현실적으로 불가능하므로 이를 '물허청리勿許聽理'로 수정하며, '금제禁制'는 그 취지에 따라 '청송'에 넣으며 소송과 무관한 몇몇 항목은 삭제하고 또 『사송유취』의 편별을 조정했다. ④법 적용을 정확히 하기 위해 권수에 법

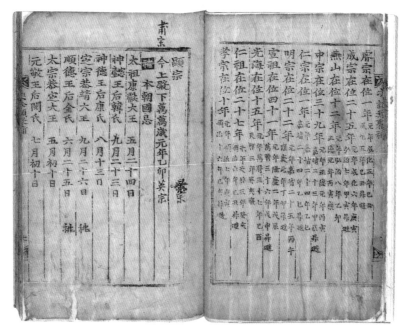

『결송유취』「본조국기」, 규장각한국학연구원. 태조~숙종 왕과 왕비의 기일(묘소 후대 추가). 국기일에는 근무開坐하지 않는다. 이 자료는 입안 등 문서의 위조 여부의 판단判斷 기준이 되었다.

전 편찬 연월 다음에 오형도와 수속도收贖圖*를 싣는다. ⑤국기일 國忌日에는 재판을 하지 않으므로 이를 밝힌다. ⑥수령의 자세와 관련된 항목도 설정한다. ⑦간략함을 우선시하여 법문의 핵심 내용만 수록했다. ⑧법전의 모든 조문 중 옥송과 관련된 것만 초록했다. ⑨수교 중 서로 모순되면 뒤의 수교만 실었으며, 때로는 모두 수록해 송관訟官이 처리하도록 했다. ⑩추가한 것에는 '보補', 개인 의견에는 '안按'이라 표시했다.

* 수속: 금전 등으로 형벌을 대신하는 것.

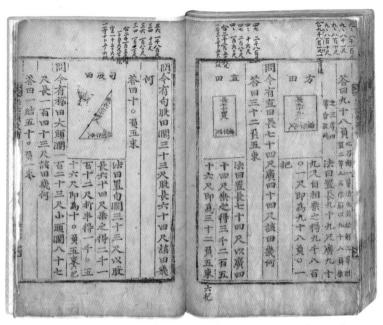

『결송유취보』 전산법과 토지 면적 계산법. 11종의 토지 모양과 면적을 구하는 방법을 제시했다. 옥송 만큼 중요하지는 않으나 (세금 등) 사람이 관심을 갖는 것이다.

찬자는 『사송유취』를 바탕 삼아 우선 형사재판과 관련된 항목을 설정해 조문을 종합했는데, 여기서는 법의학서인 『무원록無寃錄』까지 포함했다. 내용이 두 배쯤 늘어났는데도 결코 새로운 창작이 아닌 『사송유취』를 보완할 뿐이라는 겸손함을 보이고 있다.

『결송유취보』는 실용성이 두드러진다. 우선 관원이 근무하지 않는 국왕과 왕비의 기일은 점차 많아졌으며, 재판에서 문서 위조 등을 판별하기 위해 모두 소개했다. 그리고 재판과는 관계없지만, 세금 등으로 관심을 갖는 토지 면적 계산법인 11종의 전산법과 흉년이 들었을 때 굶주린 백성을 구제하는 기민진제법을 소개했다.

기민진제법에서는 어른과 어린이의 하루 식량을 각각 쌀 9홉과 6홉으로 상정했는데, 이로써 우리 조상들이 엄청나게 많이 먹었음을 알 수 있다.

원혼을 없애라! 『무원록』의 활용

사람은 죽어서 저승으로 간다. 그러나 모든 사람이 갈 수 있는 것은 아니다. 억울하게 죽은 이는 저승길로 들어서지 못하고 황천에 머무르면서 산 사람을 해코지한다. 그리하여 원혼冤魂을 없애는 것은 인정仁政의 핵심이었다. 그렇다면 어떻게 해야 원혼을 없앨 수 있을까? 사인死因을 밝혀 살인자를 처벌하면 된다. 사인은 어떻게 밝힐 것인가? 잘못된 결과는 또 다른 원혼을 낳을 수 있다. 그러므로 핵심은 사망 원인을 정확히 밝히는 것에 있으며, 여기에는 법의학서인 『무원록』이 쓰임새를 발휘했다.

원의 왕여王與(1261~1346)는 이전에 나온 『세원록洗寃錄』 등과 원나라의 판례를 참조해 1308년 『무원록』을 편찬했고, 이것이 조선에 전해졌다. 『무원록』은 이해하기 쉽지 않았던 까닭에 1435년(세종 17) 『신주新註무원록』 편찬 작업에 들어가 1440년에 완성했다. 1748년(영조 24)에는 이를 다시 『증수增修무원록』으로 펴냈으며, 1790년(정조 14)에 이를 언해해 1792년 『증수무원록언해』 또는 『증수무원록대전大全』을 간행했다.

『무원록』은 총론격인 논변論辯과 격례格例, 각론격인 시체 검험으로 구성되어 있다. 격례에서는 구체적인 검험 절차를 제시했으

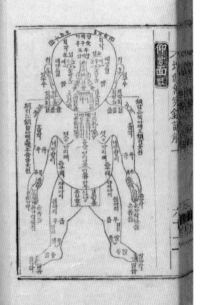

仰앙面면

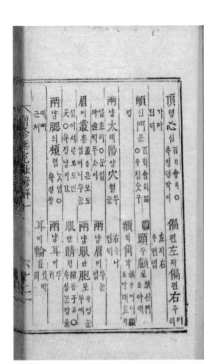

頂뎡心심 百빅會회혈이 ○ 偏편左자偏편右우리

顖신門문 ○ 百빅會회혈

頭두顖신門문 좌젼념로

大대陽양穴혈 두

眉미叢총 ○ 눈셥

兩냥眉미 두 눈셥

兩냥眼안胞포 두 눈두에

兩냥睛졍瞳동子즈 눈동즈밤울 ○

兩냥腮시頰협 속졍냅

兩냥耳이輪륜 귀ᄉ바회

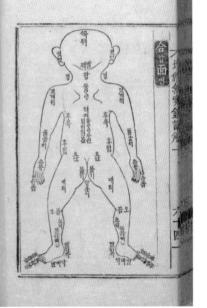

合합面면

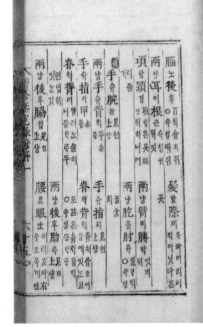

腦노後후 百빅會회혈뒤 ○

髮발際졔 뎨목머리터럭이ᄂ ᄉᄀᆺ

項항頸경 목뒤

兩냥耳이根근 귀밋

兩냥臂비膊박 뒤엇게 ○

兩냥胳각膊박 풀쭉 위

兩냥肘쥬肘듀 풀굼

手슈腕완 ○ 손목

手슈背비 손등

手슈指지甲갑 손톱

脊쳑膂려 등ᄆᆞᄅᆞ

脊쳑背비 등

脊쳑膂려 등ᄆᆞᄅᆞ

後후肋륵 뒤녑 ○

腰요眼안 허리오목

兩냥後후脅협 뒤녑

腰요眼안 허리오목

며, 시체 검험에서는 자살과 타살을 구별하는 43가지 방법을 낱낱이 실어놓았다. 또한 친자를 감별하는 방법으로 적골법滴骨法을 제시해두었는데, 이는 자식의 피를 조상의 뼈에 떨어뜨려 뼈에 스며들면 친자로 판별하는 것이다. 이처럼 『무원록』에 실린 검시 방법은 현대 법의학의 관점에서 봐도 충분히 과학성을 띠고 있다.

우리도 사람이다! 백성의 법서

『사송유취』나 『결송유취보』는 수령을 위한 법서였다. 백성은 재판 대상일 뿐 주체가 될 수 없었다. 이에 백성은 자신들의 권리를 지키기 위해 소지所志를 작성해 관에 호소했다. 관존민비의 신분사회였기에 격식을 갖춘 소지를 올려야지 그렇지 않으면 권리를 되찾기는커녕 볼기짝만 맞고 쫓겨날지도 몰랐다. 이처럼 백성의 욕구에 부응한 법서가 등장했으니, 바로 『유서필지儒胥必知』다. 이는 이름 그대로 선비儒와 서리胥가 알아야 할 것으로, 백성을 위한 그들의 법률서식집이었다. 이 책은 백성의 강한 권리의식을 받아들이고, 법률 실무층의 자부심을 드러내는 것이었다.

『유서필지』의 편찬자와 편찬 연도는 알 수 없는데, 내용을 보면 『대전통편』 편찬 이후인 1785년(정조 9)에 처음 간행되었으며 초간본은 서울 무교동에서 1844년(헌종 10)에 발행되어 나왔다. 따라서 18세기 말에 출판된 것으로 추정된다. 서문을 읽어보면 문장학·과거학功令學에 대비해 이서학吏胥學을 강조하고 있어 서리 계층이 편찬했을 것이라 여겨지며, 그들의 계급적 자부심이 드러나 있

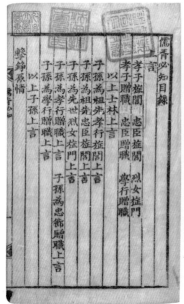

『유서필지』 목록 부분과 표지, 규장각한국학연구원. 1844년(헌종 10) 무교신간본이 가장 오래된 것이다. 이전의 사찬법서들은 대개 필사본으로 유통되었지만, 이것은 서울·전주 등지에서 판본으로 유통되어 현존하는 것만 100여 종에 달한다. 그만큼 수요가 많았던 것이다.

다. 초간본을 낸 뒤에도 내용이 추가되면서 간행은 계속되었다. 그런 까닭에 서울, 전주 등에서 판각한 100여 종의 판본이 남아 있으며, 민간 서적인데도 판심이 있는 고급스러운 책이다. 다른 사송법서는 대개 필사본이지만 『유서필지』는 판본의 형태로 대량 유통되었다. 1894년 갑오개혁 이후에는 신식 법령과 서식을 보완한 『신식新式유서필지』가 간행되어 그 영향력을 가늠할 수 있다.

　『유서필지』는 서문과 범례, 본문, 부록으로 짜여 있다. 부록은 목록에 없으며, 후대에 추가된 것이다. 범례에서는 서리학의 개념과 그 대상을 정리하고 필요성을 언급해두었으며, 각종 문서 서식

이 작성자의 신분에 따라 형식과 내용이 어떻게 달라지는지에 대해 설명했다. 본문과 부록에서 예시하는 서식은 다음과 같다.

본문: ①상언上言: 국왕에 대한 직접 청원서(12종) ②격쟁원정擊錚原情: 국왕 거둥 시에 징·꽹과리로 호소하는 청원서(4종) ③소지: 백성의 관에 대한 청원서(9분 16종) ④단자單子: 관리, 서리, 지손, 문하인들의 제수 등의 보고문서 ⑤고목告目: 서리들의 업무 관련 보고문서 ⑥문권文券: 토지 등의 거래, 노비의 자매自賣 문서 ⑦통문通文: 유사의 사람에 대한 사실 통고문서

부록: ①이두휘편吏讀彙編: 글자 수로 이두 정리 ②보장식報狀式·서목식書目式: 하급 관청에서 상급 관청에 보고하는 양식 ③중수동추식重囚同推式: 중죄수를 공동으로 신문하는 양식 ④결송입안식決訟立案式: 판결문 작성 양식 ⑤매득사출식買得斜出式: 노비나 토지의 매입에 대한 관의 증명 ⑥이관·하첩식移關·下帖式: 관문이나 첩을 발급하는 양식 (판본에 따라 무주진황지입안식無主陳荒地立案式, 부화입안付火立案, 무주전답원수입안無主田畓願受立案 등도 있다.)

『유서필지』에서는 실제 재판의 진행에 따른 문서 양식도 제시했다. 예컨대 조선 후기에 숱하게 벌어졌던 산송과 관련해서는 사대부, 노비, 상민 등 신분별로 제소하는 소지를 구분했다. 사대부가 직접 제소하는 산송에서는 "①사대부의 소지와 수령의 처분인 제사題辭 ②소지와 지형의 대조 ③산지를 살핀 뒤의 제사 ④패소 후 본관 교대 후의 단자 및 제사"로 설명했다. 양반들이 조상을 현양하기 위한 문서 양식만이 아니라 상민들이 실제로 겪는 각종 사

건, 예컨대 채권 채무, 구타, 탈역脫役, 이역吏役은퇴 등에 대한 문
서가 있으며, 토지나 가사 매매문권과 노비에게 이를 맡기는 패지
牌旨 양식도 실려 있고, 스스로 노비가 되려는 자매문기도 있다. 이
처럼 『유서필지』에는 조선 후기에 백성이나 서리들에게 필요한 문
서 양식이 거의 다 망라되었다.

농사를 짓는 데 소는 꼭 필요했기에 관에서는 함부로 소를 잡지
못하게 했는데, 부득이할 때는 허용했다. 그 예를 『유서필지』에서
찾을 수 있다. 부모의 병환으로 소를 잡아 전우골全牛骨(우황)을 쓸
것을 청원한 것에 대해 아전들이 침탈하지 못하게 하여 이를 허용

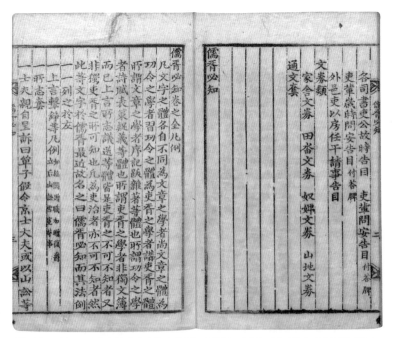

『유서필지』 「범례」. 서론과 함께 15개 항의 범례를 제시했다. 여기서는 '이서학'의 의의와 필요성을 논
해 나름의 자부심을 드러내고 있다. 청원의 종류와 청원자의 신분에 따른 각종 양식의 차이 및 내용 차
이까지 자세히 설명해 문서 작성에 실제로 도움이 되도록 했다. 이 점에서 실용성이 두드러진다.

했던 것이다. 또한 소를 가지고 장사하는 사람이 죽은 소의 처분을 묻자 관에서 가죽은 벗겨 관에 바치고 고기는 팔아 송아지를 사도록 했다. 사회 부패상을 풍자한 에피소드 하나를 보자. 얼떨결에 원님이 된 사람이 있었다. 어떤 이가 자기가 기르던 관가의 소가 죽었다고 아뢰었다. 원님은 "하찮은 일을 왜 가지고 오느냐"며 나무랐다. 이를 보고서 부인이 원님에게 해결책을 알려주었다. 누가 이웃 사람이 제 어미를 죽였다고 고소했다. 원님은 옳거니 하면서 "네 어미의 머리와 팔다리, 가죽은 관에 바치고 고기는 팔아서 송아지를 사서 길러 네 어미로 삼아라"라고 판결했다. 이 얘기

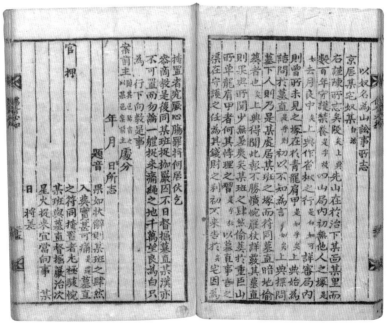

『유서필지』에 실린 사부가 노비 명의로 올리는 산송 소지 부분. 묘지 소송인 산송에 대한 것으로, 서울에 있는 주인이 묘지가 있는 곳의 관아에 노비 명의로 올리는 것이다. 제김題音(題辭)이 있으며 피고가 이장할 것을 다짐侤音하고 있다. 앞에서는 수령이 묘지의 도형을 보고도 판단할 수 없어서 직접 확인한 뒤 판단하려고 했으나 교체되어 다시 영문營門에 소지를 올리는 예까지 제시했다.

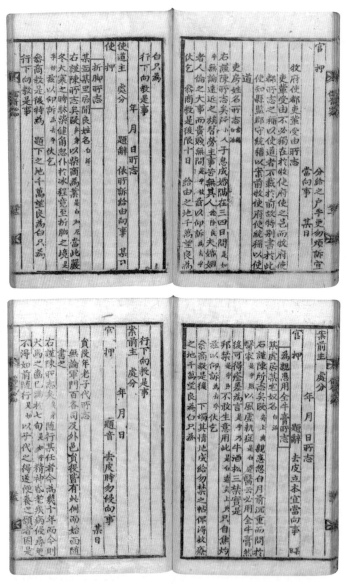

『유서필지』에 실린 소와 관련한 문서 양식. ①장사군이 엄동설한에 소가 얼음판에 넘어져 다리가 부러진 것을 관에 신고해 처분해줄 것을 아뢰었고, 관에서는 가죽은 벗겨 관에 바치고 고기는 팔아 송아지를 사도록 했다. ②부모의 병환으로 소를 잡아 진우골全牛骨(우황)을 쓸 것을 청원한 것에 대해 아전들이 침탈하지 못하게 하여 이를 허용했다.

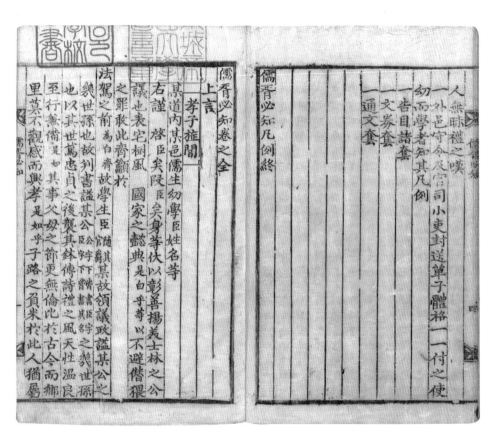

儒胥必知凡例終

人無昧禮之嘆
外邑守令及官司小吏封送單子體裕一付之使
幼而學者知其凡例
一告目諸套
文券套
通文套

儒胥必知卷之全
上言
孝子旌閭

其道內其邑儒生幼學臣姓名等
右謹啓臣矣段臣矣身等伏以彰善揚義士林之公
議也表宅桐風 國家之懿典是白乎等以不避僭猥
之罪敢此齊籲於
法駕之前為白齊故學生臣隨其故領議政諡某公之
幾世孫也故判書諡某公字下體書貼辭之敎世孫
也以其世篤忠貞之後襲其鉢傳詩禮之風天性溫良
至行無備是如其事父母之節更無倫比於古今而鄉
里莫不觀感而興孝是如乎子路之負米於此人猶屬

『유서필지』에 실린 효자 정려 부분. 첫 내용으로 조상의 효성에 대해 국가에서 표창(旌閭)할 것을 청원하고 있다. 국왕에 해당되는 부분은 행을 바꾸는 등 존경을 표하고 있다. 사람은 100명으로 제한했다.

는 민란이 날까 두려워한 부인이 원님과 함께 야반도주를 한 것으로 끝맺는다.

『유서필지』에서는 충효절忠孝節의 유교 윤리, 입후의 보편, 그리고 산송 및 묘직, 환곡 등의 문제와 분쟁의 종류, 재판 절차, 처리 방법 등 조선 후기의 사회상을 엿볼 수 있다.

이상과 현실, 무송사회의 꿈

조선은 무송사회를 이상으로 삼아 갖은 방법으로 이를 실현하고자 했다. 하지만 이런 시도는 실패로 돌아갔다. 그 이유는 소유권 의식과 이기적인 성격을 바탕으로 하는 강력한 권리의식 때문이었다. 조정에서는 백성이 소송을 좋아하는 것(호송好訟, 건송健訟), 적체된 소송(체송滯訟), 까닭 없는 소송(비리호송非理好訟)을 두고 탄식했고, 급기야 "백성이 소송을 좋아하는 것은 풍속이다"라고 하여 무송사회를 포기하기에 이르렀다.

분쟁은 궁극적으로는 국가에 의해, 즉 소송과 재판으로 해결되었다. 소송은 단순한 권리 주장만이 아니라 거의 모든 것을 내던지는 일생일대의 싸움이었다. 그런 까닭에 "척隻지지 마라"라는 속담이 있을 정도다. 재판은 소지를 작성하는 그 시작부터가 전문적이다. 일은 진행되면 될수록 더 어려워진다. 법에 무지한 백성은 직접 재판을 꾸려나가는 것이 거의 불가능하다. 그렇다면 누가 이들을 도왔을까?

토지와 노비를 사고팔 때는 일정한 양식에 따라 계약서인 문기文

記를 작성했는데, 이런 일은 이른바 필집筆執이 맡아 했다. 필집은 문기 작성만 한 게 아니고 때로는 흥정도 했을 것이며, 분쟁이 일면 관정에 가기도 했을 것이다. 이러한 과정을 거쳐 이들은 나름의 전문가로 자리 잡았을 가능성도 있다. 이러한 법률전문직을 우리는 '외지부外知部'에서 찾을 수 있다.

외지부는 법에 무지한 사람들의 소송을 도와주는 전문가로서 사료를 살펴보면 16세기 전후로 존재했으며, 그 명칭은 소송을 관장한 장예원의 별칭인 도관지부都官知部에서 유래했다. 즉 장예원 주위를 어슬렁거리며 소송하려는 사람을 찾는 자들이 바로 외지부였다. 이들은 처음에 소장만 대필했다가 점차 소송을 보조하고 전략을 세워 당사자를 지휘했으며, 나아가 소송을 부추겨 이익을 나눠 가지기도 했다. 조정에서는 외지부를 눈엣가시로 여겼다. 외지부가 처음 등장한 때는

『성종실록』, 규장각한국학연구원. 1472(성종 3) 12월 1일(계해) 부분.

者以制書有違律論品除官役率畜者以
上豪論○成均館四學濟用監通禮院奴婢
毋得本司外他役○新設推設衙門外各司
故闕奴婢勿以掌隸諫院奴婢充給
諍全
公私賤隱役使而己奴婢偽造文記爭訟者而
謀欲免罪辭報有
己奴婢偽造文記爭訟者
延設許歸各官吏欲移其訟事勿移治海
尼訟事臨決時海
尼持偽造文記爭訟者雜言相
上所為勿揀

救前全家徙邊○長立決訟衙門以敎誘人
爭訟為業者令決訟衙門隨所聞移文本曹
推覈決杖一百全家徙邊又許人捕告依捕
強盜例一人給綿布五十四○赴京通事公
物不用意貿來者四禁推考以制書有違律
論斷本價倍徵藥材貿易費同○人居及
宅屬人京中及他道毋得假一朝數
病親者考所在官陳省除来徙給假如老
逐日報觀察使過限不還者移文曹逞治罪
其違法給假及過限不還而不申報守令冒

貞尼一會迎候公辦者罷黜○各品伴儻數
外濫占者堂下官冒占者弄其與者以制書
有違律論斷○不慎火燒倉庫官貞推考論
罪倉吏庫子決杖一百各其道內殘驛徒役
三年並勿揀赦前○尼訟事前官已決折
未成追崇而遞雖非交代後等官成給○尼
決訟堂上房堂畢遞代則立案而不作
未遞許令更新〔嘉靖三年科一條二〕○司饔
院沙器匠逃亡現者杖一百遞役許接者
罪一百徒三年切隣管領里正等而不作

者制書有違律論○兵使水使虞候念使萬
戶推管及未挈家守令等各其任所私妾率
去者以制書有違律論○外知部及一應犯
罪人衆所共然摘發者外勿用密封
一人於二三處非理立訟者全家徙邊〔嘉靖三年〕
○永政院掌務書吏庫城上事
各司支供雜物捧納時人情價物濫徵作弊
者勿論職多少決罪不謹檢擧被盜者考罷
各司晝夜直官貞不謹檢擧被盜者考罷
黜○鄕吏犯在元惡在逃眾證明白者全家徙

『대전후속록大典後續錄』, 규장각한국학연구원. 「형전」 잡령 부분. 長立決訟衙門, 以敎誘人爭訟爲業者, 令決訟衙門隨所聞移文本曹推覈, 決杖一百全家徙邊. 又許人捕告, 依捕強盜例, 一人給綿布五十四 ㅇ外知部及一應犯罪人 衆所共知公然摘發者外 勿用密封 ㅇ一人於二三處 非理立訟者 全家徙邊[1524년(중종19) 8월 1일 형조 수교].

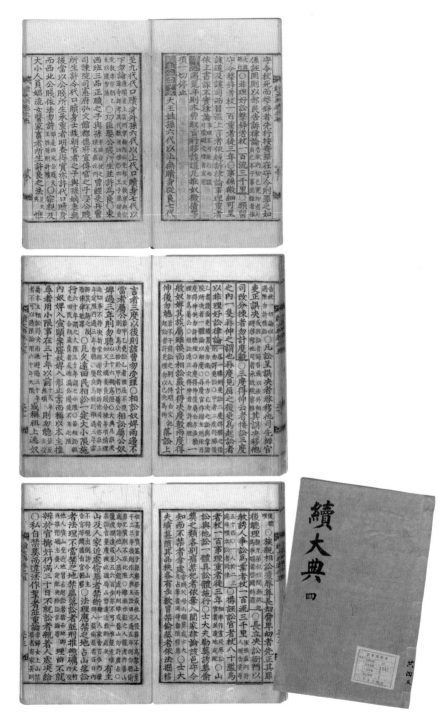

『속대전』, 규장각한국학연구원. 「형전」 訴冤 부분. ○ 非理好訟擊錚者, 杖一百流三千里 [聽理] ○三度得伸云者, 接訟三度之內, 一隻再伸之謂也, 再度見屈之後, 更爲起訟者, 以非理好訟律論 ○長立決訟衙門以敎誘人爭訟爲業者, 杖一百流三千里(依强盜例許人捕告, 賞布五十四 ○一人於二三處, 非理立訟者, 同律).

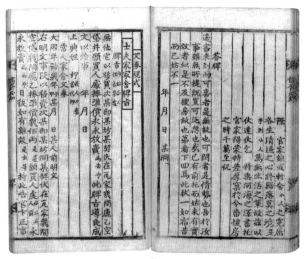

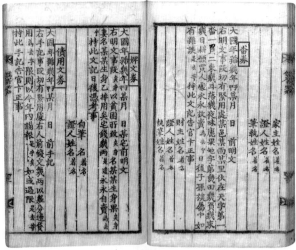

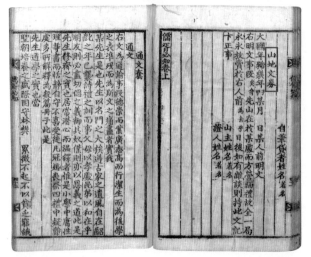

『유서필지』의 문건 규식 부분으로, 증명서나 거래 문서 양식 6종을 제시했다.

①패지: 양반이 직접 거래를 하지 않고 노비에게 이를 맡기는 문서다. ②상인가사문권: 집을 파는 문서 양식이다. 집주인과 증인 그리고 문서 작성자인 필집이 착명서압着名署押했으며, 내용과 형식 등은 조선 전기 이래로 고정되어 있다. ③답권: 토지매매문서 ④노비문서: 가난으로 인해 본인과 처 등이 타인의 노비로 되는 것을 약정하는 문서다. ⑤채용문서: 돈을 빌리면서 작성하는 문서다. ⑥산지문권.

문서 끝에는 "…持此文記告官卞正事", 즉 "딴 짓을 하면 이 문서를 가지고 판에 신고하여 바로잡을 것"이라고 되어 있다. 이는 문서로 소송할 것을 전제로 한 것이다.

1472년(성종 3)인데, 외지부 때문에 소송이 쌓여가고 이들이 시비를 어지럽게 해 관리들이 판결할 수 없도록 한다고 여겨 강력히 금지했다. 외지부는 사형 바로 아래의 형벌인, 전 가족을 변방으로 강제 이주시키는 '전가사변全家徙邊'으로 처벌하고, 이를 신고한 이에게는 강도에 준하여 면포 50필을 상으로 주었다. 이러한 조치는 『속대전』에서도 유지되었는데 다만 형벌을 장 100, 유 3000리로 고쳤을 뿐이다.

국가의 강력한 금압정책으로 인해 외지부라는 이름은 17세기 이후에 법전에서는 물론이고 실록에서조차 사라진다. 그러나 명칭이 없다고 그들 존재가 사라지지는 않는다. 조선 후기에는 '소송을 직업으로 삼는 자爭訟爲業者' '서울에 살면서 이익을 좇는 무리京居射利之徒' 등으로 존재했다. 국가에 의해 모든 소송의 근원이라고 부정된 외지부의 후손들은 그 모습을 감춘 채 여전히 위력을 떨쳤던 것이다. 국가 입장에서 이들은 눈엣가시였을지 모르나 백성에게는 자신들의 이익과 권리를 옹호해주는 소중한 존재였다. 결국 국가의 소송 억제나 무송사회 이념에도 불구하고 백성은 소송에 호소해 권리를 주장했다. 이러한 강력한 권리의식은 개화기에 우리 민족을 미개하다고 무시한 일본인들조차 놀라게 했으며, 동방소송지국으로 오늘날까지 이어지고 있다.

소송 없는 사회, 법 없는 사회가 바람직한가? 우리는 과연 법과 소송 없이 살 수 있을까? 소송 없는 사회는 어떤 모습일까? 이에 대한 진지한 고민이 필요한 때다.

6장

"편지만이 오직 뜻을 통하게 한다"

조선에서 유행한 편지쓰기 매뉴얼
『간식유편』

김효경

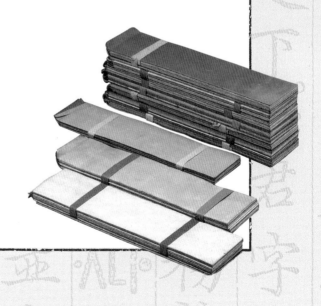

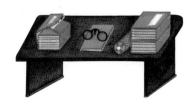

예를 갖추어 편지 쓰는 방법

역사의 흔적으로 사라져버릴 만큼 그 존재가 희미해진 편지는, 사실 전통시대에 가장 널리 사람과 사람을 이어주는 수단이었다. 그런 까닭에 오늘날까지 남아 전하는 임명장, 재산상속문서, 호적, 매매계약서 등 갖은 옛 문서 가운데 가장 많은 양이 전해진 것은 편지다.

편지는 옛사람들의 생활에 스며 있을 만큼 가까이 자리했기에 뜻 깊은 의미를 지니기도 했다. 편지를 써 아주 짤막하게 안부를 묻거나 집안의 자질구레한 일 또는 벼슬에 임용되거나 과거에 합격한 일, 득남得男에 대한 축하 인사 등을 전하기도 했지만, 제자와 스승 사이에서는 학문의 갈증을 풀어주는 매개채로서 그 쓰임새를 다하기도 했다. 또한 아들이나 손자에게 아버지 또는 할아버지가 직접 쓴 편지는 손때 묻은 것이기에 중요한 유품으로 간직되기도 했다.

이처럼 선인들은 소통하기 위한 수단으로 편지를 일상의 삶과

조광조 서간, 30.5×21.0cm, 16세기, 국립중앙박물관. 정암 조광조가 운암주인에게 보낸 편지로, 집안의 안부를 묻고 지황地黄의 종 자를 요청하고 있다.

떨어뜨려놓지 못했지만, 막상 편지 한 통 쓰기란 쉽지만은 않은 일이었다. 왜 그랬을까? 언뜻 듣기에 늘 한문으로 생활했던 옛사람들이 편지 하나 쓰는 것이 뭐그리 어려웠을까 생각하며 이 말을 납득하지 못할 수도 있다. 그러나 옛사람들에게는 전달하려는 내용도 중요했지만, 그에 못지않게 형식을 갖춰 상대방에 대한 예의를 적절히 표현하는 것도 중요했다.

편지는 받는 사람이 보내는 이와의 관계에서 어떤 위계에 놓여 있고 사회적으로 어떤 위치에 있는가에 따라 부르는 호칭에서부터 용어를 달리 썼다. 만약 이런 형식을 지키지 않으면 상대방에게 무례를 범하는 것이 되고, 이는 곧 감정에 흠을 내는 일이었다. 편지도 '나'를 '남'에게 보이는 자기표현의 하나였기에 상대에게 예의를 깍듯이 차려야만 했다. 다시 말해 관직의 높고 낮음, 친소존비親疏尊卑에 따라 용어를 구별해서 썼다는 점에서 편지는 곧 위계와 예의의 표현이 된 것이다.

문제는 이런 편지 한 통 쓰는 것도 쉽지 않은데, 한발 더 나아가 보통 문학적인 글에 잘 쓰이지 않는 어휘나 관용적인 투식까지 써야 했다는 점이다. 편지쓰기매뉴얼집이 등장한 이유가 바로 여기에 있다.

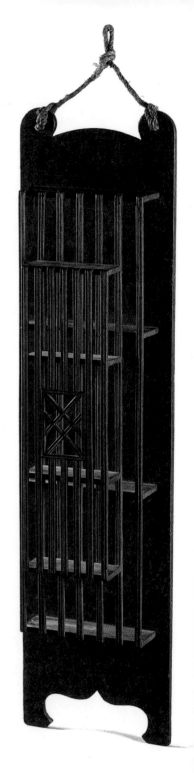

고비(편지꽂이), 길이 100.65cm, 국립민속박물관.

이제 막 글을 배우는 자들을 위한 배려

『간식유편簡式類編』은 18세기에 간행된 편지쓰기 매뉴얼집이다. 1739년(영조 15) 4월 당시 통정대부 병조참의였던 유수柳綬가 쓴 서문에 따르면, 이 책의 편찬자는 이인석李寅錫이라고 밝혀져 있다. 이인석에 대해서는 자가 천뢰天賚라고만 쓰여 있을 뿐 그에 관한 다른 정보는 자세히 알려져 있지 않다. 왜 이인석은 『간식유편』이라는 편지쓰기 매뉴얼집을 편찬했을까? 유수가 쓴 서문에서 그 중요한 실마리가 발견된다.

사람이 항상 만날 수 없지만 반드시 이별하거나 어긋날 때가 있고 말을 항상 주고받을 수 없지만 반드시 소식을 묻고 듣는 때가 있다. 마음을 서로 비추는 것이 몇 마디 사이에서 벗어나지 않으니 산하山河가 떨어져 있지 않음이 곧 하나의 종이 위에 있다. 진실로 서척書尺이 세교世教에 보탬이 있으니 하인과 같은 천한 사람과 부인들과 같이 미천한 사람들도 하루도 (편지가) 없을 수 없다. (…) 이에 『간식유편』을 간행하여 널리 그것이 전파되기를 도모했다. (…) 성문聲聞은 비록 멀지만 한 폭의 혁제赫蹏가 멀리 천 리 안면顏面을 대신하고, 모여서 이야기할 길은 막혔지만 지척의 천소牋素가 두 사람의 간담을 세차게 관통하게 하는데, 하물며 일상의 안후를 묻는 것과 경조사에 부의를 하고 축하하는 것에 대해 선현들이 사법師法으로 삼지 않은 것이 없다. 눈을 들기만 하면 그것을 얻을 수 있고 책을 펼치면 뚜렷하게 수작에 풍부하여 정식程式에 딱 들어맞을 것이다. 문인과 묵객들이 설월雪月의 풍경에 입 다물고 천웃을 치는 것과 수석水石의 승경에 재잘대며 스스로

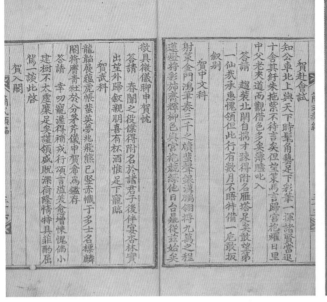

『간식유편』, 이언적, 18세기, 장서각.

예원藝苑의 고수라고 자랑하지만 끝내 한 푼도 세교에 보탬이 없는 것에 비하면 과연 어떠한가?

이 책을 편찬한 이는 편지가 진실로 세교에 보탬이 된다고 여겨 그에 관한 내용을 펴내 널리 퍼뜨리고자 했다. 어떤 분야든 특별히 교본을 제작하는 데는 항상 기성세대보다는 초학자들을 위한 배려가 담겨 있다. 따라서 서문에서 말한 세교도 바로 이제 한문을 배우기 시작하는 초학자들과 글을 쓸 줄 아는 신분이 낮은 사람들이 편지를 쓸 때 도움을 주기 위해 펴낸 것 아닐까.

편지는 사람과 사람의 마음을 연결해주는 고리가 된다. 받는 이와 보내는 이가 천 리 떨어져 마주할 순 없지만, 정답게 얘기를 나누지 못하는 그 답답한 마음을 편지가 시원하게 풀어준다.

유자가 익혀야 할 필수 기예

정부자程夫子가 말씀하시기를 '일에 응해서 사물에 접하고 정을 쏟아 부어야 뜻에 통하는데 오직 서독書牘이 그러하다. 그러므로 유자儒者가 가장 가까이 일삼아야 할 것이다'라고 하였다.

초학자를 위해서 편지쓰기 매뉴얼을 만듦과 동시에 이 책에는 또 다른 편찬 목적이 있다. 정명도程明道는 "일에 응해서 사물에 접하고 정을 쏟아 부어야 뜻에 통하는데 편지만이 오직 그러하다. 따라서 이것이야말로 유자가 가장 가까이 일삼아야 할 것이다"라고 말했다. 이 말은 『소학』 「가언편嘉言篇」에도 나오는 대목이다. 옛사람들은 태어나면서 죽을 때까지 편지 속에서 살았다고 해도 지나침이 없을 만큼 편지는 늘 그들 곁에 있었다. 선인들이 이처럼 선비의 일 가운데서도 가장 가까이 있다고 하여 편지를 '최근最近'이라 불렀던 것도 이런 까닭에서다. 편지 쓰는 데 외곬으로 빠져서 집착만 하지 않는다면 편지는 유자가 반드시 익혀야 할 기예였던 것이다.

1680년(숙종 6)에 동지경연사 이단하李端夏가 "현행 과거시험이 음석과 구두만 묻고 문의文意를 묻지 않기 때문에 칠서七書(삼경과 사서)에 다 통通해서 16분分이 되어도 편지를 쓰지 못한다"고 지적한 사실을 봐도 편지 한 통 쓰는 것이 쉽지 않았음을 짐작할 수 있다. 이처럼 유자들은 편지쓰기 방법을 매뉴얼을 보고 익힘으로써 그 수고를 덜었음은 물론이고, 인간관계에서 고려해야 할 까다로운 법도를 잃지 않는 일석이조의 효과를 얻었다.

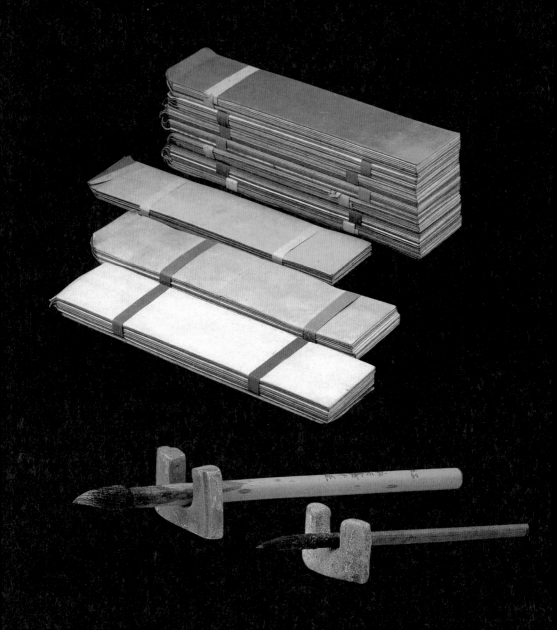

종이(위), 국립민속박물관.
붓과 붓받침대, 조선시대, 한양대박물관.

시전지판, 조선시대, 국립민속박물관.
편지를 쓸 종이에 무늬나 글귀를 찍는 판으로 난초, 꽃 문양 등이 새겨져 있다.

편지 한 통 직접 써보기

이제 본격적으로 편지 한 통을 써보자. 『간식유편』에는 편지쓰기를 왕서식往書式과 답서식答書式 두 종류로 구분해놓았다([표 1] 참조). 왕서식은 처음 상대방에게 편지를 쓸 때 들어가는 구성 요소를 모아놓은 것이고, 답서식은 상대방이 보내준 편지를 받고 답장 쓸 때 들어가는 구성 요소를 모아놓은 것이다. 답서식은 왕서식을 기준으로 해서 볼 때, 욕승류辱承類(뜻밖에 상대방이 보내준 편지를 받았다는 표현을 쓰는 곳), 심지류審知類(상대방이 보내준 편지를 통해서 이미 상대방의 안부를 들어 알고 있다는 표현을 쓰는 곳), 인편류因便類(상대방에게 가는 인편이 있어서 몇 글자 써서 부친다는 표현을 쓰는 곳) 등 세 가지 구성 요소에서 차이를 보일 뿐이다.

편지를 쓰기 위해서는 먼저 봉투부터 작성해야 한다. 옛날에는 봉투를 피봉皮封이라 일컬었다. 지금의 편지 봉투를 보면 가로로 긴 장방형으로 상단 왼쪽에는 보내는 사람, 하단 오른쪽에는 받는 사람을 적는다. 옛 편지는 오늘날과 달리 세로로 긴 장방형의

[표 1] 『간식유편』의 왕서식과 답서식 순서

왕서식	답서식
간활류間濶類→첨앙류瞻仰類→ 즉일류卽日類→시령류時令類→ 복유류伏惟類→기거류起居類→ 흔희류欣喜類→자서용自舒用→ 소품류少稟類 혹은 입사류入事類→ 임서류臨書類→보중류保重類→ 결미류結尾類→기량류祈亮類	간활류→첨앙류→옥승류辱承類→ 심지류審知類→시령류→기거류→ 흔희류→자서용→입사류→ 인편류因便類→보중류→ 결미류→기량류

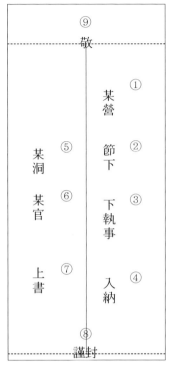

[그림 1] 봉투 정격

형태이고, 주로 오른쪽에 받는 사람, 왼쪽에 보내는 사람을 적었는데, [그림 1]은 봉투의 정격定格을 도식화해서 만든 것이다. ①~④는 받는 사람, ⑤~⑦은 보내는 사람, ⑧과 ⑨는 봉함처를 나타낸다. 이 가운데 ⑧과 ⑨의 상·하단의 봉함처封緘處에는 '삼가 봉한다'는 뜻을 나타내는 글자를 쓰거나 인장을 찍었다. '근봉謹封'이라는 글자를 가장 많이 썼다.

본문은 [표 1]에서 보듯이 간활류間闊類부터 시작한다. 간활류는 보내는 사람과 받는 사람 사이에 소식이 소원했다는 뜻을 담은 문구를 표현하는 곳으로, 이때 '간활'의 뜻은 '오랫동안 떨어져 서로 얼굴을 보지 못했다'이다. 첨앙류瞻仰類는 상대방을 몹시 그리워하고 사모하는 심정을 표현하는 대목이다. 즉일류卽日類는 편지를 보내는 시점을 표현한 곳이다. 여기서 '즉일'은 '상대방에게 편지를 보내는 바로 그날'이라는 뜻이다. 다음에는 시령류時令類인데 '시령'은 1월부터 12월까지의 절기를 말한다. 복유류伏惟類는 보내는 사람이 상대방에게 처음 편지를 보내기에 상대방의 안후가 어떠한지 모르므로 '복유', 즉 '상대방에게 묻건대'라는 문구를 쓰는 곳이다. 기거류起居類는 받는 사람의 안후를 묻는 말을 표현하는 곳으로, '기거'는 기

거동작起居動作의 총칭이다. 흔희류欣喜類는 보내는 이가 상대방이 잘 지내기를 바라는 마음과 그리워하는 심정을 표현하는 곳이다. 이렇듯 간활류부터 흔희류까지는 받는 사람과 관련된 부분이다.

반대로 다음에 오는 자서류自敍類는 보내는 사람 자신의 안부를 전하는 대목이다. 받는 사람의 안부를 묻는 것에 비해 아주 간략히 줄일 때가 많다. 편지의 중요한 특징 중 하나라 할 수 있다. 즉 받는 사람에 대해서는 길면서 곡진하게, 보내는 사람 자신에 대해서는 간략하게 표현해 양쪽을 완전히 대조적으로 처리함으로써 상대방에 대한 존중을 극대화하는 것이다. 편지에서는 받는 사람의 존비에 따라 용어를 달리하여 상대에 대한 존중의 의사를 드러내는 것이 보통이다. 그러나 이처럼 작성 방식에 있어서 보내는 사람과 받는 사람 사이에 차이를 두어 상대방에 대한 존중의 효과를 한층 높이기도 했다.

소품류小稟類와 입사류入事類는 앞에서 다루던 내용을 그만두고 화제를 돌리거나 편지를 쓰게 된 본격적인 사연으로 들어가는 대목이다. 임서류臨書類는 사연을 매듭짓고 자신이 쓴 편지를 보면서 한 번 더 상대방에 대한 그리운 마음이 든다는 표현을 쓰는 대목이다. 보중류保重類는 '보중'이라는 문구에서도 알 수 있듯이 상대에게 건강하게 잘 지내라고 인사드리는 대목이다. 결미류結尾類는 요즘 표현으로 하면 '이만 줄인다'는 뜻을 나타내는 곳이고, 기량류祈亮類는 자신이 쓴 편지에 대해 다시 한번 잘 살펴달라는 표현을 쓰는 곳이다. 임서류에서 기량류까지는 마무리에 해당된다. 편지에서 본 사연이 들어가는 곳을 제외하고는 간활류부터 흔희류까지와 임서류에서 기량류까지가 사실상 관용적인 투식이라 할 수

있다. 『간식유편』과 같은 편지쓰기 매뉴얼이 나오게 된 이유 중 하나도 이런 정형화된 투식적 표현이 많고 또 이렇게 많은 투식을 일일이 외우기란 아주 어려웠기 때문이다.

이처럼 왕서식과 답서식을 보고 편지를 쓸 일이 있을 때 항목별로 한 구 혹은 두 구를 가져다가 연이어 쓰면 자연스럽게 편지 한 통이 완성되었으며, 이로써 다른 사람에게 기롱을 받을 일도 없어졌다. 다음은 왕서식에 따라 존장尊長에게 올린 편지를 작성해본 것이다.

「구종이 편지 드리는 것」, 국립민속박물관.

不獲侍教已至多日 仰德之劇與日俱深 比來 寒威漸減宇宙皆春 伏惟 氣體候安寧 伏喜區區 無任下誠 某伏蒙下念僅保形骸他何伏達 悚達玆恃愛隆敢此稟懇 適有某事云云 臨書悚慄之至 餘伏祝氣體候益加安寧 不備 伏惟下鑑

某年某月某日 某姓名拜手

뜻밖에 **만나** 뵌 것이 이미 여러 날이 흘렀습니다. 우러러 사모하는 마음이 날이 갈수록 깊어집니다. 근래 추위가 점점 누그러져 완연한 봄이 되었습니다. 요즘 건강은 평안하십니까? 그리워하는 마음 가눌 길이 없습니다. 아무개는 염려 덕분에 근근이 지내고 있어서 달리 뭐라고 드릴 말씀이 없습니다. 이에 평소 사랑해주심을 믿고 감히 아무개

일로 아룁니다. 편지에 임해서 죄송한 마음 지극합니다. 항상 더욱 건강하시기를 기원합니다. 나머지는 다 갖추지 않겠습니다. 살펴주시기 바랍니다.

○년 ○월 ○일 아무개 올림

어휘와 주제별 사례 매뉴얼

어휘 부분은 문자류文字類와 휘언류彙言類를 따로 설정해 편지에서 많이 쓰는 용어의 동의어와 어려운 어휘들을 예시해놓았다. 먼저 문자류에는 동의어를 나열해두었는데, 예를 들면 상대방이 방문하는 것을 표현할 때 쓰는 흔한 표현인 '왕림枉臨'의 동의어로는 강림降臨·사강賜降·총림寵臨·귀림貴臨·부림俯臨·혜림惠臨·내림來臨이 있다. 또 상대에게 편지를 전하는 임무를 띠고 파견되는 사람을 보통 '전인傳人'이라 일컫는데, 그와 같은 뜻의 말로 '주개走价·위팽委伻·견인遣人·주복主僕을 적어두었으며, 상대방이 보낸 물건을 지칭하는 용어로는 궤유饋遺·하송下送·하혜下惠·하황下貺·성혜盛惠·성궤盛餽·혜황惠貺을 밝혀놓았다.

또한 일상생활에서 잘 쓰지 않는 단어도 주석과 함께 수록해놓았다.

- 황천黃卷: 책
- 오이咿伊: 글 읽는 소리
- 집경執經: 경서를 손에 든다는 뜻으로, 스승을 좇아 가르침을 받는 것

- 윤필潤筆: 남에게 시문을 써달라고 청할 때 주는 사례금
- 대성戴星: 별을 머리에 임, 즉 새벽에 일찍 집을 나오거나 밤늦게 집에 돌아오는 것
- 부기附驥: 천리마에 붙어서 간다는 뜻으로, 남의 덕을 입거나 동행하는 것
- 서제噬臍: 사향노루가 사람에게 잡혀 죽게 될 때 제 배꼽의 향내 때문이라 하여 배꼽을 물어뜯는다는 말로, 일이 잘못된 뒤에는 후회해도 소용없다
- 절도絕倒: 포복절도抱腹絕倒, 즉 배를 잡고 넘어질 정도로 몹시 우스움
- 홍당鬨堂: 집 안이 웃음소리로 들썩임
- 양상군자梁上君子: 도둑
- 추도錐刀: 사소한 이익을 추구하는 것
- 대호大沽: 때가 되기를 기다렸다가 물건을 사는 것
- 효우效尤: 남의 잘못을 본받는 것
- 효빈效矉: 남의 결점을 장점인 줄 알고 흉내 내는 것으로, 덩달아 모방하여 나쁘게 됨. 월越의 미인 서시西施가 속병 때문에 얼굴을 찡그리자, 이웃의 추녀가 흉내 내어 더욱 추해 보였다는 고사에서 유래된 말
- 장본張本: 사전에 취하는 방안이나 계획. 복선 또는 암시
- 방명方命: 명령이나 요구에 따르기 어려움을 완곡하게 이르는 말
- 한맹寒盟: 맹약을 파기하거나 잊어버림
- 차래嗟來: 차래지식嗟來之食의 줄임말. 주린 것을 불쌍히 여겨 '와서 먹어라'라고 무례하게 주는 음식. 모욕적인 베풂을 말함
- 힐항頡頏: 서로 필적함을 이르는 말
- 갈거拮据: 고생스러움이 심함을 말함

● 앙장鞅掌: 일이 바빠서 용모를 가다듬을 겨를이 없는 상황

반면 휘언류는 상사喪事, 질병疾病, 과제科第, 수탄壽誕, 혼인婚姻, 사진仕進, 빈부貧富, 간구干求, 수사酬謝, 제택第宅, 기용器用, 복식服飾, 천도天道, 지리地理, 석가釋家, 음찬飮饌, 화목花木, 원유園囿, 노마奴馬, 송옥訟獄, 금수禽獸, 물목物目 등의 항목으로 나누어 용례를 실어놓았다. 이 가운데 눈길을 끄는 부분만 살펴보면, 먼저 '질병' 항목에서 자기 부모의 병환은 '친제親濟', 남의 부모의 병환은 '색우色憂', 자신의 병환은 '신우薪憂', 남의 병환은 '건화愆和' 혹은 '건후愆候' '조후調候' '건도愆度'라고 표현했다. '혼인' 항목에서 첩을 '여부인如夫人', 혼인날을 '성기星期', 혼서를 '월서月書'라고 표현했다.

기용에 제시된 용어에서는 양반의 멋스러움을 느낄 수 있는데, 달빛에 흔들거리는 주렴은 '명풍鳴風', 용 모양의 베개는 '유선遊仙', 안석은 '오사烏史', 초는 '연거蓮炬'라고 썼다. 또 물목에서는 가죽은 '장張' 또는 '영領', 채찍은 '조條', 비녀는 '고股', 검은 '구口', 거울과 벼루는 '면面', 돈은 '문文', 부채는 '파把' 또는 '병柄', 신발은 '양兩' 또는 '대對', 관은 '정頂', 먹은 '홀笏' 또는 '정丁', 누룩은 '원圓', 떡은 '기器'라고 그 단위를 표현했는데, 당시 널리 쓰이던 단위를 살펴볼 수 있다.

주제별 항목에 대한 매뉴얼은 잔치 초청, 꽃 감상, 옷과 신발 보내기, 물건 보내기, 음식 보내기, 가축 보내기, 각종 생신, 벼슬 임용, 혼서 쓰기, 출산, 추천, 청탁, 초청, 바둑과 장기에 대한 경계, 감사, 물건과 재화 빌리기, 위문편지, 부고장 쓰기, 가족 간 편지 쓰기, 일반 문안 편지, 이별, 학문 토론 등으로 구성되어 있다. 이

가운데 물건 보낼 때의 예가 가장 많다. 그 품목을 보면 참으로 다양한데 거문고, 바둑, 서책, 그림, 종이, 붓, 먹, 벼루, 달력, 부채, 화살, 거울, 베개, 자리 등 각종 생필품은 물론이고 앵두, 살구, 복숭아, 참외, 포도, 석류, 밤, 배, 감 등 여러 종류의 절기별 과일을 보낼 때 편지 쓰는 사례도 적어놓았다.

조선에서 유행한 편지쓰기 교본들

편지쓰기 교본은 편지 한 통을 온전히 쓰기 위해 봉투에서부터 사연에 이르기까지 작성하는 순서와 사례를 실어놓은 매뉴얼집이다. 조선시대에 간행된 여러 종류의 편지쓰기 매뉴얼집 가운데 『간식유편』은 현재 전하는 교본 중 가장 이른 시기에 편찬된 것이다. 이인석은 『간식유편』을 편찬하면서 우선은 중국 자료를 참고했다. 명나라의 여러 대가의 편지에서 중요한 문구를 뽑아서 편차하거나, 상례喪禮를 설명하는 부분에서는 주자의 『가례家禮』 상례편을 저본으로 삼았다. 특히 상사가 일어났을 때 조장弔狀을 쓰는 법에 대해서는 주자의 『가례』 가운데 「상례」편에 있는 것을 거의 그대로 가져다 실어놓았다.

그러나 『간식유편』에 수록되어 있는 편지쓰기 형식이 중국의 편지 예식만을 기준 삼아 편집되었던 것은 아니다. 이인석은 우리나라의 관습 또는 풍속에 비춰봤을 때 분명 용어에서 중국과 다른 부분이 있다고 염려했기에, 당시 조선의 학자인 충암沖菴 김정金淨(1486~1521)이 편찬한 『동인예식東人例式』을 보입補入해 넣었던 것

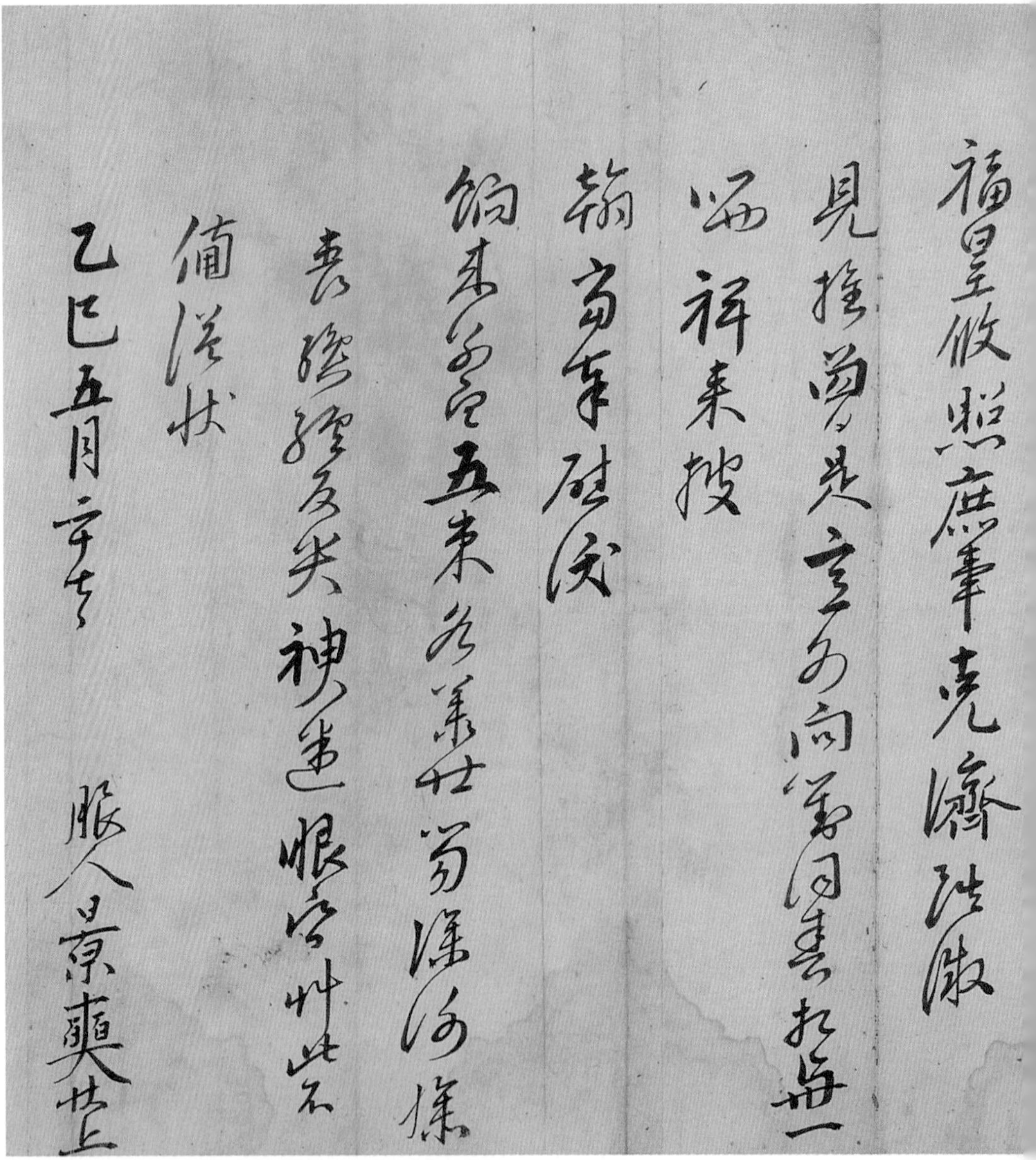

福星收照慶峯克濟陞職

見掉夢共言…向第同書扎無一

兩祥來搜

輪高年陛浚

餉末…五束為筆…渾海條

表情…神速眼…此不

備謝狀

乙巳五月廿六

眼人景奭拜

서간, 이경석, 41.0×27.0cm, 국립중앙박물관. 조선시대 편지 중에서는 물건을 주고받은 내용을 쓴 것이 가장 흔하기도 하다. 이 편지는 이경석이 별백지別白紙 5속束과 각양각색의 20홀笏을 받고 이에 대해 감사하며 쓴 편지다.

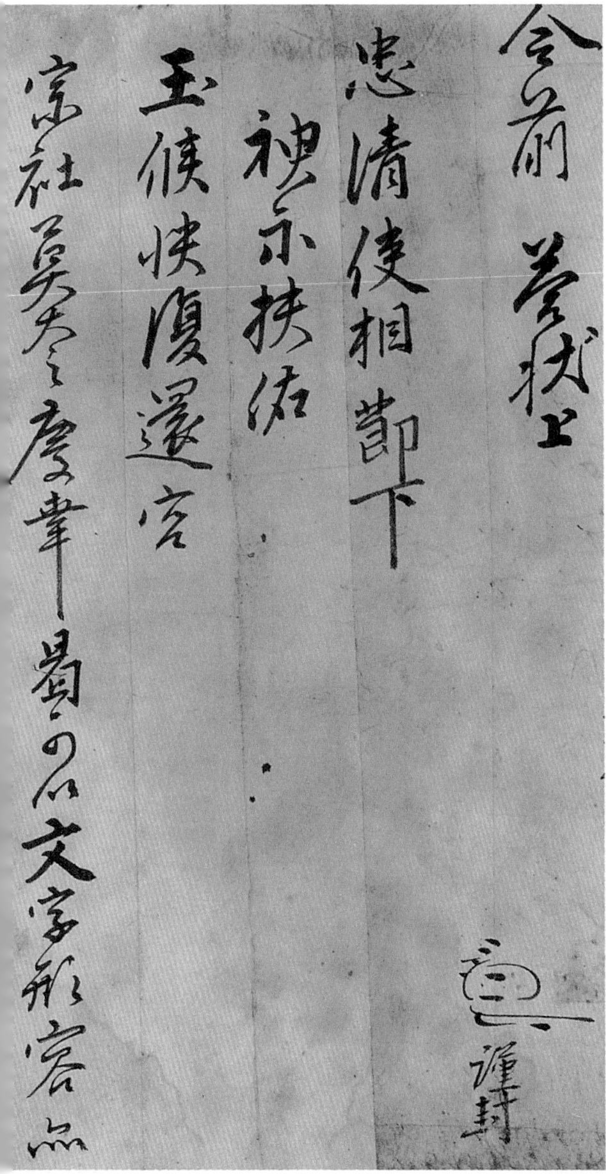
台前 答狀上
忠清使相閤下
神示扶佑
玉候快復還宮
宗社莫大之慶幸
謹封

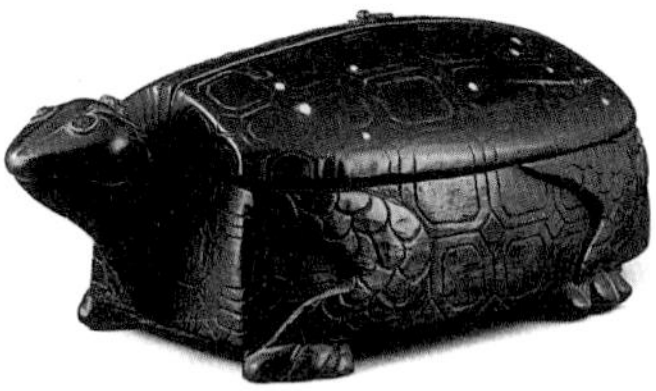

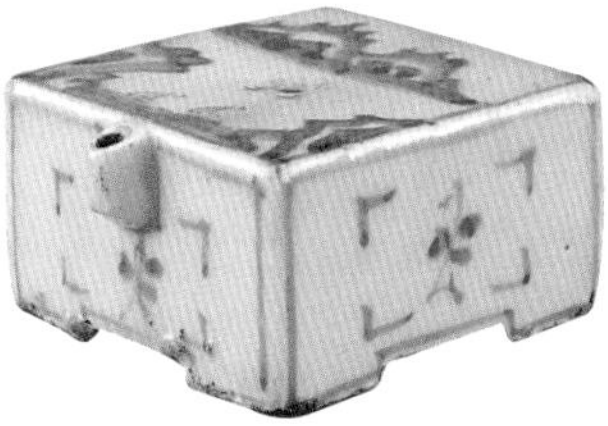

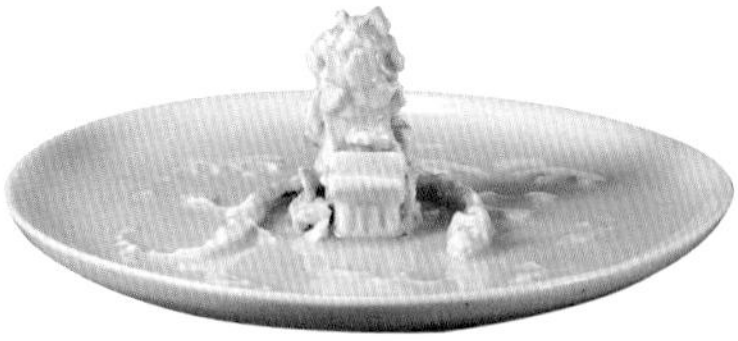

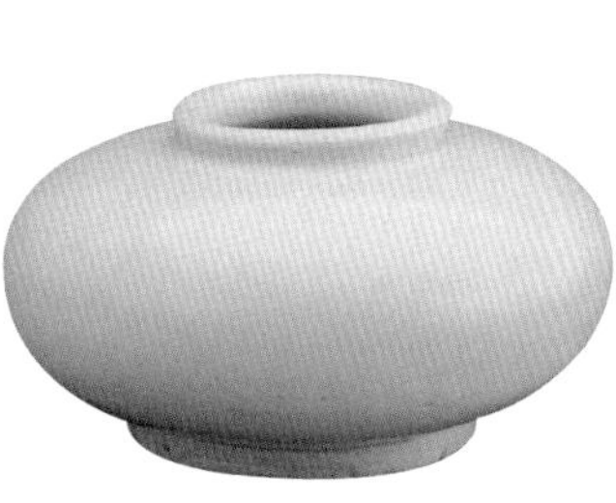

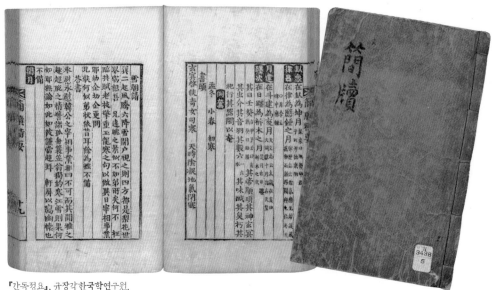

『간독정요』, 규장각한국학연구원.

이다. 우리나라와는 문화적 특성, 사회적 신분질서, 관직이 달랐던 까닭에 중국의 편지 교본이 모든 면에 광범하게 적용되지는 않았음을 볼 수 있다.

『동인예식』은 김정이 35세에 편찬한 편지쓰기 매뉴얼집이다. 선생의 연보를 보면 "세상에 전하고 있는 『동인예식』은 곧 선생께서 편찬한 것이니 아마도 당시 세교에 보탬이 되었을 것인저"라고 기록되어 있다. 다만 아쉬운 점은 오늘날 실물이 전하는지 명확히 알 수 없고, 『충암집』에도 원문이 실려 있지 않아 안타까운 마음을 추스르며 이 책이 모습을 드러내길 기다려야 한다는 것이다.

조선시대에 간행된 대표적인 편지쓰기 교본들은 『간식유편』을 비롯해 『한훤차록寒暄箚錄』 『간독정요簡牘精要』 『간독회수簡牘會粹』 『후사유집候謝類輯』 『간례휘찬簡禮彙纂』 등이 있다. 『간식유편』을

[표 2] 조선시대에 간행된 대표적인 편지쓰기 매뉴얼집

번호	간행 연도	서명	편찬자 또는 간행처	판본	책수
1	1739	간식유편 簡式類編	이인석	목판	1책
2	간년미상 (19세기)	한훤차록 寒暄箚錄	미상	목판 목활자	5권3책
3	1861	간독정요 簡牘精要	유동由洞(서울) 서계西溪(서울)	목판 목활자	1책
	1869	간독정요	무교武橋(서울)	목판	1책
4	철종 연간	간독회수 簡牘會粹	미상	목판	1책
5	1869	후사유집 候謝類輯	무교(서울)	목판	1책
6	1899	간례휘찬 簡禮彙纂	완산完山(전주) 효교孝橋(서울)	목판 목활자	1책

뺀 나머지는 19세기에 엮은 것들이다.

19세기에 간행된 편지쓰기 교본 중에서 눈여겨볼 자료는 『한훤차록』이다. 이 책은 천天·지地·인人 3책5권으로 이루어져 있고, 서문이나 발문, 간기 사항이 기록되어 있지 않아 정확한 간행 연도나 배경을 알 수 없지만 19세기에 간행된 편지쓰기 교본들 가운데 가장 널리 읽혔다. 특히 『간식유편』에 비해 봉투에 사용하는 용어나 편지를 보낼 때 작성하는 순서가 세분화되었고, 상례와 관련해서 별도로 한 권을 할애해 국애國哀, 부모·조부모·형제·숙부모·아내·아들·며느리·딸이 죽었을 때, 그 밖의 일가친지의 상사에 대해서 구분해 그 사례를 들어놓았다.

편지는 일상생활에서 누구나 부담 없이 편하게 쓰는 실용문이었지만 막상 한 통의 편지를 쓰려 하면 그 속에는 쉽게 써내려가지

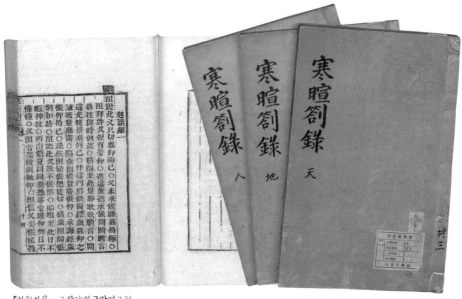

『한훤차록』, 규장각 한국학연구원.

지 않는 요소들이 곳곳에 숨어 있다. 특히 선인들은 자신만의 독특한 표현이나 문구, 보기 드문 벽자僻字를 써서 과시하려던 마음도 있어 엄연히 쉬운 문구가 있는데도 달리 어려운 말을 쓰려 했다. 그래서 이에 따른 어려움을 해결하고자 다양한 편지 매뉴얼집을 만들었다. 이러한 작업은 20세기 초반까지 이어졌고, 더욱이 일제강점기에 들어서는 편지쓰기 매뉴얼집 발간이 큰 폭으로 늘어났다.

7장

불임을 치료하고 아들 낳는
비법을 기록하다

◉

『규합총서』와 『태교신기』가 전하는
임신과 출산

이경하

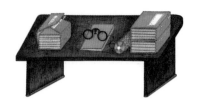

조선 여성들의 임신·출산 백과서

1906년 8월 22일, 노병선의 아내라고 자신을 밝힌 사람의 글이 『제국신문』에 실렸다. 사흘 동안 연재될 만큼 분량이 매우 길었는데, 글의 요지는 미국 선교사가 운영하는 부인병원에서 자신의 지병을 고친 사연, 그리고 부인들을 위해 이런 신식 병원을 설립하는 것이 시급하다는 주장이었다. 여자의 병은 흔히 '생산'하는 데서 나는데 '되지 않는 내외' 하느라고 제대로 진찰도 못 받는다는 탄식, 진맥을 보는 의원은 그럴듯한 말로 환자를 속여 약만 팔아먹는다는 비난, 부인은 아프거나 말거나 자식 낳기만 바라는 '욕심 많은 사나이들'에 대한 원망을 토로했다.

'빈부귀천과 상관없이 여자들은 초록이 동색'이라 했던 노병선 아내의 말처럼, 임신과 출산의 기능은 동서고금을 막론하고 여성의 정체성을 규정짓는 중요한 근간이다. 모든 여성은 임신과 출산의 잠재적 주체로서, 인생 어느 시기에 직접 그것을 경험하거나 혹은 간접적으로 그 경험에 동참한다. 오늘날에도 임신과 출산은 개

젖을 주는 어머니, 일제강점기.

인의 일생에서 중요한 사건이지만, 전통사회 여성에게는 그 의미가 더욱 컸을 것이다. 나이가 차면 혼인을 하고 시집의 대를 이을 아들을 낳는 것이 여성의 막중한 소임으로 여겨졌던 시대였기 때문이다. 또한 산부인과 지식이 충분하지 않았던 만큼 임신과 출산은 여성의 건강, 심지어 목숨에 직결된 사안이었다.

오늘날에는 굳이 산부인과를 찾지 않아도 임신과 출산에 관한 지식과 정보를 얻을 수 있다. 그렇다면 조선시대 여성들은 그런 것을 어디서 어떻게 얻었을까? 할머니에서 어머니로, 어머니에서 딸로 이어지는 구전 전승이 핵심 통로였을 테지만, 여성들이 보았음 직한 관련 책자는 없었을까? 조선시대 사람들이 공유하던 임신·출산에 관한 지식과 문화는 오늘날과 얼마나 같고 다를까?

이런 의문과 관련해서 주목할 만한 책이 『규합총서』와 『태교신기』다. 빙허각 이씨憑虛閣 李氏 (1759~1824)가 지은 『규합총서』는 한글로 된 가정실학백과라 할 수 있는데, 권4 「청낭결靑囊訣」에 임신, 태교, 출산에 관한 정보가 담겨 있다. '청낭결'은 중국 후한 말기에 명의로 유명한 화타華陀가 지었다는 의서 『청낭

『규합총서』 「청낭결」, 정양완.

비결青囊秘訣』을 가리킨다. 사주당 이씨師朱堂 李氏(1739~1821)가 저술한 『태교신기』는 임신의 전 과정에서 매우 중요한 태교에 관한 이론 및 지침서다. 1800년(정조 24)에 사주당이 한문으로 짓고, 사주당의 아들인 유희柳僖가 이듬해에 한글로 번역했다고 한다. 『규합총서』는 그보다 뒤인 1809년(순조 9)에 완성되었다. 사주당은 빙허각의 외숙모이기도 하다. 이 두 권의 책과 당시 의서들을 통해 조선시대 여성들이 공유했던 임신·출산에 관한 지식을 엿보기로 하자.

한 방울 이슬처럼 맺히는 아기

『규합총서』 「청낭결」은 일단 임신이 된 것을 전제로 태교에 관한 이야기부터 시작한다. 반면 『태교신기』에서 말하는 태교는 임신 이전부터 시작된다. 사주당 이씨는 "스승의 10년 가르침이 어미가 잉태하여 열 달 기름만 같지 못하고, 어미가 열 달 기름이 아비 하루 낳는 것만 같지 못하다"고 전제하고, 임신을 준비하는 단계에서부터 태교가 시작되며 그때 아비의 역할이 매우 중요하다는 점을 강조하고 있다. 잠자리에서나 평시에나 아비 되는 사람의 태도와 마음가짐이 태아의 자질에 절대적인 영향을 미친다는 것이다.

시집의 대를 잇는 소임이 막중한 만큼, 조선시대 양반가의 젊은 기혼 여성이라면 늘 임신을 준비하고 기다렸을 법하다. 예나 지금이나 임신이 반드시 계획에 따라 이뤄지지는 않으며, 마음먹은 대

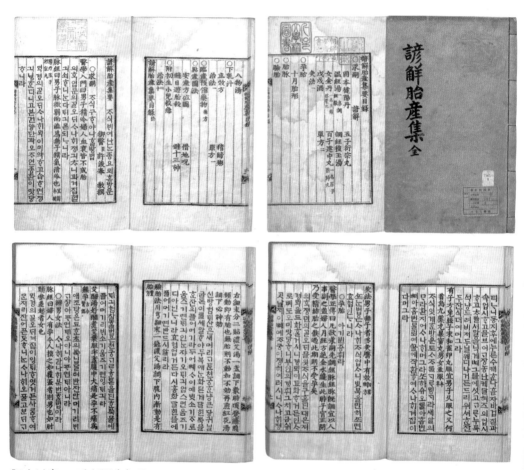

『언해태산집요』, 규장각한국학연구원.

로 되는 것도 아니다. 『규합총서』에는 임신 이전 단계에 대해서 언급한 것이 없는 반면, 『언해태산집요諺解胎産集要』와 같은 의서를 통해 임신의 준비 단계와 진단 방법이 어떠했는지를 추정할 수 있다. 『언해태산집요』는 1608년(선조 41) 왕명에 의해 허준이 편찬한 산부인과 계통의 의서로, 세종대에 펴낸 『태산요록胎産要錄』을 다시 엮어 언해한 책이다.

『언해태산집요』에는 가장 먼저 불임치료법에 대한 설명이 나온다. '求嗣[ᄌᆞ식 구ᄒᆞ야 나흘 방법]'에서 명나라 의서 『의학입문醫學入門』 등을 인용하며, 남자에게 정기가 차거나 여자의 혈기가 약하

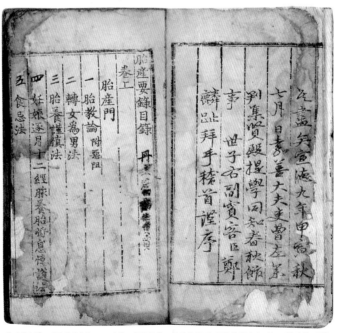

『태산요록』, 23.6×14.2cm, 보물 제1179호, 가천박물관. 1434년(세종 16) 노중례가 편찬한 책이다.

면 임신되기 어렵다고 전제하면서 그에 대한 처방을 적고 있다. 불임의 원인이 남자에게 있을 경우, 즉 맥이 약하고 막히면 정기가 찬데 그럴 때 오자연종환五子衍宗丸을 쓰면 효과가 있다고 했다. 오자연종환은 구기자, 토사자, 복분자, 차전자, 오미자 등 '다섯 가지 약재로 가문을 이어간다'는 뜻을 담고 있다. 여자의 경우 월경이 불순하면 임신이 어렵다 하고, 어떠어떠한 약재를 이용해서 어떻게 약을 만들고 어떻게 복용하는지를 각각 설명해두었다. 온경탕溫經湯, 여금단女金丹, 백자건중환百子建中丸 등이 그것인데, 오늘날 흔히 개소주라 부르는 무술주戊戌酒에 대한 설명도 보인다.

『언해태산집요』는 임신이 가능한 시기와 열 달 동안 태아의 성장 과정에 대해서도 밝혀두고 있다. 임신의 적기는 '부인의 월경이 그치고 체액이 갓 나올 때'라고 적었다. 그때 자궁이 열려 남자의 정기를 받으면 임신이 된다고 했다. 이어서 잉태가 되어 태아가 열 달 동안 자라는 과정을 기술하고 있는데, 첫 달에 속의 피가 엉기어 한 방울 이슬처럼 맺힌 것을 배胚라 하고, 2개월째에 복숭아 꽃잎처럼 변한 것을 운腪이라 하며, 3개월째에 남녀의 형상이 구분되면 태胎라고 했다. 열 달을 넘겨서 태어나면 부귀하고, 달을 채

백자태항아리, 높이 27.6cm, 17세기, 서울역사박물관. 왕가에서는 아기가 태어나면 태를 백자 항아리에 담아 밀봉하여 태실에 봉안했다.

우지 못하고 태어나면 가난하고 요절한다
고도 적었다.

현대에는 의학기술이 발달해 임신
이 되었는지 아닌지를 쉽게 판단
할 수 있다. 임신진단시약, 소변
검사, 초음파 등으로 착상 후 오
랜 기간이 지나지 않아도 정확한
진단이 가능하다. 하지만 불과
30~40년 전만 해도 월경을 두세
달 거른 뒤에야 임신인지 아닌지 가늠
해볼 수 있었다. 조선시대에는 아기
를 뱄는지를 어떻게 판단했을까?

『언해태산집요』에는 태기胎氣를 관찰하는 방
법으로 두 가지를 제시하고 있다. 첫째는 진맥이
다. 여자가 임신을 하면 평상시와는 달리 맥이
빨라진다고 한다. 둘째는 신방험태산神方驗胎散
같은 약을 쓰는 방법이다. 맥이 빠르긴 하나 임
신인지 다른 병인지 의심되면, 신궁궁이와 당귀
를 섞어 조제한 가루약을 물에 타서 먹이는데,
이것을 먹고 4~6시간이 지난 뒤에 배꼽 아래가

열쇠패(위), 기자도끼(아래 왼쪽), 기자도끼 노리개, 조선 후
기, **국립민속박물관**. 시집갈 때 자식과 재물이 주렁주렁
달리도록 친정어머니가 넣어주던 것이 열쇠패이고, 아들
낳기 바라던 부녀자들은 몸에 기자도끼를 지니고 다녔다.

자주 꿈틀거리면 임신이라고 판정했다.

그런데 진맥이나 시약을 통한 진단이 그리 정확하지는 않았던 것 같다. 임신인 줄 알고 부인병을 방치했다가 죽음에 이른 일이 종종 일어났던 것이다. 정조 때 좌의정을 지낸 유언호俞彦鎬의 며느리 김씨는 오랫동안 아이를 기다리던 중 태기가 있어 가족 모두가 기뻐했는데 나중에 보니 임신이 아닌 병이었다. 유언호는 죽은 며느리를 위해 쓴 제문 「제자부김씨문祭子婦金氏文」에서 "증세가 여러 번 변하여 의심하는 사이에 약을 제때에 쓰지 못하고 두려움에 떤 것은 조심하고 삼가려는 마음에서였다. 혈전으로 인해 배가 나온 것을 태아의 형상이라 여겼으니, 좋은 일이라 여겼던 것이 도리어 흉한 일의 빌미가 되었구나"라며 탄식했다. 정조·순조 때의 양명 학자 신대우申大羽 역시 둘째 딸을 그렇게 잃었다. 임신인지 아닌지 의심하다가 병을 키웠고, 부모는 숨이 잦아드는 딸의 손을 쓰다듬으며 애통해해도 이미 어쩔 수 없는 일이었음이 「제망녀문祭亡女文」이란 글을 통해 전해진다.

한밤중 우물가가서 의식 치르기
딸을 아들로 바꾸는 비법?

일단 임신한 사실을 알게 되었을 때 뱃속의 아이가 아들일까 딸일까를 궁금해하는 것은 동서고금을 막론하고 모든 임신부와 가족의 마음일 것이다. 남아선호가 유별났던 조선 후기에는 태아가 아들이기를 바라는 마음에 그 궁금증이 훨씬 컸을 것이다. 『언해

『태산집요』와 『규합총서』는 모두 태아의 성별을 예측하는 민간의 속신과 여아를 남아로 바꾸어준다는 '비법'을 전달하고 있다.

태아의 성별 감별법으로 먼저 제시된 것은 임신부의 배 모양을 관찰하는 방법이다. 오늘날에도 출산 경험이 있는 윗세대 여성이 젊은 임신부에게 흔히 그런 이야기를 하는 것을 보면, 배 모양으로 태아 성별을 예측하는 법은 통계상 어느 정도 타당성이 있다. 그런데 제시된 또 다른 방법 가운데 의학적인 판단과는 무관해 보이는 것이 많이 있다. 예를 들어 뒷간에 가는 임신부를 남편이 뒤에서 불렀을 때 왼쪽으로 돌아보면 아들이고 오른쪽으로 돌아보면 딸이라는 식이다.

『언해태산집요』와 같은 의서에도 딸을 아들로 바꾸는 방법이 실려 있는데, 『규합총서』에서는 더 많은 방법을 제시하고 있다. 석 달까지는 아직 남녀가 정해지지 않기 때문에 방술로 딸을 아들로 바꿀 수 있다는 믿음은 당시로서는 의학 지식이었다. 『언해태산집

문홍 숙고사 저고리, 길이 34.5cm, 조선 후기, 숙명여대박물관.
조선시대 남아가 입었던 조고리다.

「평생도」중 돌잔치, 작자미상, 조선 후기, 국립민속박물관

요』가 소개한 비법들은 조선시대 의원의 초시 과목 중 하나였던 원나라 의서 『득효방得效方』, 송나라 진자명이 편찬한 의서 『부인대전婦人大全』 등에 근거하고 있다.

『규합총서』에 제시된 예를 들면 이렇다. 남편이 장날에 새 도끼자루를 친히 만들어서 임부 몰래 상 아래 두면 여태가 남태로 바뀐다는 것. 만일 의심스러우면 암탉이 품은 알을 가지고 시험해보라고 했다. 또 원추리 꽃술을 왼쪽 머리에 꽂는다든가, 활시위를 100일 동안 허리에 두르고 있으라 하고, 그렇게 해서 효험을 본 사람이 1000만 명이나 된다고 적었다. 아기 아빠의 머리털과 손톱 발톱을 베어서 임부의 침상 아래 몸 닿는 데 두는 것도 효험이 있다고 했다. 그리고 양의 정기를 온전히 갖고 있다는 일명 단계丹鷄, 꼬리까지 온몸이 붉은 수탉을 잡아먹는 것도 효과가 있다면서, 닭을 어떻게 잡고 어떻게 요리하고 어느 부분을 먹고 어떻게 뒤처리를 하는지 소상히 적었다.

마지막에 제시된 비법은 다소 위험해 보인다. 3개월이 안 된 임부가 삼경三更에 남편의 관과 옷을 입고 남몰래 집 안에 있는 우물가에 가서 왼쪽으로 세 번 돌고 우물에 그림자를 비추고 돌아오되 뒤를 돌아보지 말라는 것이다. 딸만 열을 낳은 어떤 사람이 이 방법을 쓴 뒤 아들을 얻었다는 『박물지』의 기사를 인용해놓기까지 했다. 임신 3개월 미만이면 유산의 위험이 높은 시기다. 한밤중에 혼자 우물가에 가서 이런 의식을 치르자면 무섭기도 할 텐데, 아들을 바라는 간절한 마음이 이런 속신을 낳았을 것이다.

『규합총서』의 저자는 마지막에 이렇게 적었다. "무릇 수태한 초기에 남녀가 각각 나뉜다 하니 어찌 여아를 남아로 바꿀 수 있겠는

「삼불제석」, 84.0×63.5cm, 19세기 말, 개인. 자손 점지를 관장하는 신이다.

『규합총서』, 동경대. 딸을 아들로 바꾸는 법이 소개되어 있다.

가마는, 의서에도 그런 기록이 있고 세속에도 경험한 사람이 있으므로 쓴다." 그리고 만일 담이 크지 않은 임부라면 한밤중에 놀라서 유산할 수 있으니 조심하라고 경고한다. 딸을 아들로 바꿀 수 있다는 속신과 비법들을 인용해놓고는 있지만, 빙허각이 그런 이야기를 모두 사실로 믿었던 것 같지는 않다.

온 집안이 함께 하는 태교

『규합총서』「청낭결」첫머리는 『내칙』에서 옛 부인들의 태교법을 인용하고 있다. '티줌댱니법胎中將理法'이란 제목을 지어 이어지는 내용에는 임신부의 바른 몸가짐에 대한 부연 설명이 적혀 있다. 옷을 지나치게 덥게 입지 말 것, 밥을 배부르게 먹지 말 것, 약을 함부로 쓰지 말 것, 무거운 것을 들지 말 것, 힘에 겹게 일하지 말 것, 지나치게 애를 태우거나 성내지 말 것 등등. 달이 찬 뒤에 머리를 감거나 발을 씻지 말라고 한 것은 허리를 굽히는 자세가 임부에게 힘겹고 만삭인 상태에서 태아에게 부담을 줄 수 있기 때문일 것이다.

「백자도구미」(8폭 병풍 중 제6폭), 종이에 채색, 60.0×34.0cm, 20세기 전반, 국립민속박물관. 「백자도」는 여러 사내아이의 노는 모습을 그린 그림으로 '多男子'의 소망을 담았다.

이밖에도 임부가 유념해야 할 구체적인 금기 사항이 있었다. 『언해태산집요』는 명나라 이천이 지은 전통 의학서 『의학입문』을 인용해 임신했을 때 부부 합방을 금해야 한다고 했다. 또한 피해야 할 음식으로 말고기, 개고기, 토끼고기, 새고기, 닭과 오리의 알, 비늘 없는 물고기, 생강과 마늘, 율무와 보리기름, 비름, 후추 등을 언급하고 있다. 『규합총서』는 금기 음식의 부정적 효과를, 예를 들어 말고기나 비늘 없는 생선을 먹으면 난산한다든가, 개고기를 먹으면 아이가 울지 않는다든가, 자라고기를 먹으면 아이 목이 붙는다는 식으로 기술해놓았다. 오늘날 임산부들도 오리고기를 먹으면 손가락이 붙은 아이를 낳는다 하여 기피하는데, 의학적인 근거가 있건 없건 임부는 그러한 속신들로부터 완전히 자유롭기 어렵다.

음식에 관한 금기 외에 중요하게 지적된 것이 '퇴살금긔胎殺禁忌'다. 태아를 해치는 나쁜 기운에 대한 경계인데, 임부는 그러한 '태살 노는 곳'을 일절 피해야 한다 하고, 피해야 할 때와 장소를 자세히 기록해두었다. 예를 들어 '월유퇴살소직月遊胎殺所在'를 보면, 정월에 방과 침상, 이월에 창과 지게문, 삼월에 문과 당, 사월에 부엌, 이런 식으로 어느 달에는 어떤 장소에 태살이 있으니 조심하라고 했다. 갑기일甲己日에 문, 을경일乙庚日에 방아와 맷돌같이 특정한 날에 피해야 할 태살도 있다. 『규합총서』의 저자도 태살을 경계해야 한다는 믿음을 굳게 갖고 있었다. "칼에 범한 자는 형체가 반드시 상하고 흙에 범한 자는 구멍이 막히고"

『태교신기』, 25.2×17.0cm, 1801, 존경각.

그 징험이 손을 뒤집는 것과 같이 명백하니 경계하라고 당부하고 있다.

『규합총서』의 내용이 태교의 실천적인 면에 한정된 반면, 사주 당 이씨의 『태교신기』는 임신부가 유념해야 할 태교의 구체적인 방법뿐 아니라 태교가 왜 필요하고 중요한지에 대한 원론적인 설 명을 시도하고 있다. 잉태 전에 아비의 바른 몸가짐에서부터 태교 가 시작된다고 본 『태교신기』의 관점은 태교 개념을 새롭게 정의 한 셈이다.

또한 사주당의 태교론은 태교의 책임을 임부에게 한정하지 않

고 그 주변 사람들에게로 넓혀 보았다는 점에서 독특하다. 즉 임부에게 화를 내거나 두렵게 하거나 놀라게 하지 않도록 조심하라고 했는데, 그러자면 온 집안사람이 원인 제공을 하지 않도록 항상 거동을 조심해야 한다는 말이다. 예를 들어 임부가 두려운 마음이 들면 태아의 정신이 병들게 되니, 임부가 두려워할 만한 이야기를 주변 사람이 하지 않도록 주의하라는 것이다. 이처럼 임부 스스로가 몸가짐을 바르게 해야 함은 물론이며, '태교는 온 집안이 함께 하는 것'임을 분명히 밝혔다.

"어미의 낯이 붉고 혀가 푸르면
　어미가 살고 자식이 죽는다"

임부가 아무리 몸가짐을 조심하고 마음을 다해 태교에 힘쓴다 해도 중간에 유산하거나 혹은 달이 차서 사산하는 일이 일어나기 마련이다. 열 달 전에 태아를 유산하는 것을 반산半産 또는 낙태落胎라 하는데, 『언해태산집요』와 『규합총서』 모두 이에 대해 적고 있다.

이 기록에 따르면, 임신한 지 3개월, 5개월, 7개월째에 낙태하기 쉬우니 더욱 조심해야만 한다. 만일 유산을 했다면 정상적으로 아이를 분만했을 때보다 열 배는 더욱 몸조리에 신경 쓸 것을 강조하고 있다. 비유컨대 정산正産은 다 익은 밤이 나무에서 저절로 떨어지는 것이라면, 반산半産은 익지 않은 밤을 베어낸 것과 같으므로 산모의 몸이 더 많이 상한다고 했다. 만일 낙태의 조짐이 보이

면 안태환安胎丸이나 금출탕苓朮湯 같은 약을 쓰거나 늙은 암탉을 삶은 물에 붉은 기장쌀로 죽을 쑤어 먹는 것이 좋다.

현대에는 초음파 검사 등을 통해 유산이나 사산을 확실히 알 수 있지만, 조선시대에는 주로 임산부의 얼굴이나 혀 색깔 등을 관찰해 이를 진단했다. 『부인대전』에 따르면, 유산기가 있을 때 '어미의 낯이 붉고 혀가 푸르면 어미가 살고 자식이 죽으며, 어미의 낯이 푸르고 혀가 붉으면 어미가 죽고 자식이 살며, 낯과 입과 혀가 다 푸르고 입에 거품이 나면 어미와 자식이 다 죽는'고 했다. 또한 임부가 배에 통증을 느낄 때 만일 배가 차면 태아는 죽은 것으로 진단했다.

유산의 위험을 막거나 죽은 태아를 꺼내는 약으로는 궁귀탕芎歸湯을 많이 썼다. 궁귀탕은 자궁 수축에 효과가 있는데, 산모의 분만을 돕는 부처님의 손이라는 뜻으로 불수산佛手散이라고도 한다. 죽은 태아를 꺼내기 위해서는 사향麝香과 같은 약재를 이용한 향계산香桂散을 주로 썼다. 돼지기름과 꿀을 섞고 술이나 어린아이의 오줌을 섞어 달인 물을 먹이거나, 누런 수소의 더운 똥을 임부의 배에 바르거나, 여성고如聖膏를 오른쪽 발바닥에 붙이면 효과가 있다고도 했다.

이밖에 출산이 임박했음을 알리는 징후들, 순산을 돕는 방법, 출산할 때 산모의 여러 자세, 출산 후에 포의胞衣, 즉 태반이 나오게 하는 법 등에 관한 기술이 『언해태산집요』에 자세히 실려 있다. 이처럼 보다 전문적인 지식은 『규합총서』에는 빠져 있다. 대신 순산을 기원하는 민간 의례에 대한 설명이 상세하다.

수태한 지 여덟 달이면 안산방위도安産方位圖와 최생부催生符와 차지법借地法을 주사朱砂로 써서 산실産室 북쪽 벽에 붙이고, 애기가 나오려 하거든 차지법을 세 번 읽고 최생부를 출산 시 바늘에 꿰어 등잔불에 날리지 않게 살라서 더운 물에 타 먹으면 묘하다. 이 법은 『보감寶鑑』에 있다.(『규합총서』「청낭결」)

안산방위도는 출산할 때 해산할 방과 태반을 묻는 곳을 정해주는 방위도인데, 열두 달에 각각 1장씩이다. 최생부는 출산을 빨리하게 하는 부적이다. 차지법은 '아기 낳을 땅을 빌린다'는 뜻의 축문이다. 『규합총서』의 저자는 이것이 『동의보감』에 있는 처방이라고 밝혀두었다.

의서에도 이러한 민간 신앙적인 처방이 포함되어 있음은 주목할 만하다. 안산방위도에 대한 설명 외에도 『언해태산집요』에는 '양법禳法[방즈ᄒ야 수이 나케 ᄒᄂᆞᆫ 법이라]'이라 하여 순산을 돕는다는 푸닥거리, 산실을 준비하는 의례 등을 밝혀놓고 있다. 산실을 마련할 때는 좋은 날을 가려서 주사를 묻힌 붓으로 산도産圖를 그려서 벽에 붙이고, 축문을 써서 산도 아래에 붙인 뒤 축문을 읽는다고 했다.

오래전 무巫와 의醫가 분리된 뒤에도 이러한 부적과 미신이 상당기간 의료에 이용되었다. 17세기의 문인 학자인 김창협의 누이동생과 둘째 딸처럼, 조선의 명문가 여성들도 출산 직후에 요절하는 일이 드물지 않았다. 아이는 낳았지만 태반이 나오지 않거나 유선염이 악화되어 죽는 일도 흔했다. 조선시대 여성들에게 출산은 신분의 높고 낮음을 막론하고 삶과 죽음의 경계를 넘나드는 일대의

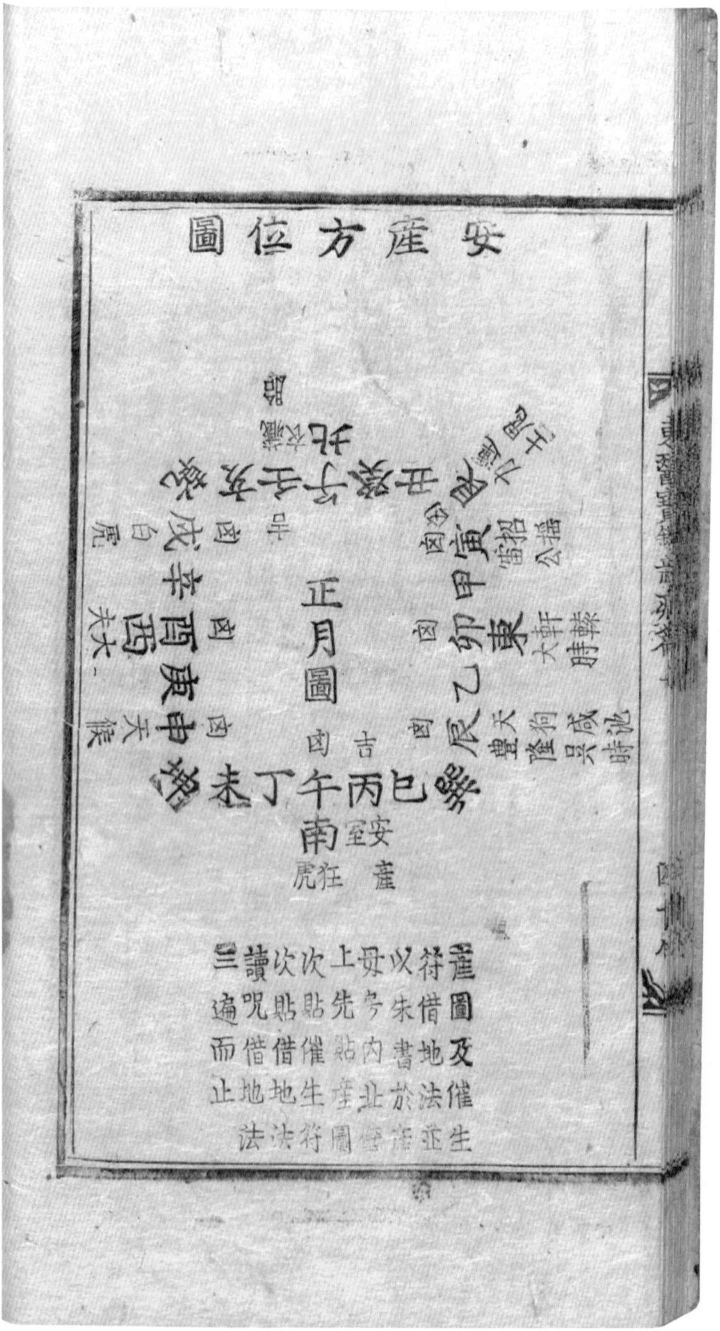

安産方位圖

正月圖

安産室

南

子
癸丑　甲寅
乙卯
辰巳
丙午　丁未
庚申
戊辛酉
狂虎

產圖及催生
以符借朱書貼於產室活法
安次先貼催生符
上貼催生符
次貼借地符圖
讀呪三遍而止
借地法

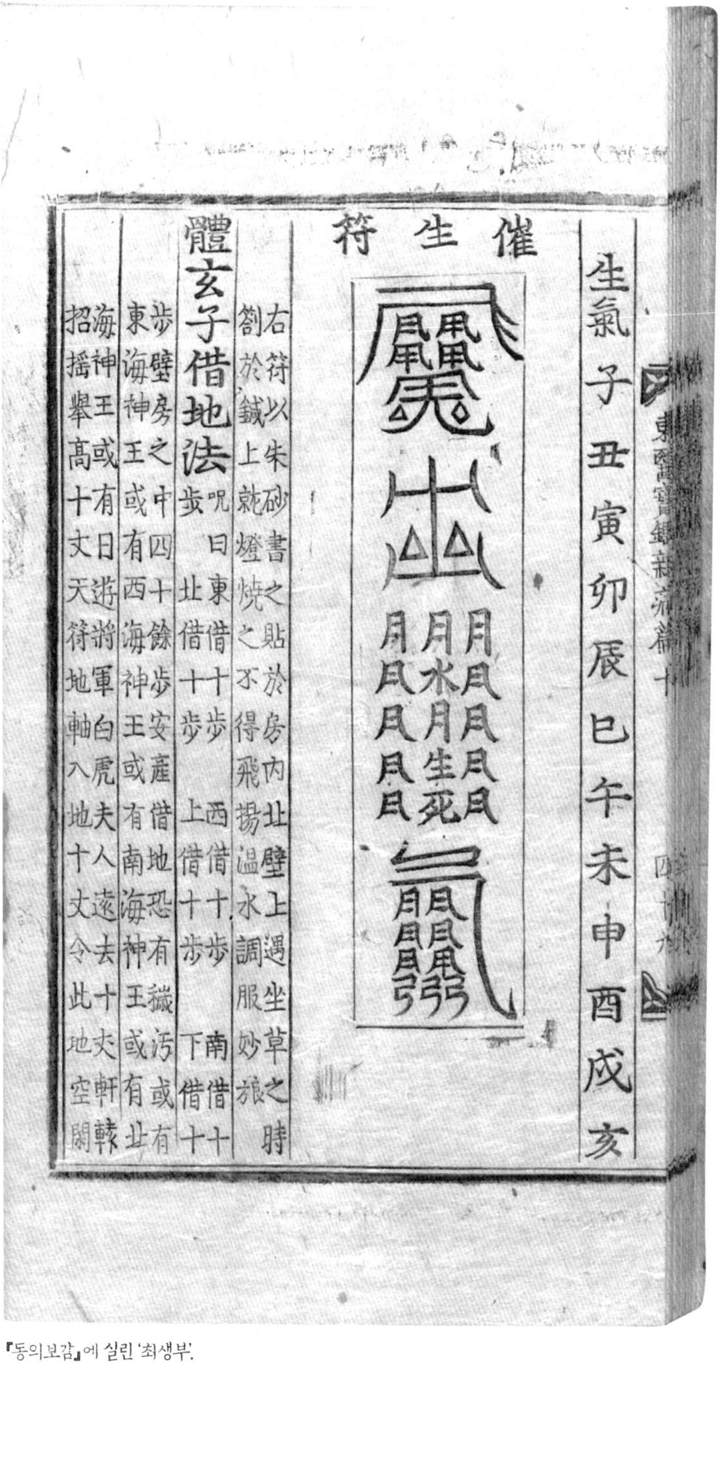

生氣子丑寅卯辰巳午未申酉戌亥

催生符

　　　　氣

體玄子借地法

右符以朱砂書之貼於房內止壁上劃於鐵上就燈燒之不得飛揚温水調服妙旅遇坐草之時

呪曰北借十步東借十步西借十步南借十步上借十步下借十步壁房之中四十餘步安產恐有穢污或有

東海神王或有
西海神王或有
南海神王或有

招海搖擧王高或十有丈日天遊符游地軍軸白虎地夫十丈遠去此地丈空軒轅

『동의보감』에 실린 '최생부'.

「순조태봉산도純祖胎封山圖」, 종이에 엷은색, 101.2×62.3cm, 1806, 장서각. '태봉도'는 국왕의 태를 묻은 태실과 주변의 지리적 형세를 그린 그림이다.

모험이었을 터이니, 순산을 기원하는 민간 의식들을 한갓 미신이라고 비웃고 말 일은 아니다.

*

『규합총서』 「청낭결」에는 의학적 지식을 토대로 한 임신, 태교, 출산에 관한 여성들의 직·간접적인 오랜 경험이 녹아 있다. 『언해 태산집요』와 같은 의서에도 미신적인 처방들이 포함되어 있는 것을 보면, 과학으로 검증되지 않은 경험이나 믿음과 의학적 지식의 경계란 매우 모호해 보인다. 유학의 본말론에 입각해 태교의 중요성과 원리를 설파하는 『태교신기』에는 의학적 지식과 철학적 사유가 교차한다.

빙허각 이씨는 『규합총서』 「청낭결」 마지막에 이렇게 적었다. 부인의 임신은 태아 아비의 성을 받아 아비에게 돌려보내는 것이라고. 그것이 곧 삼종지도三從之道의 하나라고. 임신과 출산의 지식이란 면에서 사주당이나 빙허각의 시대와 오늘날 사이에 가장 큰 차이가 있다면, 아마도 이 대목일 것이다. 오늘날 임신과 출산은 더 이상 삼종지도를 구현하기 위해 여성의 신체를 도구화하는 과정이 아니기 때문이다.

8장

한자의 그늘을 걷어준
실용서들

조선 사람들의 한글 학습 교재

이영경

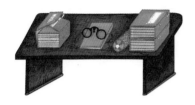

조선의 이중 언어생활

세계의 많은 문자 가운데 한글처럼 만든 사람과 만든 목적, 그리고 글자를 만든 원리가 분명하게 밝혀져 있는 문자가 또 있을까? 한글은 문자사에서 참으로 특별한 존재가 아닐 수 없다. 하지만 한글이 더욱 특별한 것은 그것이 언어에 대한 깊은 이해를 토대로 매우 과학적인 원리에 의해 만들어진 문자라는 점이다. 한글이 세계의 많은 학자로부터 그 우수성을 인정받는 것은 바로 이 때문이다.

그런데 이처럼 우수한 문자가 일찌감치 만들어졌는데도 한글은 조선조 내내 문자생활의 주역이 되지 못했다. 조선은 입으로는 한국어를 말했지만 글은 한자(한문)로 쓰는 독특한 어문 구조를 가진 국가였다. 한 언어집단이 자신들의 고유한 문자가 없어서 다른 민족의 것을 빌려 쓰는 일은 그리 드물지 않지만, 조선의 경우가 독특한 것은 자기만의 고유 문자가 만들어졌는데도 이전의 언어 관습을 그대로 유지했다는 데 있었다. 말하자면 법 행정 차원의

用字例

初聲ㄱ。如감爲柿。ㄱ。如·골爲蘆。ㅋ。如우케爲未舂稻。콩爲大豆。ㆁ。如러울爲獺。서에爲流凘。ㄷ。如·뒤爲茅。담爲墻。ㅌ。如고티爲繭。두텁爲蟾蜍。ㄴ。如노로爲獐。납爲猿。ㅂ。如불爲臂。:벌爲蜂。ㅍ。如·파爲蔥。·풀爲蠅。ㅁ。如:뫼爲山。·마爲薯藇。

공식적인 문자 행위는 물론이고 학문활동을 비롯한 모든 지적·고차원적 문자생활은 한자로 이루어졌고, 다만 사적인 영역에서 한글이 쓰이는 이른바 다이글로시아Diglossia 양상*이 조선 말기까지 이어졌던 것이다. 이러한 이원적 구도는 상층부인 양반은 주로 한자로, 기층부의 백성이나 여성은 한글로 문자생활을 하는 계층 간의 차이로 이어졌다.

이렇듯 국가의 공식 문자가 한자였기에 이에 익숙한 양반 계층은 공적·사적 문자생활을 영위하는 데 크게 불편함이 없었을 것이다. 세종이 한글을 만들었을 때 최만리 등이 즉각 반대 상소를 올렸던 것도 기본적으로 문자생활에 불편함을 느끼지 못했기 때문일 것이다. 그렇다면 양반들은 한글이 반포된 뒤에도 일반 백성이나 여성들만 쓰는 문자라 여기고 자신들은 한글을 쓰지도 배우지도 않았을까?

이에 대한 답은 한글 창제 후 불과 1세기도 되지 않은 시점인 16세기부터 양반들에 의해 쓰여 전해오는 적잖은 한글 자료가 잘 말해준다. 16세기의 대표적 문인이었던 송강 정철을 비롯한 양반들이 남긴 한글 가사와 시조작품들, 그들이 남긴 여러 편의 한글 편지는 양반들의 삶에도 한글이 깊이 스며들어 있었음을 보여준다. 이런 모습은 조선 후기로 갈수록 더욱 짙어졌다. 한글로 편지를 쓰고 글을 지으려면 한글에 익숙해야 했고, 그러려면 우선 한글

* 한 언어사회 안에서 두 변이어가 그 위상을 달리하며 쓰이는 양층 언어 구조. 두 변이어는 상하 위로 우열의 사회적 인식이 뒤따르며 기능적으로도 제각기 달리 활용된다. 조선의 다이글로시아는 문자생활에서 상층부는 한자(한문)를, 하층부는 한글을 사용했던 이중적 문자생활을 말한다.

부터 배워야 했던 것이다.

이렇게 한글은 양반들에게 한문 대신 자신의 의사나 정서를 표현하는 또 다른 수단이기도 했지만, 양반들이 한글을 배워야 했던 데는 더 큰 이유가 있었다. 바로 공식 문자인 한자를 좀더 효율적으로 배울 수 있게 해주는 통로가 한글이었던 것이다. 이로 인해 한글은 곧 한자 학습을 위한 도구로 쓰였다.

1527년에 간행된 한자 학습서 『훈몽자회訓蒙字會』에는 한글이 한자 학습에서 어떤 효용성을 갖는지, 그리하여 왜 한글을 배워야 하는지가 단적으로 드러나 있다. 당시 대표적인 역학자였던 최세진은 기존의 한자 학습서인 『천자문』이나 『유합類合』

『훈몽자회』, 1527, 규장각한국학연구원. 한자에 한글로 새김과 음을 붙여 간행했다.

등에 실린 한자들이 실생활과는 거리가 멀어 유용하지 못함을 비판하고 이를 보완한 새로운 한자 학습서를 엮으면서 그 범례에 다음과 같이 썼다.

변두리나 시골에 사는 사람들 중에는 반드시 언문을 이해하지 못하는 사람이 많을 것이다. 그렇기 때문에 지금 언문자모를 함께 기록하여 그들로 하여금 언문을 먼저 익히게 하고 다음에 『훈몽자회』를 익

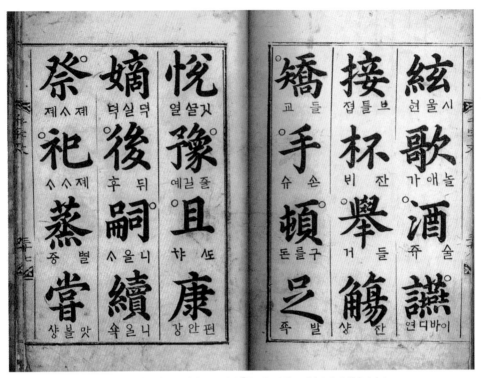

『석봉 천자문』, 40.7×26.4cm, 1770년 중간, 서예박물관. 기존의 『천자문』에 한글 새김과 음이 첨가되었다.

히면 깨닫고 가르치는 유익함이 있을 것이다. 문자를 통하지 못하는 사람도 언문을 먼저 배우고 문자를 안다면 비록 스승으로부터 교수받은 것이 없다 할지라도 또한 앞으로 문자를 이해할 수 있는 사람이 될 것이다.

언문을 깨치지 못한 사람들이 언문을 먼저 익히고 이 책의 한자를 익히면 배움에 유익함이 있을 것이라 하고, 이어서 범례 끝에 「언문자모諺文字母」라는 간단한 한글 학습 교본을 첨부해 한글

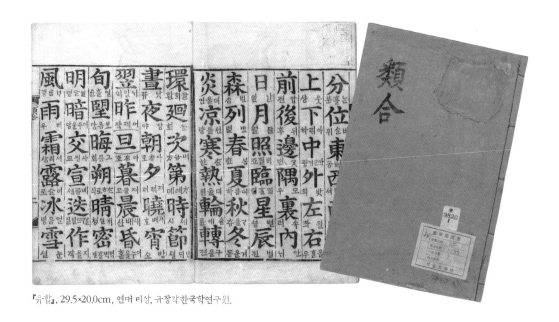

『유합』, 29.5×20.0cm, 연대 미상, 규장각한국학연구원.

학습을 앞서 할 수 있도록 했던 것이다. 그리고 본문에서는 수록 한자에 한글로 새김과 음을 달아 선행된 한글의 이해를 바탕으로 한자 학습을 하도록 해놓은 것이다. 비슷한 시기에 『천자문』 등 기존의 한자 학습서들도 한글 새김과 음이 달린 형태로 간행되기 시작하면서 이제 한글을 이용한 한자 학습은 일반화되기에 이르렀다.

한글의 활용은 한자 학습에 그치지 않았다. 16세기 후반으로 접어들면 유교의 기본 경전인 『소학』과 사서삼경의 언해가 완성되어 그 언해본이 경전 학습에 적극 활용되었다. 언해본이 나오기 전에 경전 학습은 대체로 스승의 구술을 기억하는 방법으로 이루어졌을 것이다. 물론 구결을 기입하는 등의 방식으로 학습의 효율을 어느 정도 높였겠지만 그것으로 학습 내용을 완전히 재생하는

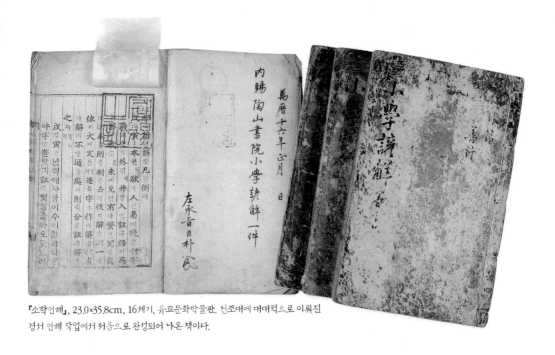

『소학언해』, 23.0×35.8cm, 16세기, 유교문화박물관. 선조대에 대대적으로 이뤄진 경서 언해 작업에서 처음으로 완성되어 나온 책이다.

데는 한계가 있었으며 결국은 기억에 의존할 수밖에 없었을 것이다. 그러다가 국가 주도로 경전들의 언해가 완성되고 그 언해본들이 경전 해석과 번역의 전범을 보여주는 것으로 절대 권위를 부여받으면서 이들은 실제 경전 학습의 교본으로 활용되기 시작한 것이다. 나아가 이들 언해본에 따라 과거의 강경 시험이 시행되면서 언해본을 통한 경전의 학습은 일상에 널리 퍼졌다. 요컨대 한글은 유교 경전을 배우는 데도 쓰임새가 좋은 필수 도구였던 것이다.

따라서 한자와 한문을 익히기 위해서라도 양반들은 한글을 가까이하지 않을 수 없었다. 이렇듯 한글이 쓰인 한자 학습서나 경서 언해가 거꾸로 한자의 주 사용자인 양반 계층에 한글을 널리 보급하는 역할을 했으니 참 아이러니한 일이다. 결국 양반들도 공식 문자생활은 한자로 했지만 글을 짓거나 편지 주고받기, 한자나 한

문 배우기 등 사적인 영역에서는 한글을 유용하게 썼다. 한글을 두고 흔히 서민과 여성의 문자라고 하지만 실상 한글의 보급은 양반 계층에서 먼저 이뤄졌음을 알게 되는 것 또한 흥미롭다.

양반가 여성들이 주도한 한글 교육
사찰과 서당의 역할

오늘날 한글은 정규 교육 과정의 첫 단계에서 익히도록 되어 있다. 현재 초등학교 1학년 국어 교과서는 한글 학습을 위한 단원이 첫 시작이며, 여기에는 여러 익숙한 단어를 통한 자모 익히기, 자모의 합자법 습득과 응용을 위한 다양하고 흥미로운 활동들이 실려 있다. 물론 대부분의 아이는 초등학교 입학 전 미리 한글을 익히지만 그럼에도 한글 학습은 엄연한 정규 교육 과정의 첫 관문인 것이다.

조선시대에는 한글을 어디서 누구에게 배웠을까? 이 당시 정규 교육 기관에서 한글을 가르쳤다는 기록은 찾기 어렵다. 실록에 세종이 한글을 창제한 뒤 이서吏胥 및 지방 관리를 뽑을 때 『훈민정음』을 시험하도록 했다거나 동궁이 서연書筵에서 배우는 과목에 '언문'이 포함되어 있었다거나, 세조 때 문과 초장初場에서 『훈민정음』을 강설하고 성균관 교육 과정에 『훈민정음』과 『동국정운』의 시험을 포함시키도록 청하는 예조의 계啓가 있었다는 등의 기록이 있는 것을 보면 당시에도 한글 교육과 학습이 꽤나 중요했음을 짐작할 수 있지만, 향교나 서당 등의 교육 기관에서 본격적으로 한

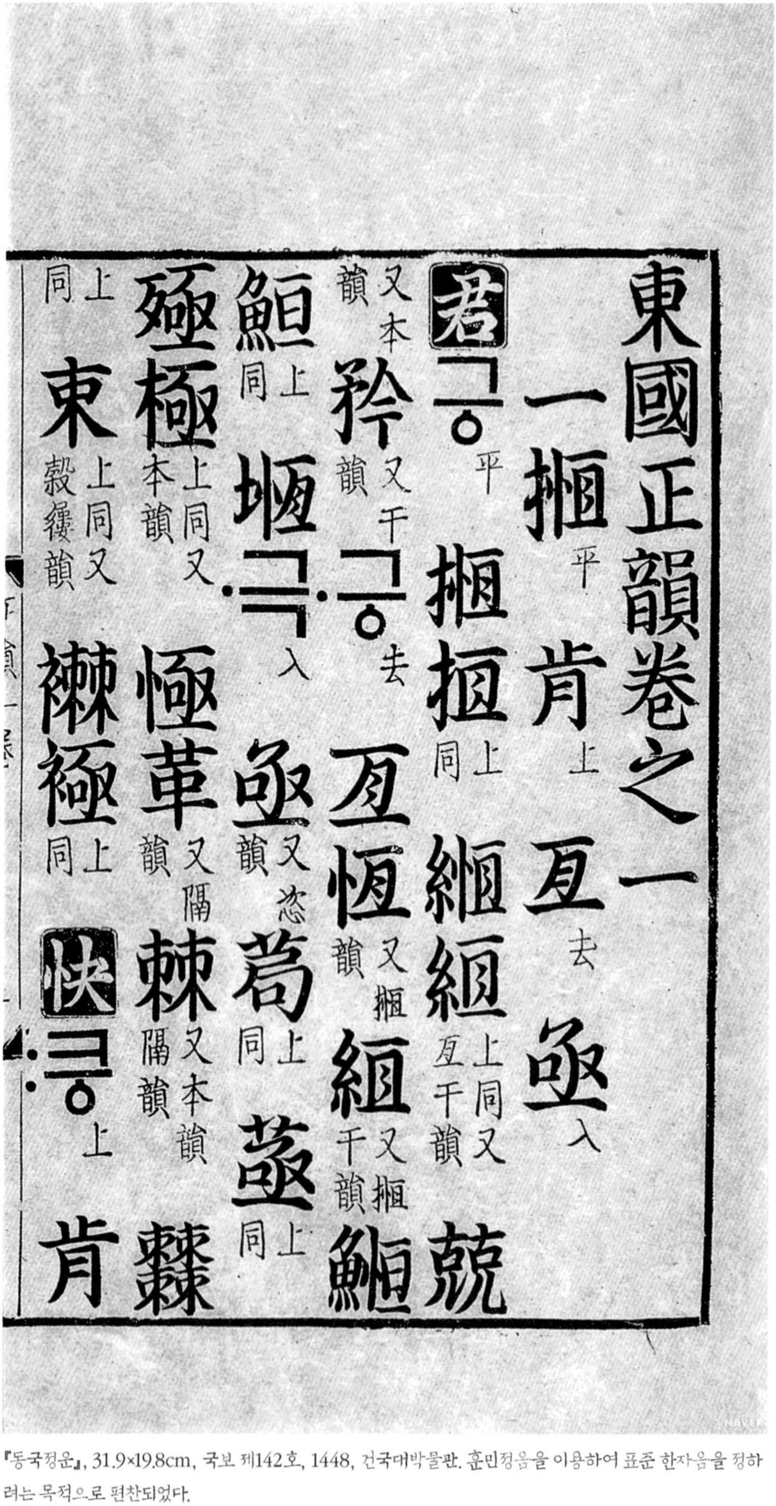

東國正韻卷之一

一揯 平　肯 上　亙 去　䞘 入

君 ㄱ

揯揯 緪緪 緪
亙恆 䧁 兢

給 ㄱ
氶 䔹 蒠
棘 㦷

殛極 㮙 棘
絚 革

囷 ㄱ

矜
魱 �履 ㄱ
亟恆
莄 棘

姫殛
束 殻糭韻

快 ㄱ
肯

『동국정운』, 31.9×19.8cm, 국보 제142호, 1448, 건국대박물관. 훈민정음을 이용하여 표준 한자음을 정하려는 목적으로 편찬되었다.

글을 가르치고 배웠다는 기록은 찾을
수 없다.

다만 민간에서 이뤄진
한글 교육과 관련해서
는 흥미로운 기록들을
찾아볼 수 있다. 1989
년 4월 경북 달성군 현풍 곽씨玄

風郭氏 문중에서 12대 조모祖母의 묘를 이장하던 중 다량의 한글 편
지를 발견했는데, 이 가운데 아이들의 한글 교육과 관련된 내용이
보인다.

즈식드란 여러히 잣스오니 우연히 요란히 너기옵시거냐 ㅎ옵노이다.
(…) 아으 즈식 둘란 게 잣습노 졔 언문 ㄱ르쳐 보내옵쇼셔 슈고롭스오
신 언문 ㄱ르치옵쇼셔 ㅎ옵기 젓스와 ㅎ옵다가 알외옵노이다.(『현풍곽
씨언간 2』)

혈녜노 패히 셩ㅎ며 복녜노 나를 싱각노가 뎌근둣도 닛디 몯ㅎ여 ㅎ뇌
쟈근 아기 언문 패히 빅화 버게 유무 수이 ㅎ라 ㅎ소.(『현풍곽씨언간
35』)

가온대 아기 언문 패히 빅홧다가 버게 뵈라 ㅎ소 셋째 아기도 이졔노
패히 셩ㅎ여 이실 거시니 언문 외와싯다가 뵈라 니르소 아마도 아히
둘 두리고 편히 겨소.(『현풍곽씨언간 39』)

첫 번째 편지는 곽주라는 이름의 문중 사대부가 장모에게 보낸
것인데, 외가에 가 있는 아이들에게 언문을 가르쳐 보내달라며 부

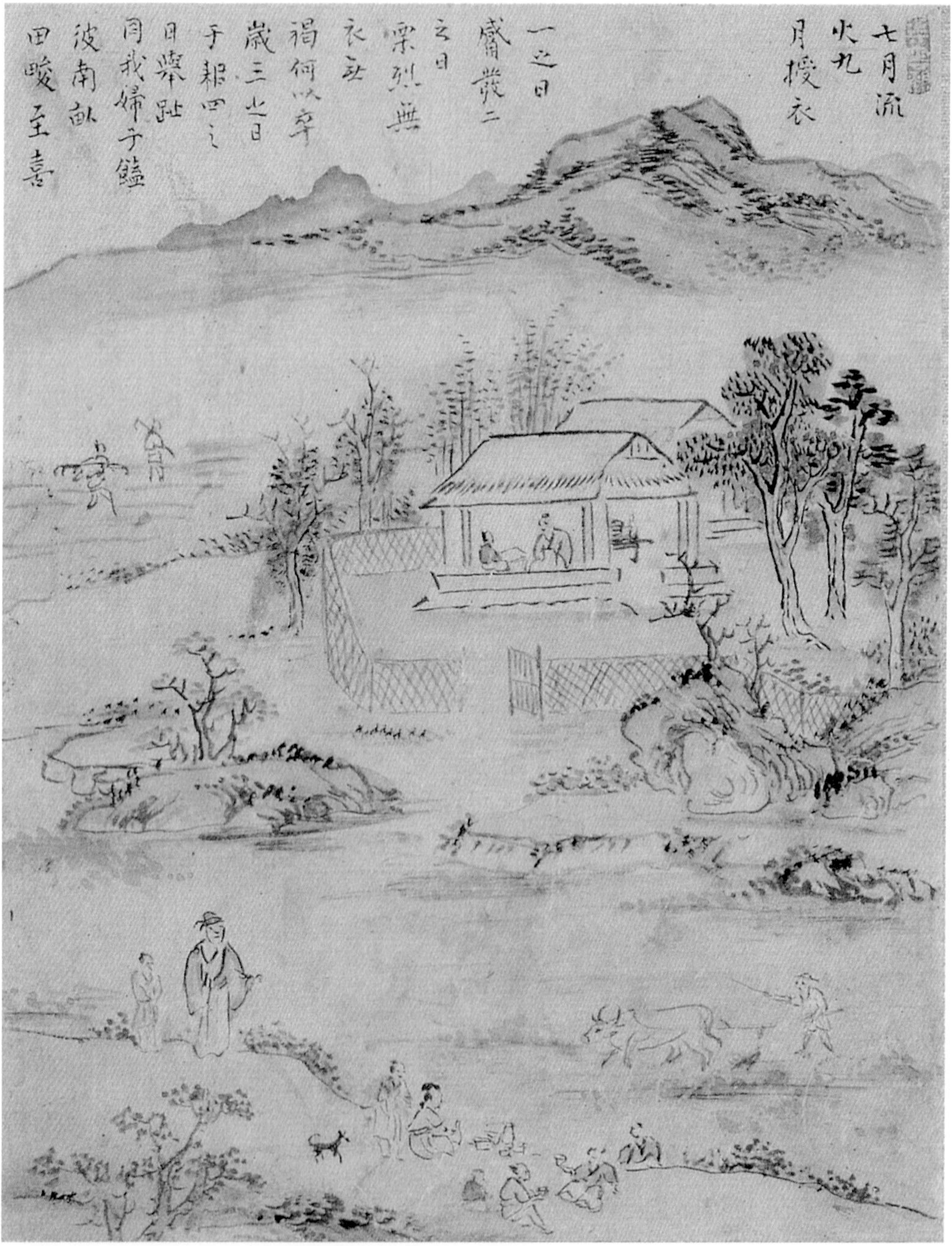
七月流
火九
月授衣
一之日
觱發二
之日
栗烈無
衣無
褐何以卒
歲三之日
于耜四之
日舉趾
同我婦子饁
彼南畝
田畯至喜

「빈풍칠월도」(1면), 이방운, 종이에 엷은색, 25.6×20.1cm, 조선 후기, 국립중앙박물관. 위쪽에 한 아이가 글을 배우는 모습이 묘사되어 있다.

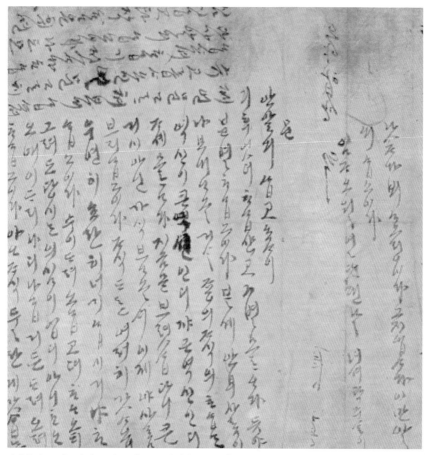

곽주가 장모에게 보낸 편지, 14.0×26.2cm, 1606년 이전, 국립대구박물관.

탁하고 있다. 두 번째와 세 번째 편지는 곽주가 무덤 주인인 부인 하씨河氏에게 보낸 편지로, 아이들이 언문을 배워서 자신에게 편지도 쓰고 나중에 자기 앞에서 외우는 모습도 보일 수 있도록 하라고 당부하는 내용이다. 17세기 초에 작성된 이 편지들은 양반가의 여성들이 어린 자제들의 언문 교육을 담당했다는 사실을 알려

준다. 아울러 당시 양반가 여성들이 언문에 능통했다는 것과, 양반가에서 아이들 한글 교육에 상당한 관심을 기울였다는 사실도 알 수 있다. 정조의 모친인 혜경궁 홍씨가 저술한 『한중만록』(1795~1805)에도 덕행이 높고 문식이 탁월한 '중모仲母'에게서 그 자신이 한글을 배웠다는 기록이 나와 양반가 여성들의 한글 교육이 조선 말기까지 흔하게 이뤄졌던 일임을 알 수 있다.

그러나 한글 교육을 전적으로 민간의 여성이 담당했던 것 같지는 않다. 비록 직접적인 기록은 없지만 서당이나 사찰 등에서도 한글을 가르쳤을 가능성은 충분히 있다. 앞서 살펴보았듯 서당에서의 한자, 한문 교육은 한글을 통해 이뤄졌기에 선행 학습 차원에서 훈장에게 한글을 배우거나 적어도 한글에 대한 소양을 점검받는 과정이 있었을 것이다. 사찰에서도 승려들이 불경을 익히는데 한글은 매우 유용한 수단이었으므로 어린 승려들을 대상으로 한 한글 교육이 행해졌을 듯하다. 불경이나 불서 가운데 앞에 한글 학습 자료가 함께 인쇄된 것이 여럿 있다는 사실이 이를 방증한다.

'가갸거겨 고교구규……'
반절표로 익힌 한글

그러면 조선 사람들은 실제로 한글을 어떻게 배웠을까? 문자를 배우려면 교재가 필요한데 조선시대에도 한글 학습 교재가 있었을까? 이에 대한 답은 개화기에 통용되었던 한 장의 특별한 글자

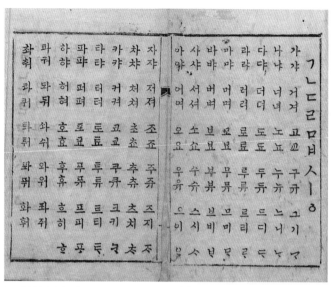

[표 1] 『신정심상소학新訂尋常小學』(1896) 권1의 반절표.

표에서 찾을 수 있다. 구한말 학부에서 간행된 국어 교과서 첫 부분에는 [표 1]이 실려 있다.

이 표는 받침으로 쓰이는 자음자를 제시한 다음 초성자와 중성자가 결합된 글자들을 쭉 배열해놓은, 흔히 반절표라 불리는 글자표다. '반절反切'은 원래 중국의 한자음 1음절을 표시하는 방식으로 예컨대 '東(동)'을 '德(덕/t/)+紅(홍/uŋ/)'처럼 표시하는 것을 말하는데, 한글의 초성과 중성을 결합해 1음절을 표기하는 방법이 이와 유사한 데서 일찍부터 한글을 가리키는 명칭으로 사용되기도 했다. 반절표는 이렇게 한글 자모의 결합 방식과 표기법을 쉽게 배울 수 있게 만들어진 간단한 한글 학습 교재다. 이것을 국어 교과서 앞에 실은 것은 교과서의 본문을 학습하기 전에 한글을 먼저

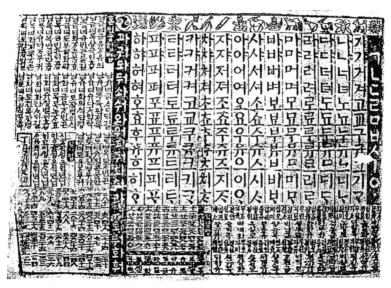

19세기에 방각본으로 판매된 반절표.

익히게 하려는 의도에서였을 것이다.

개화기 당시에 이러한 반절표가 한글 교육의 기초 교재 역할을 했다는 것은 여러모로 드러난다. 19세기에 한 장의 방각본으로 인쇄되어 판매된 반절표는 당시 민간에서도 이를 통해 한글 교육이나 학습이 이루어졌음을 말해준다.

이 반절표는 기본적으로 『신정심상소학』의 것과 동일하다. 그러나 혼자서도 쉽게 학습할 수 있게 각 행 상단에 '개(〈가히〉), 나비, 닭, 나팔(〈라팔〉), 말, 배, 사슴, 아이, 자, 채찍, 칼, 탑, 파, 해'와 같은 첫 글자의 독법을 암시하는 그림이 그려져 있고 혼인궁합법, 삼재법, 구구법, 육갑 등 일상생활에 요긴한 지식들이 함께 인쇄되어 있어 서민들이 유용하게 쓰도록 간행물로 제작되었음을 알

『객관최찬집』의 「언문서」, 1719.

수 있다. 이러한 방각본은 실용적인 면에서 한글 학습이 적잖이 요구되었음을 말해준다. 비슷한 시기에 간행된, 사찰에서 날마다 행하는 기본 의식을 설명한 『일용작법日用作法』(1869)이란 책 앞부분에도 같은 성격의 표가 실려 있어 사찰에서도 사정은 마찬가지였던 듯하다. 이 시기 한글 교육과 학습은 기본적으로 반절표에 의해 이루어졌던 것이다.

그렇다면 이러한 한글 교육은 언제부터 시작되었을까? 자료상 확인되는 최초의 반절표는 흥미롭게도 1719년(숙종 45) 일본에 간 조선통신사 일행이 일본인들에게 적어준 것들로서, 『객관최찬집客館璀粲集』『화한창화집和韓唱和集』이라는 일본 책에 각각 실려 있는 「언문서」 「조선언문」이라는 글자표다. 이것들은 일본인들이 요청해 사신들이 즉석에서 암기하고 있던 것을 적어준 것인데, 기억에 의존한 터라 약간의 오류가 있지만 개화기 반절표와 상당히 비

[상단]

사오다은벙어더는순셰다위 ▯ 州ᄒᆞ여와에잇州머

가니벙어묘고니라연조와움홈룬셰니가

菊溪 李祿年居昌人也年九歲父有惡疾詳年訃

捐出血和藥食之其疾卽瘳自予　國家旌表

其閭云 此我國之諺文必讀之而後可知而別

有本文十六行同

南溟 敢請書其全文而惠之 荀荐

云南溟字數幾許 荀荐書 一行十二字

云 朝鮮諺文 ▯ ▯

ㄱㄴㄷㄹㅁㅂㅇㅣ

玉蕊伊

[하단 우측]

가갸거겨고교구규그기ᄀᆞ

나냐너녀노뇨누뉴느니ᄂᆞ

다댜더뎌도됴두듀드디ᄃᆞ

라랴러려로료루류르리ᄅᆞ

마먀머며모묘무뮤므미ᄆᆞ

바뱌버벼보뵤부뷰브비ᄇᆞ

사샤서셔소쇼수슈스시ᄉᆞ

아야어여오요우유으이ᄋᆞ

자쟈저져조죠주쥬즈지ᄌᆞ

차챠처쳐초쵸추츄츠치ᄎᆞ

카탸파하

[하단 좌측]

쳐쵸쥬츄츠치쳐츠

파갸냐뱌뒈뒤좌저뎌화휘

돠뒤돠퓌좌져쥐화휘

히히ᄒᆞᄒᆞ

하햐허혀호효후휴

青泉

○云

賢從處欲送荊草及表情之物而不知從

何得傳乎　南溟 可付芳洲門人橋邊氏云青泉 明將

發行恐其人不來　南溟 然則使霞沼松公傳之青泉

云當依示

○問

菊溪 馬董子終不來見耶旣有重來之約日日

○印

『화한창화집』의 「조선언문」, 1719.

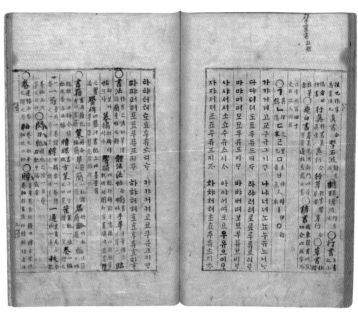

『재물보』의 「언서」, 1798, 규장각한국학연구원. 국내 문헌에서 최초로 나타나는 반절표다.

숫하다. 이러한 사실은 18세기 초에도 반절표가 한글 학습의 기초 교재로 널리 쓰였음을 말해준다.

그러나 반절표의 연원은 이보다 훨씬 더 거슬러 올라간다. 한글이 만들어진 뒤 최초의 한글 학습 교재가 된 것은 아마도 『훈민정음』 해례본의 「예의」, 즉 새 문자의 예시와 음가, 그 운용에 대해 해설한 부분이었던 듯하다. 초기 한글 문헌인 『월인석보』(1459) 권두에 이 부분이 한글로 언해가 되어 함께 실려 있는 것은 그것이 실제로 한글 학습 교재 역할을 했음을 말해준다. 그러나 한글로 번역되었다고 해도 자모의 음가를 한자음으로 설명하는 것 등은 한자에 익숙지 않은 초학자에게는 꽤나 어렵게 느껴졌을 것이다. 이에 한글 자모와 그 결합 방식을 좀 더 간단하고 쉽게 익힐 수 있는 한글 학습 교재가 필요했을 터인데, 1527년에 간행된 한자 학습서 『훈몽자회』에서 새로운 한글 학습 교본의 일단을 보게 된다. 「언문자모」라는 이름으로 범례 끝에 실린 이 교본에서 우리는 또한 후대의 반절표와 맥이 닿는 요소들을 발견할 수 있다.

『훈몽자회』 「언문자모」에서 보이는 중성의 순서나 초·중성 합용의 '가갸거겨…'가 후대의 반절표에 그대로 나타나는 것을 볼 때 반절표는 이 「언문자모」에 연원이 닿아 있음을 알 수 있다. 이를 보면 반절표는 적어도 16세기 초에는 있었을 가능성이 크며 그 뒤 오랫동안 조선 사람들의 한글 학습 교재로 쓰인 듯하다.

그러면 이러한 반절표를 교재 삼은 한글 교육은 실제 어떻게 이뤄졌을까? 쉽게 짐작되듯 반절표를 익히고 암기하는 것에서 한글 학습이 시작되었을 것이다. 반절의 초·중성합자들(가갸거겨…)과 받침자 8자(ㄱㄴㄷㄹㅁㅂㅅㆁ)의 이름을 차례로 외우는 방식이었

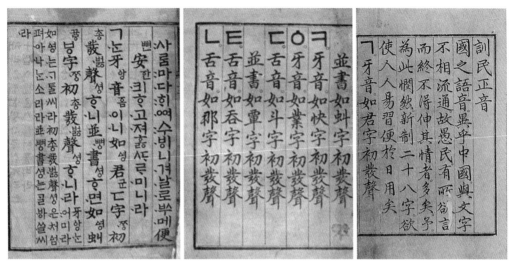

『훈민정음』해례본(오른쪽, 간송미술관)과 언해본(서강대 도서관)의 「어제서문」과 「예의」 첫 부분.

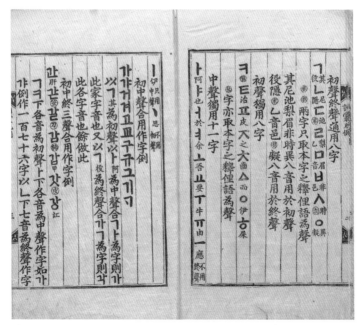

『훈몽자회』의 범례 끝에 수록된 「언문자모」. 자모의 분류나 순서, 명칭 등에서 오늘날 한글 자모의 원형을 보여주는 것으로 유명하다.

을 듯한데, 앞서의 『현풍곽씨언간』에서 곽주가 부인에게 아이가 "언문을 외웠다가" 나중에 자신에게 보이도록 하라고 한 것이나, 일본에 간 통신사가 자신이 암기하고 있던 반절표를 일본인에게 써준 사실은 반절표를 완전히 외우는 것이 한글 학습의 기본이었음을 말해준다. 이렇게 반절표를 암기한 뒤에는 받침법이나 된소리 표기법 등을 익히는 심화 과정이 이어졌으리라.

반절표를 익히고 암기하는 과정은 오늘날의 문자 학습 방법과 다르지 않았던 듯하다. 입으로 읽고 외우는 것은 물론이고 반절표의 글자들을 직접 써보기도 했을 것이다. 최근 학계에 보고된 한 자료는 이를 직접적으로 보여준다. 『논어언해』 이면지에 반절표를 연습 삼아 쓴 자료는 반절표를 암기하면서 그것을 쓰는 연습도 했음을 알려준다.

2011년 방영된, 한글의 창제를 소재로 한 드라마에서 세종의 명으로 한글을 전파하라는 임무를 띤 주인공이 민가의 아이들에게 한글을 가르치는 장면이 나오는데, 아이들이 '가갸거겨 고교구규……'를 노래로 부르면서 동네를 돌아다니는 모습이 있다. 드라마의 한 장면이지만 실제 이렇게 노래를 통해 반절표를 익혔을 가능성이 높다. 리듬에 맞춰 『천자문』을 외우는 모습이나 영어 알파벳 노래를 외워 부르는 모습은 지금도 흔히 볼 수 있지 않은가. 이는 노래가 문자 학습의 효과를 한층

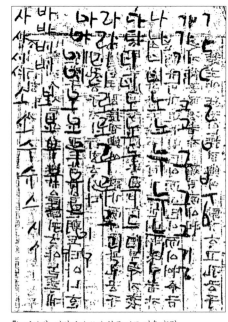

『논어언해』 이면지에 쓰인 한글 자모 연습 흔적.

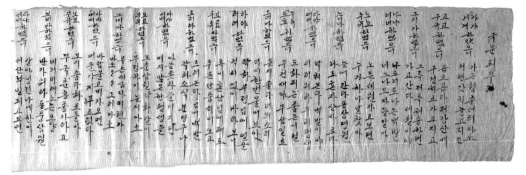

「국문되푸리」, 17.1×127.9cm, 20세기 중반, 개인. 한글 자모 순서에 따라 말을 만들어가며 말놀이하는 노래다.

높여주는 방법이기 때문이다. 실제로 한글 학습에 노래가 활용되었음을 알려주는 자료가 있다.

가갸거겨 ᄒ너 가이읍신 이너 몸이 도련임ᄒ테 쏙 붓들여 두슈읍시 되여구ᄂ 나냐너녀 ᄒ너 날기가 쏭갓트면 살살 기여 가게ᄉ면 읏지 ᄒᆼ여야 올탄 말가 노뇨누뉴 ᄒ너 녹슈청강 원낭시는 우리 두리 흥미로다 다댜더뎌 ᄒ너 다졍양긱개요 유의양요합이라 라랴러려 ᄒ너 ᄂᆨ라간는 원낭시 우리 두리 흥미로다 로료루류 ᄒ너 놀고 놀고 놀라 보셰 마먀머며 ᄒ너 마위당년학일다 ᄒ너 무졍셰월양유파라…… (홍윤표 소장 『춘향젼』에서)

위의 노래는 흔히 '언문뒤풀이' *로 불리는데, 단순히 반절표상

* 경기 잡가의 하나. 한글의 자모 순서를 배열해 말을 엮어나가며 부르는 노래로, 서울에서 주로 불렸으며, '가갸뒷풀이(뒷풀이), 가갸풀이, 국문풀이, 국문풀이타령, 언문뒤풀이, 언문풀이, 한글뒷풀이, 한글요' 등으로 다양하게 불렸다.

의 초성과 중성의 결합만을 보여주는 것이 아니라 해당 음절로 시작되는 노랫말이 이어짐으로써 자연스럽고 생동감 있게 어휘를 익히고 문장을 학습하는 단계까지 나아가게 한다. 노래로 된 좀 더 고급 단계의 한글 학습 교본인 셈이다. 한편 『춘향전』의 예에서 이러한 노래가 한글을 배우기 위한 용도만이 아니라 그 자체로 재미있는 놀이가 되고 있었음을 알 수 있다. 요즘 유행하는 '삼행시 짓기'와 비슷한 일종의 언어유희로, 당시 소설에도 삽입될 정도로 널리 알려진 놀이였던 것이다.

계급사회를 넘나든 한글

1446년 한글의 반포와 함께 간행된 『훈민정음』 해례본의 정인지 서문에는 이러한 내용이 있다.

> 지혜로운 이는 하루아침이 다 가기도 전에 알 수 있으며, 어리석은 이라도 넉넉히 열흘이면 배울 수 있다. 이 글자로 한문을 풀면 그 뜻을 알 수 있고, 이 글자로 송사訟事를 들으면 그 사정을 알 수 있다.

즉 한글은 똑똑한 사람이 배우는 데는 하루가 안 걸리고 어리석은 사람도 열흘이면 배울 만큼 쉽고 한문이나 이두문을 이해하는 데도 유용했다는 것이다. 한글이 과학적인 제자 원리로 만들어져 배우기 쉽다는 것은 세계적으로 널리 인정받는다. 오늘날 우리나라가 문맹률이 매우 낮은 국가에 속하는 이유에는 남다른

교육열도 있겠지만, 배우기 쉬운 문자를 가지고 있다는 이유가 클 것이다.

그렇다면 조선시대에 한글 사용과 보급은 실제로 어떠했을까? 배우기 쉬운 문자인 데다 반절표와 같은 학습 교재도 일찍부터 있었고 배움에 입문하는 이들에겐 한자와 한문 학습을 위해 먼저 알아야 했던 것임을 고려하면, 한글은 창제 후 빠른 속도로 확산되었으리라 짐작된다. 이를 구체적으로 보여주는 자료는 없지만 관련 기록과 자료들을 통해 창제 초기 한글이 어떻게 쓰였고 보급은 어떻게 확대되었는지 어느 정도 파악할 수 있다.

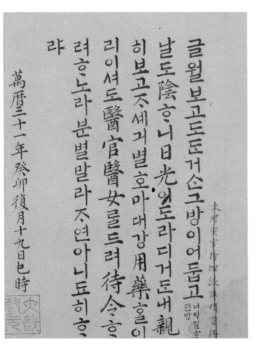

선조가 정숙옹주에게 보내는 편지, 『인목왕후어필』, 1603, 규장각 한국학연구원.

한글이 만들어진 직후부터 궁중은 한글이 가장 빠르게 전파되어 쓰인 공간이었다. 왕실 여인들이 한글 사용에 특히 적극적이었음은 이미 알려진바, 『조선왕조실록』에는 이들이 임금에게 한글로 자신의 생각을 써서 올리거나 궁중 안팎의 사람들과 한글 편지를 주고받거나 심지어 한글로 교지를 지어 내리기도 했다는 기록들이 일찍부터 나타난다. 왕실 여인들의 한글 사용과 관련된 최초의 기록은 1458년(세조 4) 중궁이 임금에게 김분, 김인의 감형을 언문으로 청했다는 기사이며, 성종대에는 폐비 윤씨 문제와 관련

된 중궁, 대비 등의 언문 사용 기사가 여러 차례 나온다.

그러나 그 이전인 1453년(단종 1) 궁중 시녀와 별감別監*의 사통私通 사건 관련 기사는 이들 왕실 여인뿐 아니라 궁녀들까지도 더 이른 시기에 한글을 쓰고 있었음을 말해준다. 수강궁**의 시녀 중비와 별감 부귀가 언문으로 된 연서를 주고받으면서 사통한 사실을 또 다른 시녀 묘단이 혜빈에게 언문으로 고자질해 승정원에서 이를 처결한 사건인데, 부귀가 시녀 월계에게 언문으로 서신을 중비에게 써주도록 청했다는 내용이 있는 것으로 보아 남성인 부귀는 한글을 몰랐던 듯하나 여성인 중비, 묘단, 월계 등 궁녀들과 혜빈은 모두 한글을 알고 있었던 것 같다. 훈민정음이 반포된 지 불과 7년이 안 되던 때였음에도 신분에 관계없이 궁중의 많은 여성이 한글 사용에 이미 익숙해졌을 정도로 한글은 조용하면서도 빠르게 그 저변을 넓혀갔던 것이다. 1465년(세조 11)에도 한 궁녀가 구성군龜城君 이준李浚에게 연모의 편지를 써서 환관을 통해 전달했다는 기록이 있는데, 이번에는 그 대상이 남성 왕족이라는 점이 흥미롭다. 양녕대군이 1451년 문종에게 언문 편지를 썼다는 기록을 시작으로 남성 왕족의 언문 사용 관련 기록도 일찍부터 등장하는 것을 볼 때 궁중은 남녀를 불문하고 한글 창제 직후부터 이를 가장 적극적으로 받아들여 쓴 공간이었던 것이다.

16세기가 되면 한글이 널리 확산되는 모습이 뚜렷이 드러난다.

* 조선시대에 장원서나 액정서에 속해 궁중의 각종 행사 및 차비差備에 참여하고 임금이나 세자가 행차할 때 호위하는 일을 맡아보던 하인.
** 1419년(세종 1)에 태종을 위해 창덕궁 동쪽에 지은 궁전. 1483년(성종 14)에 중건하고 이름을 창경궁으로 고쳤다.

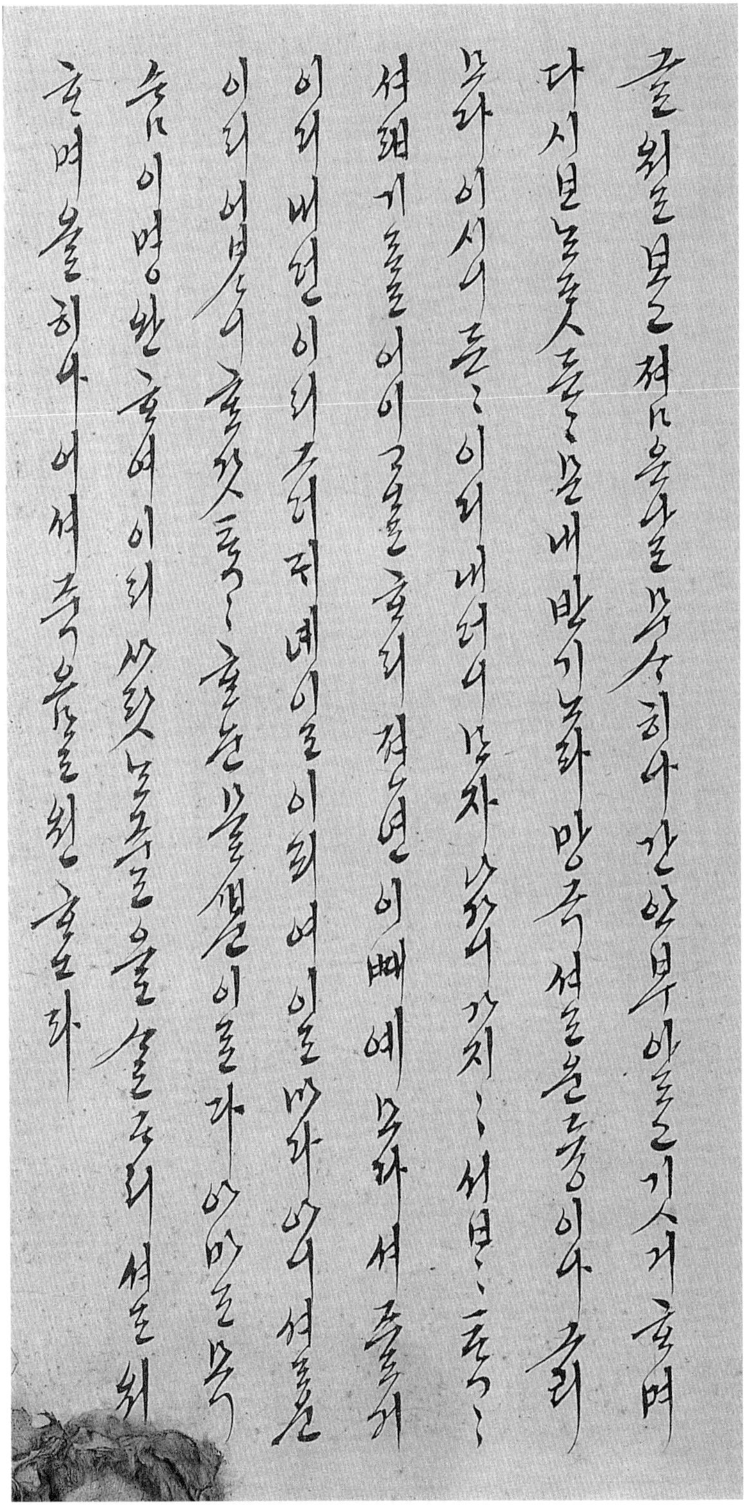

인선왕후(효종비)가 막내딸 숙경공주에게 보낸 언간, 42.0×29.0cm, 17세기 중엽, 먹남서실.

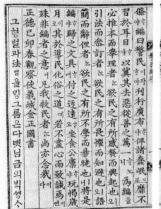

『경민편』, 김정국, 1678년 중간본, 규장각한국학연구원. 유교의 기본 윤리와 이를 어겼을 때의 처벌을 내용으로 하는 교화서로, 1519년 황해도 관찰사 김정국이 간행했다.

한글이 창제된 뒤 불서나 교화서 등이 번역되면서 여러 한글 문헌이 간행되었음은 널리 알려져 있는데, 15세기에는 한글 문헌을 중앙에서만 간행했다면 16세기로 접어들면서 지방에서도 간행물을 펴냈다. 1518년 김안국이 『이륜행실도』 『여씨향약언해』 『정속언해』 『잠서언해』 『농서언해』 『벽온방언해』 등 한글로 된 교화서와 농서, 의서를 경상도에서 간행했고, 1519년 그의 동생 김정국은 또 다른 교화서인 『경민편언해』를 황해도에서 펴냈다. 또한 한글 불서들이 지방에서 간행되기 시작한 것도 큰 변화다. 15세기 불경의 언해를 담당하던 간경도감이 폐지된 후 불경 간행을 각 지역의 사찰이 대신하면서, 1500년 『목우자수심결언해』를 시작으로 여러 불서의 중간본을 각지에서 자체적으로 펴냈고, 16세기 중·후

「여인이 밤에 책 보는 것」, 조선 말기, 국립민속박물관. 한글이 보급되면서 궁중이나 사대부가 여인들, 이후 평민 여성
에 이르기까지 독서 문화나 편지 쓰기가 널리 확산되었다.

前앞 割出精見호리니 離一切物호리라코 別有自性

이호도소 佛言호샤 如是如是難난니이라솔오 阿딕 알면

행내이 향제 河이 重듕 閣각 講강 堂땅 日실 月욇 서을머 보리딕 恒흥

손드 치는 거러 애이니 를머 우호로 이장 보마 논게 도고를

이며 다나 는 世솅 尊존하 物뮳디 아며 다는 이

믈어 며나 는 漏룸 잇는 처텸니라 호 見견도 能능 聲셩시 聞문호

올니타 리올타딕 샤 각 別뼐리 하니 제一性 성아 잇도소 이 따 부톄오

萬먼 이면 物뮳와 人 象 薦 前 切 에니 精정리러 호 見견을 能능 빼혀히

物이 無是見인 故로 雖大聖이샤 不能即

『대불정여래밀인수증요의제보살만행수능엄경』, 32.5×22.8cm, 보물 제1515호, 1462, 장서각. 세조의 친필을 바탕으로 한 해서체 한자에, 정방형의 고딕체 소자로 한글을 인쇄했다.

宣션州쥬ㅅ둉 圖원桂계ᄂᆞᆫ 招쵸州쥬ㅅ 사ᄅᆞ미라 城셩 萬만戶호ㅣ 죽거ᄂᆞᆯ
圖원桂계 共공 兵병馬마ㅣ 자바 가아 救구흐니 에도ᄂᆞ라
ᄲᅡ져 아니 救구흐니 에도ᄂᆞᆯ 흐
상宮 흠欽 게 위 처 거거ᄂᆞ러
무 ᄶᅩ샤 드려 주고ᄂᆞ라
교教 샬 ᄲᅢᆯ이 드려 ᄲᅡᆯᄋᆞᆯ 언ᄂᆞᆫ 수
보報더 圖원桂계 救구ᄒᆡ 데 물레디
아니ᄒᆞ고 모모로 萬만戶호
氏씨民민의 命명을 흐ᄂᆞᆯ 받고ᄂᆞᆯ 萬만戶호ᄯ
르陷함陳진ᄒᆞ야 紀긔ㅅ堂당애며
誠셩성엣 녁 黃황人인ㅅ사ᄅᆞᆷ들히
ᄉᆞ後후 子ᄌᆞ孫손 손ᄭᆡᄉᆞ샤忠튱等등
아니흐야 그리ᄒᆞᆫ뎌
식이
ᄂᆞ니라

『삼강행실도언해』, 33.0×21.0cm, 1481, 성암고서박물관. 조선시대 대표적인 윤리 교과서로, 1434년에 간행된 한문본 『삼강행실도』의 내용을 줄이고 그림 위에 한글 번역을 붙여 백성의 교화를 위해 사용했다.

님금이니르샤되녜의쳐엄의예손듸후리여든니기는네본믿음이아니라 오다가에예손듸들려주글가도녀

빅셩의게니르는글이라

기며도로혀의심혼뒤에손듸드럿던거시니나라히주길가도두려이제란너희그런의심

을먹디말오서로젼호여다나오면너희를각별이죄주디아니홀쁜니아니라그듕에예롤자바나오거나

조세아라나오거나후리인사롬을만히더브러나오거나아무란공이시면냥쳔믈론호여벼슬도호일거시니너희

싱심도젼의먹던모음을먹디말오셜리나오라이뜯들각쳐향슈의손듸다알외여시니싱심도의심말고모다나

오라내죵돌와이버이쳐조업순사롬들대되그내브졀업시샤믈주거무언호다가인호여나죵내

예게도주글거시오나라히평뎡혼후제엇디아니뉘으츠랴후믈며당병이황히도와평안도애고독호엿

고경샹젼라도애고플려졔샤히곧아니건너가면요소이머여부산동뇌인예돌를홀디

라틸분이아니라강남비와우리나라히드러가다분탕홀거시니그서기면너희조차

러주글거시니널러그젼으로수이나오라

「션조국문교서」, 75.0×48.8cm, 보물 제951호, 1593, 개인. 한문으로 된 교서를 한글로 번역한 것이다.

학봉 김성일이 임진왜란 중에 부인 안동 권씨에게 보낸 편지, 43.3×31.6cm, 1592, 유교문화박물관.

반에는 『부모은중경언해』가 전국에서 간행되었다. 이런 사실은 지방에서도 한글 문헌을 간행할 수준에 이르렀을 만큼 한글이 널리 보급되었다는 것을 뜻한다. 1593년 임진왜란 직후 각지로 흩어진 백성에게 다시 생활 터전으로 돌아올 것을 종용하기 위해 내린 선조의 국문 교서는 한글의 전국적 보급이 이뤄진 바탕에서 나온 것이다.

16세기 중엽에 한글이 전국에 널리 보급되었음은 이 시기 쓰인 한글 편지들을 통해서도 알 수 있다. 1977년 청원군 북일면의 순천 김씨 묘에서 무더기로 출토된 『순천김씨언간』은 무덤의 주인인

원이 엄마가 죽은 남편에게 보낸 한글 편지, 34.0×58.5cm, 1586, 안동대박물관.

순천 김씨가 친정어머니, 남편 등과 주고받은 189매에 이르는 한글 편지로, 1555년에서 1594년에 걸쳐 작성된 비교적 이른 시기의 언간이다. 이밖에 송강 정철이 자당慈堂 및 부인과 주고받은 언간 (7매, 1571~1593), 안민학이 요절한 부인의 죽음을 애도한 편지 (1576), 이응태의 부인이 남편의 죽음을 애도한 편지(1586), 학봉 김성일이 임진왜란 중 전장에서 부인에게 보낸 편지(1592) 등이 현재 남아 있는 16세기 중·후반의 한글 편지다. 이들 편지는 간단한 안부나 요구를 담은 것도 있지만, 시집간 딸을 걱정하는 친정어머니의 마음이나 요절한 부인에 대한 안타까운 마음, 전란의 와중에서 가족을 걱정하는 가장의 마음 등이 진솔하게 담겨 있다. 특히 몇 년 전 '원이 엄마의 편지'로 널리 소개되었던 이응태 부인의 편지는 젊은 나이에 먼저 하늘나라로 간 남편에 대한 절절한 그리움과 애끓는 슬픔을 감성적으로 서술한 장문의 편지로 주목받기도 했다. 다양한 내용의 이 한글 편지들은 그 수신자와 발신자가 한글로 자유롭게 자신의 의사와 감정을 드러낼 만큼 한글에 능숙했음을 보여준다.

그런데 이 편지들은 모두 양반 계층의 여성과 남성이 작성한 것이고 수신자 또한 같은 신분이었다는 데 주목해야 한다. 즉 이는 한글이 양반 계층에 먼저 전파되었음을 말해준다. 한글이 한자 학습서의 도구로 통용되었을 뿐 아니라, 비록 서민을 위해 만들어진 문자였다지만 정작 의식주를 해결하기에 바쁜 서민들보다 문자 생활에서 절대 우위에 있었던 양반 계층이 이를 접하기가 더 쉬웠을 것이다. 즉 적어도 16세기 중후반에는 많은 양반가의 남성과 여성들이 한글에 능란했을 것으로 보인다. 한편 양반 남성이 쓴

한글 편지는 수신자가 모두 여성인 것이 흥미로운데, 이는 양반 남성들이 사적인 문자생활에서도 상대에 따라 한문과 한글을 선택적으로 사용하는 철저한 이중 문자생활을 했음을 보여준다. 조선 후기 한 양반가의 고문서 중에는 문중의 한 사대부가 같은 편지에서 아들에게는 한문으로, 며느리에게는 한글로 사연을 적어놓은 재미있는 자료도 나온다.

중인층과 하위 계층도 한글을 사용했음을 보여주는 자료는 17세기 이후에야 나온다. 앞서 말한 17세기 초의 『현풍곽씨언간』에는 곽주가 곽샹이라는 노복에게 병든 말을 치료하라고 지시하는 편지가 있으며, 17세기 중엽 윤선도 가의 고문서에는 중인 계층의 인물이 쓴 한글 문서와 노비에게 내린 한글 배지牌旨(상전이 노복이

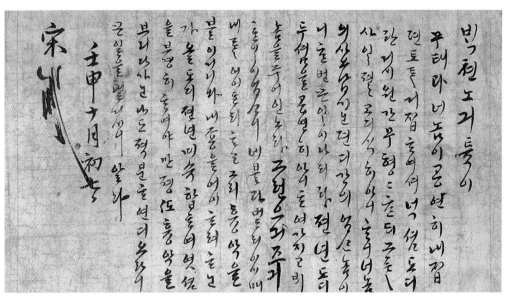

양반이 노비에게 보낸 한글 편지, 45.9×33.1cm, 17세기 말~18세기 초, 경기도박물관. 조선 후기의 문신 송규렴(1630~1709)이 기축근표이라는 소작노에게 쓴 편지로 추정된다.

무술년에 태어난 사람의 복을 빌어주는 버선본,
38.2×19.5cm, 1873, 개인.

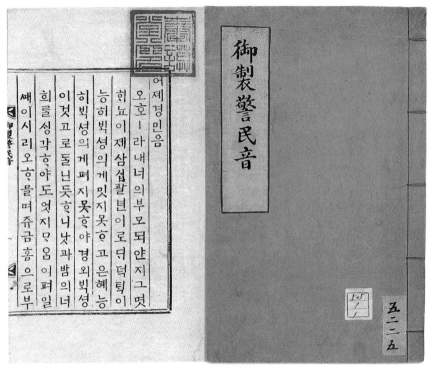

『어제경민음』, 영조, 34.0×21.6cm, 1762, 장서각. 한문본을 만들지 않고 한글본으로 편찬했다.

나 아랫사람에게 매매 등 특정 업무를 지시하는 문건)가 전하는 등, 이들 계층의 한글 사용과 관련된 자료가 여럿 있다. 이들은 17세 기가 지나면서 한글이 중인층과 하위 계층에도 적잖이 보급되었 음을 말해준다.

이처럼 한글은 비록 조선조 내내 한 번도 공식적인 문자의 지위 를 부여받지는 못했지만, 창제 직후부터 문자생활의 저변으로 빠 르게 스며들기 시작해 점차 그 사용 영역을 확대해갔다. 사적인 영 역을 중심으로 한글이 빠르게 퍼지다가 17세기가 지나면 한자가

담당하던 공적 영역까지 넘볼 정도가 된다. 수많은 한글 문헌의 간행과 한글 문학작품의 창작 및 필사가 이뤄지고 한글이 공적 문서에 쓰이는 일도 있어 이를 경계하는 임금의 수교가 내려지기도 했던 것이다. 그러나 한글의 사용은 더욱 확대되어 18세기가 되면 임금이 백성에게 내리는 훈유訓諭 문서인 윤음綸音이 한글로 번역되어 동시에 배포되는 등 한글이 통치 행위에 적극 활용된다. 심지어 영조는 백성에게 금주령을 지킬 것을 간곡히 촉구하기 위해 처음부터 한글로 작성한 『어제경민음』(1756)이란 윤음을 간행·배포하기도 했는데, 이는 공적 영역에 한글이 공식적으로 쓰인 상징적인 사건이라 할 만하다. 이렇게 사용 영역을 넓히면서 문자로서의 지위를 굳혀가던 한글은 마침내 1894년(고종 31) 칙령으로 공식 문자로 선포되기에 이르렀다. 창제 후 450년 동안이나 한자의 뒷전에 가려져 있던 한글이 드디어 문자생활의 주역으로 우뚝 서면서 조선의 다이글로시아는 그 막을 내리게 된다.

9장

과학과 미신의
이중주

◉

전통시대 최고의 실용서 역서歷書

전용훈

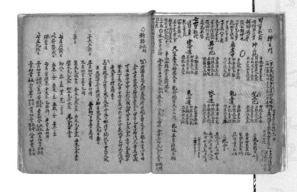

　조선시대 실용서 가운데서 베스트셀러를 꼽으라면 단연 역서曆
書, 즉 오늘날의 달력을 들 것이다. 역서는 1년 치 날짜를 모아 적
어놓은 생활필수품이며 해가 지나면 그 모습을 바꿔야 했기에 조
선시대에 발행된 부수를 따지자면 헤아릴 수조차 없다. 18세기 후
반 정조 시대의 기록에는 역서를 매년 30만 부 넘게 인쇄해 배포했
다는 내용이 있다.

역서, 천체 운동을 망라하다

　천체 현상에 기초해 날짜와 시간을 추산하는 것을 역曆이라 하
는데, 이렇게 셈한 결과를 정리해 한 권의 책으로 묶은 것을 책력
冊曆 또는 역서曆書라 한다. 추산 결과를 1년 단위로 묶으면 연력年
曆, 한 달 단위로 묶으면 월력(혹은 달력), 하루 단위로 묶으면 일력
日曆이라 부른 것도 여기서 비롯되었다.

　역서를 만들 때는 천체 운동의 규칙성을 기초로 시간 단위를 정

한다. 1년은 지구가 태양 주위를 한 바퀴 공전하는 주기이며, 1개월은 달이 지구 주위를 공전하면서 초승달에서 보름달을 거쳐 그믐이 되는 주기다. 또 하루는 지구가 자전하는 주기다. 이처럼 역서는 천체의 운동을 셈한 것이기에 이것을 만들려면 계산 능력과 지식을 갖추고 있어야 했다. 그런 까닭에 예로부터 역서 제작은 고도로 훈련된 전문가들이 맡았다.

현재 우리나라에서는 한국천문연구원의 천문학자들이 천체 운동을 계산해 그 결과를 『역서』라는 책자로 매년 11월 중순에 펴낸다. 우리가 일상생활에서 쓰는 달력에는 양력과 음력 날짜, 절기, 요일, 공휴일 등 몇몇 기본 정보만 담겨 있을 뿐 전문가들이 계산한 자세한 천체 운동에 관한 정보는 찾기 어렵다. 그에 반해 천문연구원이 펴내는 『역서』에는 태양과 달의 출몰 시간, 날짜별 천체의 위치 등 천체 운동의 정확한 정보가 모두 담겨 있다. 항구도시나 해안 지방에서 쓰는 달력에서는 달의 위상과 밀물 및 썰물 시간을 표시해주기도 하는데, 이것 역시 천문연구원에서 발행한 역서에서 해안 지방의 생활에 요긴한 정보를 뽑아 덧붙인 것이다.

전통 역서의 두 축, 역일曆日과 역주曆注

조선, 고려 혹은 그보다 더 먼 옛날에도 역서가 만들어지고 쓰이는 방식은 오늘날과 비슷했다. 일단 국가에서 운영하는 천문관서(조선시대에는 관상감觀象監)에서 다음 해에 일어날 천체 운동과 천체 현상을 모두 합해 계산한다. 거기서 나온 결과는 오늘날 천

「수선전도」, 『여지도』, 종이에 채색, 31.5×21.6cm, 보물 제1592호, 규장각한국학연구원. 조선시대 관상감은 초기에 경복궁 궐내각사에 있다가 후기에 창덕궁 금호문 밖에 본관이, 경희궁 금천 쪽에 별관이 있었다. 지도에 '일영대'라고 표시된 곳이 관상감 자리다.

문연구원에서 펴내는 『역서』에 실린 자료와 비슷하다. 그런데 오늘날 이것을 자료 삼아 달력을 만드는 곳이 출판사나 인쇄소라면, 조선시대에는 오직 천문관서에서 독점해 달력을 만들고 판매할 수 있었다. 즉 관상감이 천문학 계산은 물론이고 역서 출판과 판매까지 도맡았던 것이다.

방대한 양의 천체 운동 계산 결과는 역서를 만들기 위한 기본 정보가 되는데, 천문관서에서는 이를 가공해 1월부터 12월까지 날짜를 정하며, 큰달(30일)과 작은달(29일)을 정하고, 또 절기가 어느 날짜에 드는지를 정해 달마다 날짜를 배치했다. 절기 날짜에 따라서 약 3년에 한 번씩 윤달이 드는데, 윤달을 정하는 것도 천체 운동의 계산 결과를 가공해 달력을 만드는 과정에서 빼놓을 수 없는 중요한 일이었다. 이것이 '날짜 정하기' 혹은 '날짜 매기기' 작업인데, 전통시대에는 이를 '역일曆日'이라 불렀다. 이제 이렇게 정해진 날짜를 월별로 모아 책을 만들면 책력 혹은 역서가 탄생한다. 천문학적 계산 결과를 가지고 날짜를 정하므로, 역일 부분만 따진다면 전통시대의 역서는 현대 천문학자들이 계산 결과를 가공해 만드는 달력과 차이가 없다. '날짜 정하기'는 어떤 미신이나 불합리한 사고가 개입되지 않은 완전히 과학적인 작업이었다.

하지만 전통시대의 역서에는 오늘날의 관점에서 볼 때 비과학적이고 미신적인 요소도 들어 있었는데, 바로 역주曆注가 그러했다. 전통시대 역서에서는 우선 천문학적 계산 결과에 따라 날짜를 정한 다음, 연월일시의 시간과 24가지 방향을 지배하는 각종 길흉신吉凶神이 활동하는 상황을 꼭 밝혀주었다. 그리하여 날짜마다 '이사하면 안 되는 날' '집수리하기 좋은 날' '목욕하기 좋은 날'처럼

大淸乾隆四十四年歲次己亥內用三書

正月大戊午　四日己巳卯三刻二分　雨水正月中　甲辰子正二刻二分　驚蟄二月節

二月小丙辰　五日己未巳初刻十分　春分二月中　戊辰辰初刻一分　淸明三月節

三月大乙酉　五日己丑申初刻二分　穀雨三月中　乙巳丑初刻六分　立夏四月節

四月小乙卯　六日庚申酉初刻二分　小滿四月中　辰初二刻二分　芒種五月節

五月小甲申　九日壬辰子正二刻六分　夏至五月中　未正一刻二分　小暑六月節

六月大癸丑　十二日癸亥初刻八分　大暑六月中　卯寅初三刻四分　立秋七月節

七月小癸未　十二日甲午初刻三分　處暑七月中　庚戌初三刻　白露八月節

八月大壬子　壬酉乙丑酉一刻二分　秋分八月中　庚辰戌初三刻　寒露九月節

九月小壬午　乙未正一刻二分　霜降九月中　寒戌亥初二刻七分　立冬十月節

乙亥年三書

『내용삼서內用三書』, 35.5×23.3cm, 1769~1796, 장서각. 조선 후기 왕실에서 사용하던 역서로 일반인들이 사용했던 시헌력서에 비해 더욱 구체적이고 세밀하다. 달력의 기능을 갖췄음은 물론이고, 택일이나 길흉을 알아보는 데에도 편리하다.

해서는 안 될 일과 하면 좋을 일을 알려주었다. 이처럼 역서에 적힌 각종 신장神將의 배치 상황과 일의 길흉을 가리켜 역서에 붙인 주注라는 뜻으로 역주라 부른다. 역주는 전통시대의 역서에서 필수불가결한 정보였기에, 이것이 적혀 있지 않은 역서는 역서라 불릴 수도 없었다. 이것이 오늘날의 달력과 결정적으로 다른 점이다.

역주는 오늘날의 관점에서는 다분히 미신적인 듯하지만 당시 사람들에게는 합리적일 뿐 아니라 오히려 과학적이라고 할 만한 것이었다. 왜냐하면 전통시대 사람들은 자연에 수많은 길신과 흉신이 존재하며, 이들이 각 방향과 시간에 활동하면서 인간 생활에 영향을 미친다고 굳게 믿었기 때문이다. 또 이런 믿음은 자연을 이해하는 지식이자 논리였던 각종 철학적 이론과 원리에 의해 뒷받침되었다.

날짜 정하기와 역주 기입하기

이처럼 전통시대의 역서는 '날짜 정하기'와 '역주 붙이기'라는 두 요소로 이뤄졌다. 따라서 역서 만드는 일을 담당했던 천문관서의 전문가는 두 방면에 두루 통달해야 했다. 앞서 말했듯이 날짜 정하는 일은 매우 과학적인 작업으로, 동아시아 천문학의 발전은 모두 이 분야에서 이루어졌다고 할 수 있다. 반면 역주 붙이기는, 중국 고대부터 한漢나라 때까지 형성된 기본 형식이 뒷날 좀더 복잡하고 다양화되기는 했지만, 전체적으로는 큰 변화 없이 이어져왔다. 고대 역서에 기입되던 길흉신을 중국 청대는 물론 조선 후기

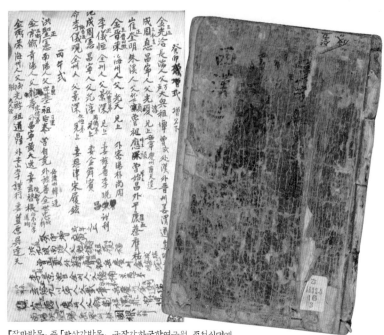

『잡파방목』 중 「관상감방목」, 규장각한국학연구원. 조선시대에
음양과 합격자 명단을 실은 것이다.

의 역서에서도 찾아볼 수 있는 것은 이 때문이다. 전통시대에는
이 두 방면의 지식을 모아놓은 전문서들도 여러 차례 편찬되었는
데, 날짜 정하기에 관련된 책이 흔히 말하는 역법서曆法書이고, 역
주를 붙이는 방법에 관한 책이 역주서曆注書다.

동아시아에서 역법이란 '모든 천체 운동을 계산하는 방법'으로
풀이할 수 있지만, 역서를 만드는 일로만 한정하면 역법은 곧 '날
짜를 정하는 방법'이다. 대통력법으로 날짜를 정해 만든 역서를
대통력서大統曆書, 시헌력법으로 만든 역서를 시헌력서時憲曆書라고
부르는 데서도 역법이 날짜 정하는 방법임을 알 수 있다. 날짜를

『시헌력서』, 규장각한국학연구원. 가운데 두 그림이 '연신방위도'이며 맨 아래 왼쪽이 역서의 마지막 부분으로 여기에 역서 제작에 참여한 천문관원들의 명단이 실려 있다.

정하기 위한 계산에 쓰이는 각종 기본 수치나 계산하는 방법을 바꾸는 것을 '개력改曆'이라 했는데, 날짜를 정하는 방법을 바꿔 그 역법이 다른 것보다 우수함을 드러내려 했기 때문이다.

역서 반포, 제왕의 큰 임무

중국에서는 고대부터 나라를 세우면 백성에게 역서를 반포해주는 것을 제왕의 가장 핵심 임무로 여겨왔다. 이것을 '관상수시觀象授時의 이념'이라 한다. 역서는 위정자가 하늘의 시간을 백성에게 알려주는 도구로, 역서를 내림으로써 제왕의 자격을 갖췄음을 보여주는 것이다. 동아시아에서는 새 왕조가 들어설 때면 늘 제도를 새롭게 정했는데, 역법도 새로워져야 할 제도 가운데 하나였다. 그리하여 새 왕조가 들어서면 새로운 역법으로 개력, 즉 날짜 정하는 방법을 바꾸었다. 심지어 같은 왕조에서도 국가 분위기를 바꾸려 할 때 새로운 역법을 적용하기도 했다.

우리나라에서는 대체로 중국에서 만들어진 역법을 들여와 그 이론을 적용함으로써 국내에서 쓸 역서를 만들어왔다. 백제에서는 중국 남조의 송나라에서 만든 원가력법元嘉曆法을, 신라에서는 당나라에서 만든 원가력법과 대연력법大衍曆法을, 발해에서는 당나라에서 만든 선명력법宣明曆法을, 고려에서는 당나라에서 만든 선명력법과 원나라에서 만든 수시력법授時曆法을 수입해 국내에서 쓸 역서를 만들었다. 원나라의 수시력은 동아시아 전통 역법의 역사상 가장 정밀한 역법으로 평가되는데, 원나라 때에 이르러 여러

천문학적 발견과 발전을 반영해 날짜 정하는 방법이 정밀하고 정확해졌기 때문이다. 세종 때는 원나라의 수시력법과 명나라의 대통력법大統曆法의 장점을 아울러 칠정산법七政算法을 고안해냈다. 그리하여 우리 역사에서는 처음으로 자체 개발한 방법을 가지고 날짜를 정하고 이를 기초로 조선의 역서를 만들 수 있었다. 하지만 조선에서는 중국과 사대관계를 맺고 있었던 까닭에 역서의 이름을 당시 명나라의 역서 이름을 따 대통력서大統曆書라고 불렀다. 조선 후기에 시헌력법을 사용해 우리 역서를 만들 때도 청나라에 사대를 했던 처지라 청나라가 쓴 이름을 따 시헌력서라고 불렀다.

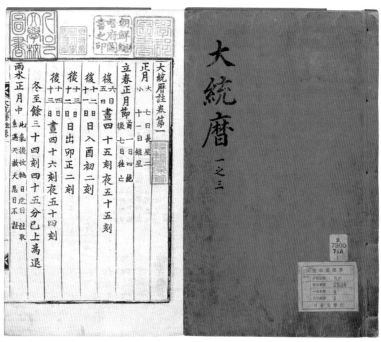

『대통력주』, 규장각한국학연구원. 표지는 『대통력』으로 되어 있으나 본문에는 『대통력주』라고 되어 있다. 『대통력서』에 역주를 기입하는 요령을 설명하고 있다.

甲己年
建丙寅

冬至餘一十二刻六十分巳上滿退

後六日晝四十七刻夜五十三刻
後十二日日入酉初三刻
後十三日日出卯正一刻
後十四日晝四十八刻夜五十二刻

孟白綠碧

乙庚年
建戊寅

正月小
年前某月某日幹枝某
明正月節立春正月節
天道南行宜向南行宜
修造南方
月厭在戌月煞在丑月德在丁
在丙月合在辛月空在

年白黑赤

仲黃白紫

丙辛年
建庚寅

壬丙辛壬上宜修造取土
東風解凍　蟄蟲始振
鴈候北　魚陟負水
膰臘比　草木萌動某日
幹枝某時初　正月後日曜醫學之次
宜用甲丙庚壬時

年碧白綠

丁壬年
建壬寅

建五寅

甲子金　開
祭祀行幸宴會造船沐浴霑牆飾入學栽製

上興造動土開渠穿井栽種牧養

壬
入學栽製祭病遊出行　舉葬遣使沐浴霑牆飾
動土開渠穿井安碓磑碓磑收養

下
祭祀會獵友出行　事栽種牧養
動土開渠穿井安碓磑碓磑收造

年紫黃白

季黑赤勹

赤白黑

年紫黃
綠碧白

乙丑金　制
上祭祀整手
壬祭祀求嗣解殷詔協祐傳
布政事整手足巳巳巳補壇
下祭祀
不宜出行移徙
動七針剌

丙寅火　義
上施圓封輝
壬

不宜

下
不宜出行
動土

戊辰木　滿
上豪會進人口
嚴製設收養

不宜
下動土午掃舍宇栽種牧養破土

壬
祭祀施恩惠愷悃憚布政事行幸遣使嫁娶上官赴任解除
東來病納祭遊動土午掃舍宇交易嫁娶上官赴任解除
下動土午掃舍宇載糶交易嫁娶破土啓攢

上興造動土午掃舍宇栽種牧養嫁病搬移

丁卯火　除
不宜出行

날짜 정하는 방법

전통시대 역법에서 날짜를 어떻게 정하는지를 세종 때 만들어진 칠정산법을 예로 들어 알아보자. 칠정산법에서 칠정七政이란 일곱 천체를 가리키는데, 태양·달·오행성이 그것이다. 이들 천체가 한 나라의 정치가 잘되고 못 되고를 주관한다는 믿음이 있어 동아시아에서는 고대부터 일곱 천체를 칠정이라 불러왔다. 산법算法은 계산하는 방법을 뜻하므로, 칠정산법은 '일곱 천체의 운행을 계산하는 방법'으로 번역할 수 있다. 칠정산법은 내편법內篇法과 외편법外篇法 두 가지가 있는데, 내편법은 수시력법과 대통력법을 통합해 만든 전통적인 계산법이고, 외편법은 아라비아식 역법인 회회력법回回曆法을 적용한 계산법이다. 날짜를 정할 때는 오로지 내편법만 썼고, 외편법은 일월식을 계산할 때에 썼다.

내편법을 담고 있는 책은 『칠정산내편七政算內篇』인데, 이 책의 목차를 보면 날짜를 매기는 방법이 있다. 목차는 제1장 달력 날짜 매기기, 제2장 태양 운동 계산, 제3장 달 운동 계산, 제4장 계절별 남중성과 밤낮의 시간 구하기, 제5장 일식과 월식의 계산, 제6장 오행성의 운동 계산, 제7장 네 가지 가상 천체의 위치 계산 등으로 이뤄져 있다. 여기서 보듯이 『칠정산내편』은 역서에 표시되는 날짜를 정하는 방법(제1장)을 밝혀놓았으며, 이밖에도 태양과 달의 운동 계산(제2장과 제3장), 밤낮의 시간 정하기(제4장), 일월식 계산(제5장), 오행성의 운동 계산(제6장), 가상 천체의 위치 계산(제7장) 등 역서에는 필요하지 않지만 천문학적으로 중요한 다양한 계산법까지 실어놓았다. 즉 역법서는 오늘날 천문연구원에

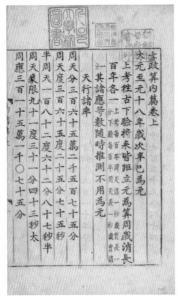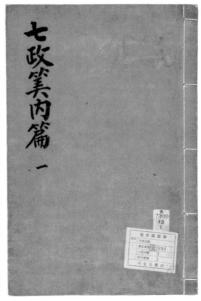

『칠정산내편』, 1422, 규장각한국학연구원.

서 발행하는 『역서』에 실려 있는 다양한 천체 운동의 정보를 모두 계산할 수 있는 방법을 담고 있는 것이다. 당시의 천문관서에 소속된 천문학자들은 태양과 달의 운동, 일식과 월식, 날마다의 일월오성의 위치 등을 계산했고, 이 방대한 계산 결과 가운데서 태양과 달의 운동과 관련된 일부분만 가공해 생활에 유용한 역서를 만들었던 것이다. 그러므로 앞서 전통시대의 역법을 역서와 관련된 일로만 한정해 "날짜를 정하는 방법"이라고 말했지만, 사실 전통시대의 역법은 하늘에서 움직이는 모든 천체의 운동을 계산하는 방법이었다.

그런 까닭에 전통시대의 역법은 굉장히 복잡한 계산법으로 이

루어져 있다. 또 이런 계산을 행하고 해마다 많은 양의 역서를 발행하는 일은 한두 사람의 힘으로 감당할 수 없는 방대한 작업이었다. 전통시대에 천문학을 국가가 주도하고 지원해 수행할 수밖에 없었던 이유도 바로 이런 데 있었다. 다만 역서에는 이렇게 복잡한 계산을 통해서 정한 날짜만을 표시했기 때문에, 역서를 만들기 위해 꼭 필요했던 방대한 규모의 천문 계산과 천문학자들의 활동은 거의 보이지 않는다. 마치 거대한 빙산의 일각이 수면 위로 드러난 것과 같은데, 수면 위의 빙산은 역서이고, 수면 아래 숨은 거대한 얼음덩어리는 역서를 만들기 위해 필요한 방대한 천문학적 계산과 천문학자들의 활동인 셈이다.

역주, 시간의 길흉을 판단하는 기초

날짜를 정하는 방법은 시대에 따라 역법에 따라 달라졌지만, 역주를 붙이는 방법은 거의 변함없이 유지되어왔다. 음양오행설을 비롯한 역주의 이론 체계가 거의 바뀌지 않았고, 이에 대한 사람들의 믿음도 흔들림 없었기 때문이다. 조선시대에는 역서에 역주를 기입하는 방법을 적은 책이 있었는데, 가장 대표적인 것이 『대통력주大統曆註』와 『만년력萬年曆』이다. 이들 책에는 1년을 12개월로 나누고, 매월 매일에 그날을 관장하는 신장神將이 무엇인지, 그날에는 어떤 일을 하면 좋고 어떤 일을 하면 나쁜지를 모두 표로 만들어 정리해두었다. 역주를 기입하는 일을 맡은 천문관원은 이 책들을 참고해 각 날짜에 배당된 신장과 일의 길흉을 표기했다.

그런데 흔히 전통시대의 달력은 음력이라고 여겨 역주도 음력 날짜에 따라 기입한다고 생각하기 쉬운데, 날짜에 기입하는 역주는 모두 양력 날짜를 따랐다. 전통시대에 양력 날짜를 썼다고 하면 이해하기 어렵겠지만, 역주에 사용하는 달은 절기력節氣曆을 따른다. 절기는 태양의 운동을 기준으로 정하기 때문에 절기력은 양력이다. 전통시대의 역서에는 음력 날짜와 절기 날짜가 함께 표시되는데, 음력을 기반으로 하면서도 양력을 함께 쓰는 셈이다. 이런 까닭에 전통시대의 달력을 태음력이라 하지 않고, 태음태양력이라고 부른다.

절기력은 절기를 기준으로 1월, 2월, 3월……12월까지 각 달을 정한다. 따라서 절기력은 윤달 없이, 1년에 12개월을 둔다. 달의 시작은 모두 절기일인데, 1월은 입춘부터 시작해 경칩 전날까지이고, 2월은 경칩에서 시작해 청명 전날까지다. 예를 들어 어떤 해에 음력 1월 20일이 입춘이라면, 절기력으로는 음력 1월 19일까지는 전년도 12월의 날짜이고 음력 1월 20일이 절기력의 1월 1일이 된다. 이런 식으로 1년의 모든 날짜에는 절기력을 따라 역주가 기입된다. 만일 역주를 기입할 때 음력을 쓴다면, 윤달의 날짜에는 역주를 적어넣을 수 없게 된다. 역주를 붙이는 요령을 밝힌 『대통력주』라는 책에서, 윤달의 역주를 다루지 않고 12개월의 각 날짜에 역주를 붙이는 요령만 기술한 것도 바로 역주에 절기력을 쓰기 때문이다.

한편 역서에 기입되는 역주는 일상생활에 아주 요긴한 정보를 담고 있다. 날마다 배당된 신장의 역할에 따라 어떤 일을 하는 것이 좋고 나쁜지, 한다면 어느 시간에 하는 것이 좋은지를 알려준

다. 이런 정보가 있었기에 결혼, 이사, 파종, 집 고치기, 관청에 소장訴狀 제출하기 등 생활에서 일어나는 갖은 일에 대해 그 날짜에 배당된 신장의 특성에 따라 좋은 날을 잡는 택일이 이뤄진다. 요즘 시대에 흔히 말하는 이사하기 좋다는 '손 없는 날'도 이런 원리에 따라 정해진다. 옛사람들 입장에서 보면 역주는 생활에서 가장 요긴한 정보를 담고 있는 셈이다.

'택일(날 잡기)'은 전통시대 국가의 천문관서에 소속된 관원이 해야 할 가장 중요한 일 중 하나였다. 조선시대 사람들은 교서 반포, 제사, 결혼, 관직 부임 같은 큰일은 물론이고, 목욕하기, 나무 베기, 물고기 잡기 같은 사소한 일까지도 모두 좋은 날을 잡아서 해야 한다고 믿었다. 정조대에 편찬된 역주서이자 택일서인 『협길통의協吉通義』(1795)에는 72가지나 되는 각종 생활사에 대해 택일하는 방법을 적고 있다. 조선시대 사람들은 생활의 거의 모든 일에 길흉신이 개입한다고 믿었던 것이다. 역주와 관련된 택일의 전통은 오늘날까지도 이어진다. 조선 후기에 택일법을 수록한 책으로 가장 유명한 것이 『천기대요天機大要』인데, 이 책은 지금도 민간의 택일 전문가들 사이에서 널리 쓰이고 있다.

전통시대 사람들에게 역서는 날짜 정하기에 반영된 과학적인 지식, 즉 역일 부분보다는 행사의 길흉을 판단하는 데 필요한 지식인 역주가 더 중요했다. 현대인의 입장에서 보면 날짜와 요일을 알려주는 것이 달력의 가장 중요한 기능인 반면, 조선시대 사람들 입장에서 보면 오늘이 결혼하기에 좋은지, 이사하기에 좋은지, 나무 베기에 좋은지를 알게 해주는 것이 가장 중요한 기능이었던 셈이다. 흔히 농사철을 정확히 알기 위해 역서가 필요하다고 생각하

「경직도」중 지붕 이기, 필자미상, 비단에 엷은색, 조선 후기, 국립민속박물관. 역처에는 가령 지붕을 이던 한 되는 날과 같은 형모ㅁ ㅁ 살려 있어라.

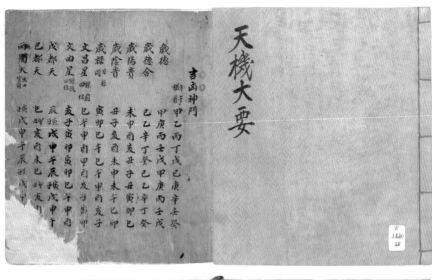
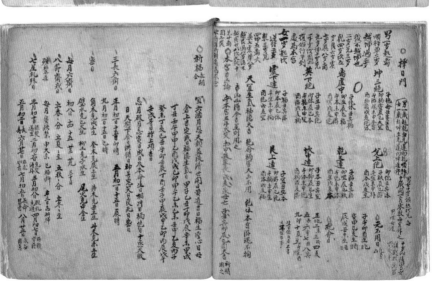

『천기대요』, 규장각한국학연구원. 조선 후기에 가장 많이 쓰인 택일서다.

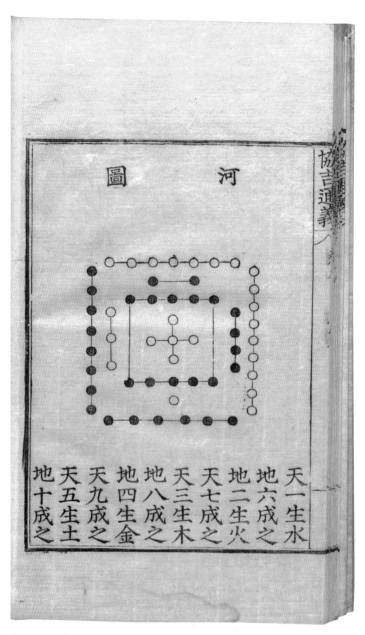

『협길통의』에 실린 하도河圖, 규장각한국학연구원.

後天八卦

帝出乎震齊乎
巽相見乎離致
役乎坤說言乎
兌戰乎乾勞乎
坎成言乎艮故
水火相逮雷風
不相悖山澤通
氣然後能變化
以成萬物所謂
始震而終艮也

『협길통의』에 실린 후천팔괘後天八卦.

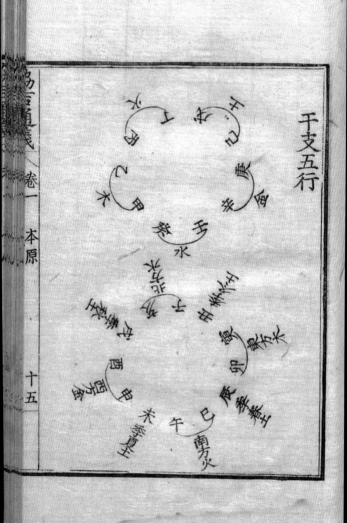

二十四方位

巽　離　坤　兌　乾　坎　艮　震

丑　癸　子　壬　亥　乾　戌　辛　酉　庚

甲　庚

乙　丙　丁

『협길통의』에 실린 이십사방위二十四方位.

기 쉽지만, 씨 뿌리고 수확하는 일이 하루 이틀 늦거나 빠르다고 해서 크게 문제되지는 않는다. 오히려 일의 길흉을 가리고자 하는 생각에서 보면, 연월일시의 모든 시간 주기가 일의 길흉과 관련 있기 때문에 역주가 더욱 중요한 문제다. 예를 들어 병오년丙午年 2월 갑자일甲子日에는 결혼하지 말라고 역주가 달려 있는데도 이런 사실을 모르고 그날 결혼한 사람이 있다면, 그는 자신에게 흉한 일이 일어나지 않을까 불안에 떨어야 할 것이다.

역서의 실제 모습

현존하는 조선시대 역서 가운데 가장 오래된 것이 1580년(선조 13) 경진년庚辰年의 역서다. 이 역서의 역일, 즉 날짜는 세종 때 편찬된 『칠정산내편』에 따라 정한 것이고, 역주는 『대통력주』에 따라 기입된 것으로 보인다. 앞서 말했듯이, 조선시대에는 1653년(효종 4)까지 역일은 『칠정산내편』에 따라 정하고 역서의 이름은 대통력서라 했으며, 그다음 해(1654)부터는 역일을 시헌력법에 따라 정하고 시헌력서라 불렀다. 하지만 역법이 바뀌었어도 월별로 날짜를 배당하고, 각 날짜에 역주를 기입한 역서의 형식은 전혀 바뀌지 않았다. 그런 까닭에 대통력서인지 시헌력서인지를 구별해 보지 않으면 역서가 어떤 역법으로 만들어졌는지 알기 어렵다.

한편 역주에 어떤 책을 사용했는지 명확한 기록은 없지만, 역법이 바뀌어도 역서를 기입하는 방법에는 거의 변함이 없었다. 조선 초기에는 『대통력주』를, 조선 후기에는 『만년력』을 쓴 것으로 보

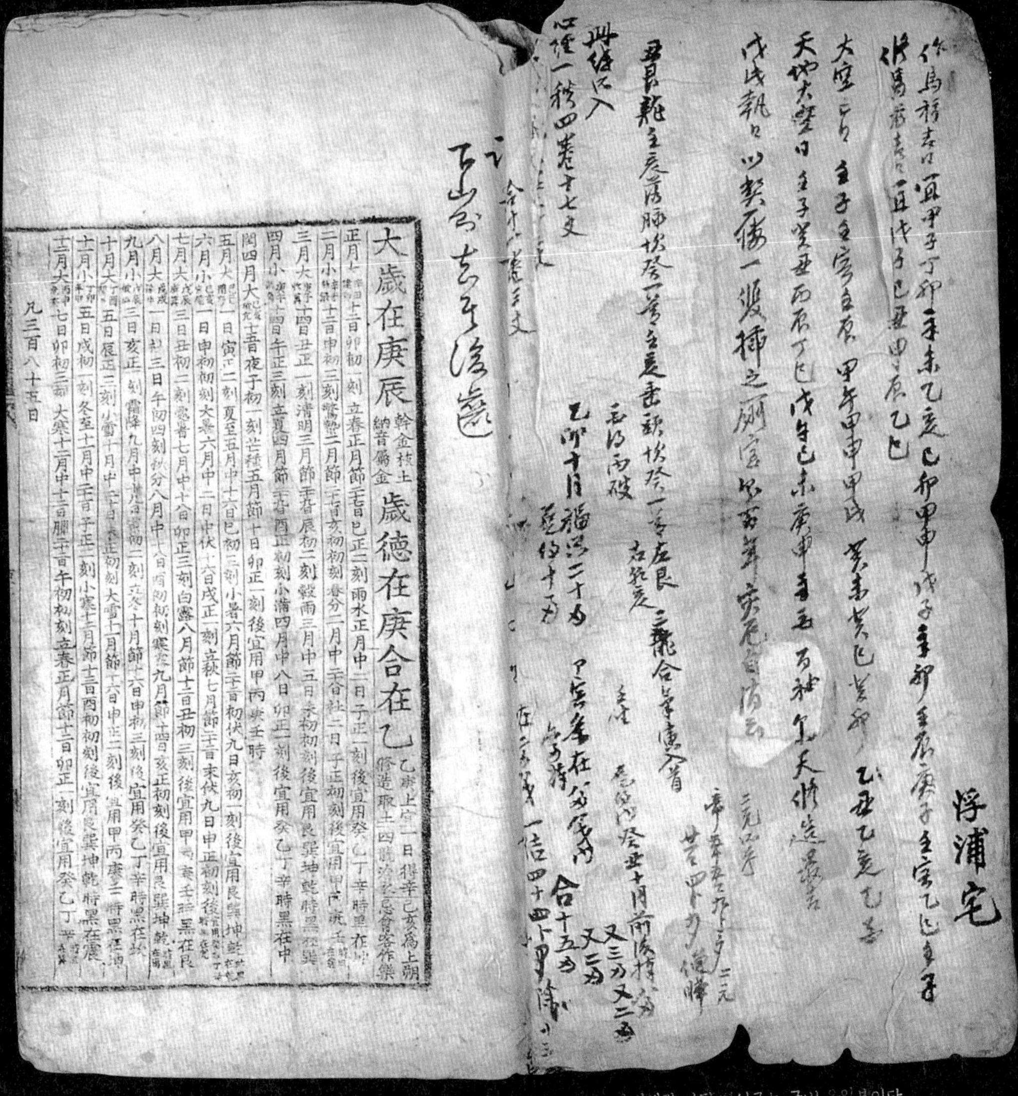

大歲在庚辰
幹金枝土
納音屬金
歲德在庚合在乙
凡三百八十五日
浮浦宅

『경진년대통력』, 보물 제1319호, 1580, 국립민속박물관. 관상감에서 펴낸 역서로, 임진왜란 이전 역서로는 국내 유일본이다.

오방신장의 모습. 국립민속박물관. 방위와 관련한 신장들의 모습으로, 옛 시대의 털렁이는 이런 영보의 관련 것도 실렸다.

인다.

조선시대 역서에서 역일과 역주가 어떻게 구성되어 있으며, 전체적인 모습은 어떠한지를 1580년 역서를 중심으로 살펴보자. 조선시대 역서는 첫 페이지에 '단력單曆'이라는 것을 두는데, 여기에는 그해의 각 달이 큰지(30일) 작은지(29일)를 밝히고, 어느 달 그 어느 날에 어느 절기가 들었는지를 모두 표시한다. 이것을 보면 그해에 윤달이 있는지 없는지를 알 수 있다. 그다음 페이지에는 '연신방위지도年神方位之圖'라는 것을 두는데, 이것은 역주에 속한다. 정사각형을 아홉 칸으로 나눈 그림 위에 그해를 관장하는 34개의 신장, 즉 연신年神들이 어느 방향에 배치되어 있는지를 보여준다. 이들 신장 가운데는 길신도 있고 흉신도 있는데, 길신이 관장하는 날짜는 어떤 간지인지를 표시해준다.

역서의 세 번째 페이지부터는 우리가 흔히 말하는 달력이 나오는데, 한 달에 두 페이지씩 배당해 윤달이 없을 때는 12월까지 총 24쪽, 윤달이 있을 때는 총 26쪽의 달력이 있다. 각 달 서두에는 다시 그달을 관장하는 신장(즉 월신月神)이 어떻게 배치되어 있는지를 적었다. 월신에도 길한 신과 흉한 신이 있는데, 이들의 위치에 따라 길한 날과 흉한 날이 정해진다. 이어서 그달에 배당된 모든 날짜를 하루씩 표시했는데, 날짜 아래에 다시 그날의 간지, 그날을 지배하는 신장, 하면 좋을 일과 해서는 안 될 일을 적었다.

정월 초하루의 예를 보면 "일일신축토건유일입신정사각부의출행一日辛丑土建柳日入申正四刻不宜出行"이라고 되어 있다. 이 의미를 풀어보면, "정월 초하루는 간지로 신축辛丑이며, 이날에 배당된 오행五行은 토土이고, 날짜의 특성을 규정하는 열두 범주(십이직十二直이

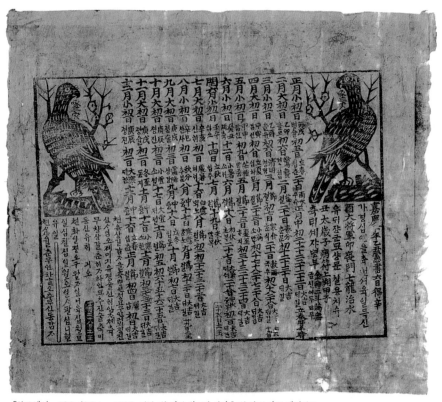

「한글책력」, 35.0×40.3cm, 1805, 개인. 한 해의 절기와 길일을 한 장에 담은 책력이다.

라 함) 가운데 건建이며, 별자리로는 유柳자리가 이날을 관장하고, 이날 해지는 시각은 오후 6시 45분이며, 이날은 밖으로 나다니면 좋지 않다"는 뜻이다. 전통시대 역서에는 이렇듯 매월 매일에 간지 干支, 오행五行, 십이직十二直, 이십팔수二十八宿, 용사길흉用事吉凶을 표시해주었다.

12월 말일까지 모두 이렇게 표시한 뒤에는 두 페이지에 걸쳐 '침 놓으면 안 좋은 날' '혼인하면 안 좋은 날' '장사를 하거나 재물을

들이면 안 되는 날' '여러 가지 일을 하면 안 되는 날' '머리 감는
날' '약 먹으면 안 되는 날' '지붕을 이면 안 되는 날' '집수리하기
좋은 날 잡는 방법' '결혼 날짜의 길흉을 보는 법' 등을 기입했다.
마지막에는 역서를 만드는 데 참여한 천문관원들의 이름을 밝히
는 것도 잊지 않았다.

10장

정초 신년 운수에 거는 희망과 기대

◉

『토정비결』

김만태

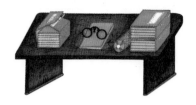

국가 운수를 점치기 위해 등장한 『토정비결』

"시작이 좋아야 끝이 좋다"라는 속담처럼 우리나라 사람들은 첫 시작을 특히 중요하게 여긴다. 1년의 계획을 세우는 새해 첫날 설날은 그런 까닭에 1년 중 가장 비중 있는 날로 꼽는다. 그런 설날에는 늘 간절한 바람이 따랐으며, 자연히 점복·기복祈福과 관련된 풍속이 있어왔다. 갖은 방법으로 괘를 만들어 길흉을 점치는 윷점, 오행점, 『토정비결』 등이 그것이다.

이들 점복이 정초 세시풍속으로 어떻게 자리잡았는지 그 기원에 대해서는 정확히 알려진 것이 없다. 1800년경 유득공이 지은 『경도잡지京都雜誌』는 윷점만 자세히 다루고 있고, 1835년경 유만공이 지은 『세시풍요歲時風謠』에도 윷점에 관한 기록만 있다. 1849년경 홍석모가 지은 『동국세시기東國歲時記』에서는 윷점과 더불어 오행점을 소개하고 있다. 그러나 조선 중기 토정 이지함이 저술한 것으로 알려져 있는 『토정비결』에 관한 기록은 『경도잡지』『세시풍요』『동국세시기』 등에서 보이지 않는다.

『오행五行』(위), 36.2×31.7cm, 19세기 말~20세기 초, 개인. 오행의 점괘를 풀이한 책이다.
『윷책』, 21.6×17.5cm, 19세기, 경상대 문천각. 윷점으로 친 점괘를 풀이해놓은 책.

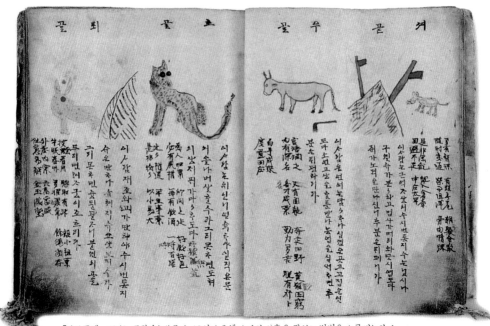

『당사주책』, 1943, 국립민속박물관. 12성의 운행에 따라 길흉을 점치는 방법을 수록해놓았다.

그뿐 아니라 조선 후기까지 펴낸 다른 문헌들에서도 『토정비결』에 관한 기록은 좀처럼 찾아볼 수 없다. 미국 역사학자 겸 선교사인 호머 헐버트가 1906년에 쓴 『대한제국 멸망사The Passing of Korea』에도 당사주를 비롯해 당시 조선에서 유행하던 다양한 점복이 망라되어 있는데, 윷점과 오행점은 등장하나 『토정비결』은 전혀 다뤄지지 않는다.

현재까지 『토정비결』이란 명칭이 처음 나타나는 문헌은 『황성신문』 1899년 12월 19일자 논설로, 『정감록』과 관련하여 언급된다. 그러나 이 논설에서 말하는 『토정비결』이 지금의 『토정비결』처럼 개인의 한 해 신수를 봐주는 책인지, 아니면 이름만 같고 내

용은 다른 비결서秘訣書를 뜻하는지는 분명하지 않다. 『토정비결』
은 『황성신문』 1907년 5월 8일자와 『대한매일신보』 1908년 10월
1일자 논설에도 나온다. 이 기사에서도 『토정비결』이 지금처럼 개
인 신수를 풀어보는 점술책이 아니라 『정감록』처럼 국가 존망과
풍수도참에 관한 내용을 싣고 있는 비결서인 듯이 언급된다.

보국론保國論: 나라를 지키세, 나라를 지키세. 오늘이 마침버 바로 그
날이요, 이때가 마침버 바로 그때로다. 남산 아래 노생원老生員도 완
고한 꿈에서 조금씩 깨어나서 신서적新書籍을 눈여겨보시오. 고을마
다 있는 수전노들도 슬기 구멍이 문득 열려서 각 학교에 기부 좀 하시
오. 『토정비결』을 손에 쥐고 십승지十勝地를 찾는 사람들도 지금 차츰
돌아가시오.(『황성신문』 1907년 5월 8일)

위 신문 기사들의 내용으로 추정해볼 때 지금처럼 개인 신수를
풀려고 했다기보다 『정감록』과 같이 국가 운수를 예언하려던 쓰임
새를 지닌 또 다른 『토정비결』이 19세기 초에서 20세기 말 민간에
널리 유행했음을 알 수 있다. 『토정비결』을 손에 들고 십승지十勝地
를 찾아 나섰다는 표현으로 봐서 그 『토정비결』은 풍수도참서 역
할을 한 것으로 추정된다.

구한말 정치·사회가 혼란한 시기에 『정감록』과 함께 이 『토정비
결』이 전국으로 유포되었으며 사람들이 여기 실린 내용을 믿고 따
랐음이 『독립신문』 1920년 5월 1일자 기사에서도 확인된다.

제2보호조약을 늑결한 때: (…) 경복궁 안의 둥둥거리는 무당 북소리

는 (1904년 러일전쟁 때) 팔미도의 대포 소리와 거로 화답하게 되었다. 그리고 인민 측으로 보면 독립정신은 보부상의 **나무 몽둥이** 아래에서 남겨진 것 없이 타파되어 우국지사는 거의 절반이 해외로 바삐 달아나 숨고, 그나마 대부분은 『정감록』 『토정비결』에 홀리고 미혹한 바 되어 계룡산과 우복동牛腹洞을 찾는 소리가 전국 도처에 와자지껄하였다.(『독립신문』 1920년 5월 1일)

이처럼 여러 정황으로 볼 때 구한말 신문 기사에 등장하는 『토정비결』은 개인 신수가 아닌 조선왕조의 몰락과 더불어 새로운 왕조의 등장을 예언하며, 18세기 이후 민간에 줄곧 유포되어 사회에 널리 영향력을 끼친 『정감록』과 비슷한 유의 국가 운수에 관한 풍수도참 비결인 『토정가장결土亭家藏訣』이나 『이토정비결李土亭祕訣』을 가리키는 듯하다.

『토정가장결』의 이름 뜻은 이지함이 그 후손의 안녕을 위해 가문에서 간직하도록 하며 전해준 비결이란 의미다. 그러나 이것은 19세기 후반 다른 술수가가 자신의 저술을 이지함의 명성에 가탁假託한 것으로 여겨진다. 그런 점은 『이토정비결』 또한 마찬가지다.

日數로計算한것이다
三兎三龍水
三巳一馬時
羊三獲惟二
後望復如斯

本文十八之一

土亭家藏訣

先生曰我死後四十年乙巳戊子日長男生子則此是吾家傳姓之人也吾雖死豈
不可爲子孫遠慮乎敢泄天機略議年運以敎汝等愼勿盧泄陰謫之人只爲
保家之方也其論曰天有星辰之變端地有運氣之盈縮故國基千里之外王化幾
希三代之隆國之興廢盛衰之運積年有之蓋自洪武壬申登極之後或有治安之
時或有襄亂之世是天星變端地運盈縮不同故也吾雖不才仰觀俯察統以積年
星數之分則漢陽不過五百年兵革甲子辰刑殺寅申巳亥此避亂之期也玉燈火
運崑崙滯脈紫微白氣三月蔽天禍氣中原淸運始襄祥雲金陵明運復起若論東

『토정가장결』

풍수도참서에서 신수풀이 점술서로의 변화

당시 조선에는 『삼한산림비기』 『도선비결』 『정북창비결』 『남사고비결』 『서산대사비결』 『두사총비결』 『옥룡자기』 『경주이씨가장결』 『서계이선생가장결』 등 다른 많은 비결이 공공연히 민간에 널리 퍼져 있었음에도 불구하고 『정감록』과 함께 『토정비결』이 언론의 주목을 받았다는 사실은 토정의 명칭에 가탁한 비결이 당시 사회적으로 좀 더 큰 영향력을 행사했음을 말해준다. 1923년 간행된 『비난정감록진본批難鄭鑑錄眞本』에 함께 수록된 『토정가장결』의 내용을 살펴보면 대략 다음과 같다.

선생이 이르기를 내가 죽은 뒤 40년째 되는 을사년 무자일에 장남이 아들을 얻으면 그 아이가 우리 가문의 성을 이어갈 사람이다. 내가 비록 죽은 뒤일지라도 어찌 자손을 위하여 앞일을 미리 헤아려보지 않을 것인가? 감히 천기를 누설하며 대략 연운을 논하여 너희를 가르쳐 노니 삼가 새어나가게 하거나, 음흉하고 간사한 사람에게 망령되이 퍼뜨리지 말며 오로지 집안을 보존하는 방책으로 삼아야 한다. (…) 내 비록 재주 없으되 우러러보고 굽어 살피며 오랫동안 성수星宿로써 운수를 헤아려보니 한양이 500년을 넘기지 못할 것이다. 병란은 신申·자子·진辰년에 있고 형살은 인寅·신申·사巳·해亥년에 있으니 이는 피난할 시기로다. (…) 큰 궁궐이 다시 흥하고 남문이 고쳐 세워지며 오랑캐 돈이 통용될 때는 바로 군자가 가야 할 때다. 만약 요동 간방으로 들어가지 않을 생각이라면 반드시 삼척부三陟府의 크고 작은 궁기극基를 향하고 부지런히 힘을 기울여 곡식을 쌓을 일이다. 그러면 반드시 구

조해줄 사람이 있을 것이다. 10년 후에는 또 풍기 소백산 아래 금계 위로 옮기고, 을미년에 이르러 다시 공주 용흥의 서쪽 옥봉 아래로 옮기면 이것이 바로 큰 도회지다.

이 글에서 1592년 임진왜란, 1636년 병자호란, 1839년 기해박해, 1866년 병인박해, 1865~1872년의 경복궁 중건, 1883년 신화폐 주조를 위한 전환국典圜局 설치, 1895년 을미사변 등 역사적 사실이 비유적으로 언급되는 것으로 보아 『토정가장결』은 1895년, 일러도 1883년 이후에 사회적 불안이 가중되어 예언에 대한 사회 수요가 늘어남에 따라 저술된 듯하다. 국모가 시해당하고 국왕마저 다른 나라의 공관으로 피신하는 상황에서 백성도 의지할 곳을 찾아 어디론가 떠나야 하는 당시의 처참한 사정과 훗날을 위한 대비 방책을 잘 표현하고 있다.

『토정비결』의 기원과 관련해 지금까지 고찰한 내용을 시기별로 정리해보면, 먼저 1883~1895년 사이 익명의 지식인(유학자이거나 술수에 조예가 깊었던 인물)이 저술했던 『토정가장결』 또는 『이토정비결』이 국운을 예언하는 풍수도참서로서 『토정비결』이란 별칭으로 1890~1900년대 항간에 유포되었는데, 1905년 을사늑약 이후 더욱 성행하기 시작했다. 1906년 당시 조선의 정초 점복 풍속을 기록한 문헌인 『대한제국 멸망사』에 윷점과 오행점은 등장하나 『토정비결』은 나타나지 않는다. 따라서 한 해 개인 신수를 보는 책으로서의 『토정비결』의 등장은 빨라도 1906년 이후의 일이라고 할 수 있다.

그리고 『윷과뎜책』(박문서관, 1918)에 '당년신슈길흉보는법'이란

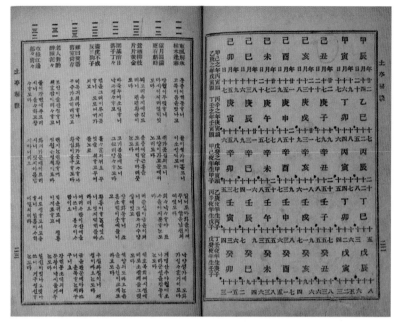

『윷파뎜책』, 국립중앙도서관.

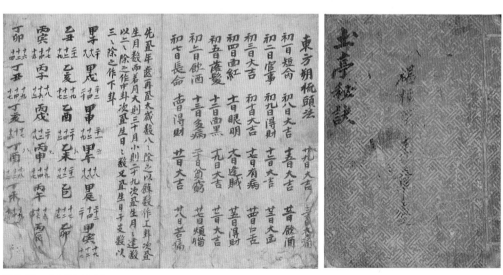

『토정비결』, 연대미상, 장서각.

제목으로 한글로 풀이된 『토정비결』이 활자본으로 소개되어 있다. 이 책에 실린 『토정비결』은 연대가 확실한 가장 오래된 『토정비결』의 하나인데, 현재 한국학중앙연구원 장서각에 소장된 한문 필사본의 『토정비결』과 내용이 거의 같다. 다만 일반 사람들이 읽기 쉽도록 내용을 한글로 옮긴 것만 다를 뿐이다. 그렇다면 장서각 소장 『토정비결』은 1918년 이전에 필사된 것으로 추정된다.

이런 정황을 종합해볼 때, 개인의 한 해 신수를 풀어보는 쓰임새의 『토정비결』은 조선의 국운이 완전히 기울어가던 1910년 무렵부터 보급된 것으로 여겨진다. 당시 민간에는 이미 '토정비결'이라는 통칭으로 국운에 관한 풍수도참 비결인 『토정가장결』 『이토정비결』이 먼저 유포되고 있었다. 이즈음 어느 술수가가 '당년 신수 보는 법'에 관한 책을 지어 퍼뜨리면서 이지함과 기존 『토정비결』의 명성에 가탁한 것이 지금 전해져오는 『토정비결』이 되었을 가능성이 매우 높다.

즉 조선왕조의 멸망을 분기점으로 『토정비결』이라는 동일한 명칭 아래 국운 관련 풍수도참서와 개인 신수풀이 점술서가 약간의 시차를 둘 뿐 비슷한 시기에 있었는데, 조선왕조의 멸망이 현실화되면서 차츰 국운 관련 풍수도참서에서 개인 신수풀이 점술서로 『토정비결』의 의미가 바뀌어 지금에 이르렀다고 추정할 수 있다.

1910~1920년대에 발행된 『윳과뎜책』(1918), 『가정백과요람』(박문서관, 1918), 『백방길흉자해』(신명서림, 1923) 등에 '당년신슈길흉보는법[토정비결土亭祕訣]'이라 해서 '토정비결'이 '당년신슈길흉보는법'과 함께 표기되고 있다는 사실은 당시에는 지금의 『토정비결』이 개인의 신수를 보는 책으로서 아직 확실히 인식되지 않고

『백방길흉자해』, 국립중앙도서관.

있었음을 반증한다.

애민愛民을 몸소 실천한 이지함의 명성에 기대다

1720년(숙종 46) 토정의 현손인 이정익(1655~1726)이 이지함의 유고를 묶어 간행한 『토정유고土亭遺稿』에도 『토정비결』은 실려 있지 않다. 또한 이지함의 행적을 채록한 유사遺事에서 "천문·지리·의약·복서·율려·산수·지음知音·관형찰색觀形察色·신방비결神方祕訣 등에 밝아 통하지 않은 것이 없었으나 위로 배운 바가 없었고 아

래로 전수한 바가 없었다"고 기록한 것을 봐도 『토정비결』은 이지
함의 저술이 아닐 가능성이 매우 높다.

　『토정비결』이 이지함의 저술이 아닌 것은 거의 확실하지만 참
고로 이지함의 행적을 살펴볼 필요는 있다. 왜냐하면 대체 어떤
점에서 『토정비결』과 이지함이 연관되었는지를 탐색해야 하기 때
문이다.

　이지함은 목은 이색의 6대손이고, 형은 지번(?~1575)과 지무
(?~?)이며, 지번의 아들 산해(1539~1609)는 영의정을, 지무의 아
들 산보(1539~1594)는 이조판서를 지냈다. 이지함은 57세 때인
1573년 유일遺逸(조선시대 초야에 은거하는 선비를 찾아 천거하는 인
재 등용책)로 천거되어 만년에 포천현감과 아산현감을 지냈으며,
율곡 이이와 교유했고, 임진왜란 때 의병장으로 활약한 조헌의 스
승이기도 했다.

　이지함은 천문에 밝았고 미래를 예측하는 술법도 꿰뚫고 있어
조카인 이산해가 해亥년에 태어나 장차 집안을 일으켜 세울 것도
내다보았다. 재주가 특출해 제갈량에 견주어지기도 했으나 기이
한 것을 좋아하고 끈기가 없어 일을 하는 데 유시무종할 때가 많
아 이이는 크게 쓰일 인재는 아니라고 평가하기도 했다. 하지만 이
지함의 사상과 행적을 살펴볼 때 이이의 평가는 지나치게 절하된
면이 있다.

　토정은 학문을 하는 데 있어 주경궁리主敬窮理와 실천이행實踐履
行을 독실하게 할 것을 우선으로 삼았다. 수양에 있어서는 과욕寡
慾을 강조해 과욕을 하다가 무욕無慾의 경지에 이른다면 심心이 허
령虛靈해져 중화中和를 이룰 수 있다고 했다. 이지함의 행적은 『선

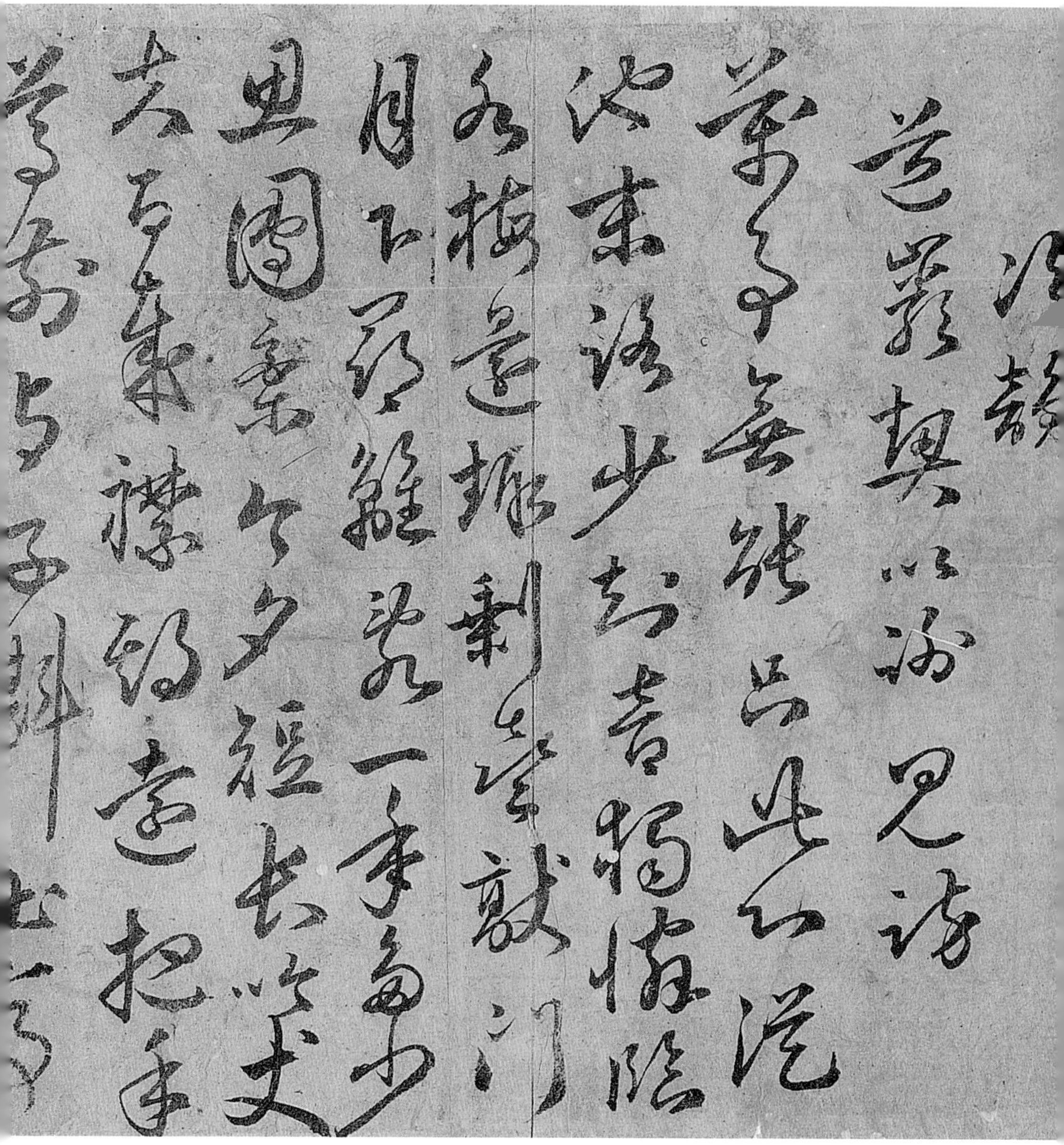

芭蕉與此詩見訪

菊亦無賴且此沉泥

沈宋語少志吉福依臨

子掦意塘剩妻獻川

月不乃雖光一手每少

里圍索个夕徑長笑史

去亐東襟知意把手

芳者亐子肝出言

시詩, 이지함, 종이에 먹, 25.4×26.5cm, 16세기, 서울대박물관.

조수정실록』에도 그 기록이 남아 있는데, 그는 기품이 신기했고 성격이 탁월해 어떤 격식에도 얽매이지 않았다고 한다.

(이지함이 졸할 즈음인 62세 때 아산현감으로 재직할 당시) 토정은 **곤궁**한 백성의 생업을 영위하게 해주려고 (보령) 바닷가에서 소금을 굽고 있었는데, 그을음이 얼굴에 잔뜩 묻어 다른 사람들은 그곳에 오래 머물러 있지 못하였다.

여러 문집과 실록의 기사를 볼 때 이지함의 언행은 결코 범상치 않았다. 또한 곤궁에 처한 백성을 위해 궂은일도 마다 않고 몸소 실천한 인물이기도 하다. 그런 까닭에 정치 사회적으로 불안한 시기에 그의 이름을 빌려 민중에게 희망의 메시지를 전하는 『토정비결』이 유행할 수 있었던 것이다.

조선시대에 소금을 담은 소쿠리. 이지함은 보령 바닷가에서 소금 굽는 일을 하기도 했다.

『토정비결』 괘를 구성하는 체계

『토정비결』의 원저작자가 분명치 않은 상황에서 과연 그가 어떤 인물이었을까를 추정해볼 수 있는 또 다른 단서는 『토정비결』의 구성 체계를 직접 분석해보는 것이다. 그리하면 『토정비결』 원저작자의 학식 수준을 가늠해볼 수 있기 때문이다. 『토정비결』의 구성 체계를 살펴볼 때 『토정비결』 원저작자는 역학과 관련해 상당

한 지식수준과 응용력을 지닌 인물이었음이 분명하다.

『토정비결』은 생년월일을 144가지 괘로 만들어 신수를 보는데, 8괘의 8, 6효의 6, 변수인 3을 근거로 했다(8×6×3=144). 『토정비결』은 언뜻 보면 괘상점卦相占으로 여겨지지만 괘를 만드는 토대가 생년월일이므로 시상점時相占에 속한다. 『토정비결』은 반드시 음력으로만 보도록 되어 있다.

괘를 만드는 방법은 먼저 신수를 보려는 사람의 그해 나이 수와 신수를 보는 그해의 태세 수太歲數를 더해 이를 8로 나누어 남은 수가 상괘上卦다. 태어난 달에 해당되는 수(큰달이면 30, 작은달이면 29)와 태어난 달의 월건수月建數를 더해 이를 6으로 나누어 남은 수가 중괘中卦다. 태어난 날의 수와 태어난 날의 일진수日辰數를 더해 이를 3으로 나누어 남은 수가 하괘下卦다.

남은 수가 1이면 각각 1, 1, 1이 되어 111괘가 되고, 남은 수가 0이면 각각 8, 6, 3이 되어 863괘가 된다. 그러므로 첫 번째 괘는 111이 되고 마지막 괘는 863이 된다. 첫 괘가 111이니 모두 144개의 괘라면 마지막 괘는 254라야 할 텐데 863이 된 것은 『토정비결』의 괘가 일련번호로 나간 것이 아니기 때문이다. 나누는 수로서 8은 주역의 8괘를 의미하고, 6은 8괘를 구성하는 6효를 의미하며, 3은 천지인 삼재三才를 의미하는 것으로 보인다.

이처럼 『토정비결』은 그해 신수를 보려는 이의 생년·생월·생일을 가지고 각각 상·중·하괘를 계산하며, 이 세 괘를 합하여 자기의 『토정비결』 괘를 얻는 것이다. 누구나 이 144가지 괘 가운데 어느 한 괘에 해당된다. 수많은 사람의 운세를 144가지로 규정하는 것이 지금으로서는 불합리해 보일지 모르지만 조선 후기의 정초

점복 풍속이었던 윷점이 64괘, 오행점이 32괘였던 것에 비하면 한층 더 세분된 것이다.

『토정비결』의 괘사,
은유적 표현에서 좀 더 단정적으로

144가지가 되는 『토정비결』의 각 괘에는 1년 동안의 운수를 개괄적·은유적으로 예언한, 그래서 두루뭉술하고 애매하기도 한 4언 절구의 글귀가 있다. 예를 들면 111괘는 다음과 같은 괘사卦辭를 갖고 있다(장서각 소장본 번역).

동풍에 얼음이 녹으니 고목이 봄을 **만나**네東風解凍 枯木逢春. 물이 성가에 흐르니 적은 것을 모아 큰 것을 이루도다水流城邊 積小成大. 좋은 꽃에 봄이 저무니 꿈이 남쪽 하늘에 깨었구**나**好花春暮 夢覺南天. 낙양성 동쪽에는 복사꽃이 빛**나도다**洛陽城東 桃花生光.

한국학중앙연구원 장서각 소장본(한문 필사본)과 『웃과뎜책』에 수록된 한글 활자본의 『토정비결』 둘 모두에는 주역 괘가 전혀 표기되어 있지 않으며 각 괘사가 4언 4구로만 간략히 구성되어 있다.

그러나 현재 시중에서 판매되고 있는 『토정비결』은 그 내용이 매우 복잡하다. 먼저 주역의 본괘本卦·지괘之卦가 표기되어 있으며, 괘사도 4언 44구(남산당 『원본토정비결』) 내지 4언 41구(명문당 『원본토정비결』)가 더 추가되었다. 1964년 발행된 명문당 발행 『토

정비결』이 주역 본괘·지괘에 관한 설명 외에 각 괘사가 총 4언 26 구로만 구성되었던 것과 비교해봐도 날이 갈수록 복잡해지는 사 회생활에 발맞춰『토정비결』의 괘사도 점차 추가되어왔으며 복잡 해졌음을 알 수 있다. 괘사의 내용도 좀 더 단정적으로 바뀌었다.

그리고『토정비결』과『주역』을 연계시킬 때가 많은데, 이것도 점서로서『주역』의 권위에 의탁해『토정비결』의 가치를 높이려는 의도에서 중간에 끼워진 것일 뿐 실제『주역』과의 관련성은 없다. 『웃과뎜책』에 실린『토정비결』과 한국학중앙연구원 장서각 소장 『토정비결』에서는 주역 괘와 전혀 연결시키지 않고 있는데, 이후 발행되는『토정비결』들에서 주역 괘가 등장하는 것을 볼 때『토정 비결』과『주역』의 연결고리 작업은 후대에 이루어진 것으로 추정 된다.

『웃과뎜책』의 1918년『토정비결』의 괘 풀이는 은유적이고 개괄

『주역』, 23.5×18.5cm.『주역』의 권위를 빌리기 위해『토정비결』은 이와 관련하여 언급될 때도 많았다.

적이어서 길흉의 뜻이 분명하지 않으며 두루뭉술하고 애매한 반면, 『백방길흉자해』의 1923년 토정비결은 별도의 뜻풀이는 없으나 『주역』 본괘·지괘가 첨부되었으며, 괘 풀이도 "재물은 인해寅亥(정월·상달)에 왕성하고 일은 신유申酉(7·8월)에 되리로다. 사오월에 난 사람의 구설을 조심"에서와 같이 좀 더 구체적이며 단정적으로 바뀌었다. 점괘가 세분화되고 괘사가 더욱 다양해지면서 농경사회의 특성뿐 아니라 19세기 후반 이후 급속히 모습을 바꿔가던 당시 사회의 다양한 가치관이 반영되었다.

『가정보감전서』(명문당)의 1964년 『토정비결』과 『원본토정비결』(남산당)의 2003년 『토정비결』에서는 『주역』 괘에 대해 별도의 해석이 곁들여져 있으며, 전체적인 괘풀이 외에 월별로 풀이가 추가되었고, 1964년 『토정비결』의 4언 27구에 비해 2003년 『토정비결』은 4언 48구로 괘사가 더욱 많아지고 복잡 다양해졌다.

이어령은 『토정비결』 괘사에 나타나는 주요 특징으로 구설수, 관재수, 친구(사람)로부터 받는 피해, 출타하지 말라不出行 등을 꼽았으며, 이는 그동안 한국사회가 겪어온 어두운 시대상과 인간관계상을 반영한다고 했다. 즉 인간관계와 사회에 대한 불신 속에서 살아온 한국인의 폐쇄적인 생활을 반영한 점괘라고 본 것이다.

1982년판 『토정비결』에 수록된 7056개 구句의 내용을 컴퓨터로 분석한 김중순은 크게 9개의 특성으로 범주지었는데, 막연한 행운과 불운, 우연이나 요행을 바라는 심리, 대안보다는 금기나 경고가 우선, 소극성, 여자 멸시, 실천 윤리, 벼슬과 재물, 불신, 독립성 결여 등이다.

『토정비결』에 대한 두 가지 평가

　『토정비결』의 기원과 유래에 대한 뚜렷한 정설이 아직 없다보니 이에 대한 평가도 분분한데, 대략 두 가지로 그 내용을 나눠볼 수 있다. 하나는 우리 민중의 숙명론적 인생관에 편승한 허무맹랑한 미신이자 점술서라는 것이고, 다른 하나는 윤리적인 실천 강령이나 도덕률을 모은 교육서라는 것이다. 대체로 앞의 것은 『토정비결』을 위작으로 보는 쪽의 평가이며, 뒤의 것은 토정의 저술로 간주하는 쪽의 평가다.

　이 둘의 평가 모두 『토정비결』의 모습이긴 하나 극단적으로 치우친 면이 없지 않다. 점복 행위는 인간만이 가진 욕구인 예지욕에 바탕을 두고 어느 시대, 어디서나 널리 존재해온 인류의 보편적인 문화 현상이라는 점을 감안할 때, 정초 『토정비결』 보기 풍속을 두고 한국인의 전근대성이나 숙명성 운운하는 것도 일본의 무라야마 지준村山智順이 『조선의 점복과 예언』(1933)에서 한국의 점복신앙을 한민족의 미개성·타율성과 연결지어 왜곡했던 인식과 다르지 않다. 한편 『토정비결』을 한민족 고유의 인생 지침서 내지 교훈서로 여기는 것도 비결류秘訣類에 대한 묘한 기대심리와 우리 것에 대한 지나친 애착이 낳은 과대평가라 할 수 있다.

11장

귀로 스치는 소리를
책으로 간직하다

◉

『졸장만록』과 『합자보』를 중심으로

송지원

"악보가 있다면 진실로 형체를 보존할 수 있을 터"

우리 귀에 들리는 음악은 귀를 스치면 이내 허공으로 사라져버린다. 물론 마음속에 혹은 기억 속에 소리를 잠시 담아둘 수는 있을 테지만, 그건 마음속 음악일 뿐이다. 그 음악을 가두어놓기 위해서는 약속된 기호나 문자, 부호를 동원하지 않으면 안 된다. 귀에 들리는 소리를 눈으로도 읽을 수 있도록 기록한 것을 '악보樂譜'라 한다. 또 악보로 형상화하기 위해 일정한 법칙을 끌어다 기록하는 것을 '기보법記譜法'이라 한다. 기보법은 전 세계 각 문화권에서 저마다 다양한 방식을 갖고 있다. 일정한 법칙을 터득해야 비로소 읽을 수 있다는 사실만이 같을 뿐이다. 음의 높이를 기록하는 방법, 음의 길이를 적어넣는 방법이 서로 다르기 때문이다. 그것이 일종의 '약속'인 기호 체계로 이루어져 있어 그 약속의 방식을 깨달아야 한다. 기호 체계를 익히면 악보에 갇혀 있는 것을 소리로, 음악으로 만들어낼 수 있다. 귀로 들리는 소리를 눈으로 볼 수 있도록 기록하고, 그것을 다시 소리로 만들어내는 것, 곧 악보

「후원유연(後園遊宴)」, 김홍도, 52.8×33.1cm, 국립중앙박물관. 바위 그늘이 있는 후원에서 한 선비가 거문고 연주를 하고 있다.

라는 기록물이 만들어낸 신비다.

예로부터 우리나라 음악을 기록하는 악보는 종류가 많았다. 우리가 가장 잘 알고 있는 악보는 단연코 세종대왕이 만든 정간보井間譜일 것이다. 우물 정井자라는 글자에 보이는 네모난 한 칸을 한 박으로 세는 정간보는 동양에서 가장 오래된 유량악보有量樂譜라는 평가를 받고 있다. 유량, 즉 음의 길이를 알 수 있도록 표기한 악보라는 뜻이다. 정간 안에 음의 높이를 알 수 있는 율자보律字譜나 오음약보五音略譜 등을 넣어 표기하면 음의 길이와 높이를 동시에 파악할 수 있게 되는 편리한 악보가 곧 정간보다. 이외에도 합자보合字譜, 육보肉譜, 공척보工尺譜, 연음표連音表, 약자보略字譜 등이 우리의 옛 기보법으로 사용되었으며 그러한 기보법을 써서 표기한 다양한 악보가 우리 음악사에 귀중한 문헌으로 남아 있다.

이처럼 음악은 소리로 이루어져 있으므로 기록으로 남겨야 할 필요성을 역설하거나 이를 실천에 옮긴 노력의 흔적은 여러 문헌에서 보인다. 15세기에 활동한 성현成俔(1439~1504)은 그의 『악학궤범樂學軌範』에서 악보를 만들어야 하는 이유를 이렇게 말하고 있다.

좋은 음악도 귀를 스쳐 지나가면 이내 없어지고, 없어지면 흔적이 없는 것이 마치 그림자가 형체가 있으면 모이고, 형체가 없어지면 흩어지는 이치와 같다. 진실로 악보가 있다면 음의 느리고 빠른 것을 알 수 있다.

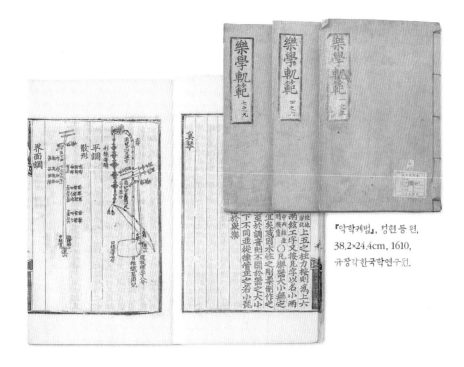

『악학궤범』, 성현 등 편,
38.2×24.4cm, 1610,
규장각한국학연구원.

　악보가 만들어져야 하는 이유를 이보다 더 명확하게 표현할 수 있을까? 아무리 훌륭한 음악이라 해도 한번 울려나왔다 곧 텅 빈 곳으로 사라진다. 그림자 원리와 같다. 그림자란 형체가 있을 때에만 비로소 생성된다. 소리에도 기호나 부호를 만들어 형체를 부여한다면 다시 음악으로 만들어낼 수 있다.

　조선시대에는 수많은 악보가 만들어졌다. 국가에서 행한 주요 의례에 사용되는 음악을 기록하기 위한 악보들은 기록의 목적과 지향이 분명했기에 가장 상태가 좋은 악보로 남겨졌다. 조선왕조실록에 포함되어 있는 『세종실록악보』나 『세조실록악보』는 현존하는 악보로 가장 오랜 역사를 품고 있다. 이후의 『시용향악보』 『대악후보』나 『속악원보』 등 다양한 악보가 국가 주도로 만들어졌

『대악후보』, 서명응, 44.5×31.4cm, 보물 제1291호, 1759, 국립국악원.

다. 한편 민간에서는 『양금신보』 『현금동문유기』 『어은보』 등이 만들어졌는데, 이들은 모두 음악을 기록하기 위한 악보들이다. 즉 하나같이 음악 연주를 위한, 소리를 재현하기 위한 실용서다.

조선시대 문인 풍류와 거문고 악보

조선시대 문인들에게 음악은 육예六藝(예禮·악樂·사射·어御·서書·수數)의 하나로서 교양으로 익혀야 하는 학습 내용이기도 했다. 음악을 교양으로 익히되, 기예 연마에 그 목표를 두는 것이 아니라 궁극적으로 인격을 길러내는 데 목적이 있었다. 즉 덕성을 함양하기 위함이었다. 예에 관한 경전인 『예기禮記』의 한 편으로서

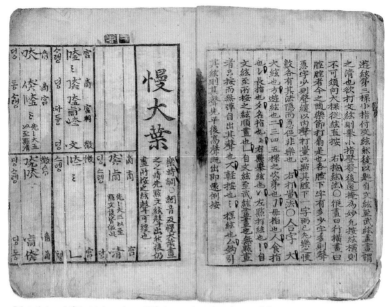

『양금신보』, 양덕수, 30.4×21.4cm, 문화재자료 제308호, 1610, 국립민속박물관.

음악에 관해 논의한 「악기樂記」 편에서도 "악을 알면 예에 가까워지고, 예와 악을 아울러 터득한 것에 대해 '덕德이 있다'"고 한 것을 보면 음악을 익히고 연주하는 행위의 근원을 꿰뚫을 수 있다.

덕을 닦기 위해 문인들이 펼친 음악활동의 도구 중 대표 격은 현악기, 곧 거문고였다. 선비들이 거문고를 가까이 두었던 것은 그것이 사사로운 마음을 제어하고 성정性情을 다스릴 수 있다고 믿었기 때문이다. 연구에 몰두하다가 정신이 흐트러질 때 잡념에 빠지기보다 거문고를 무릎 위에 빗기어놓고 연주하다보면 삿된 마음이 없는 '사무사思無邪'의 경지에 이를 수 있다고 믿었던 것이다. 이처럼 조선시대 문인들은 거문고를 몸에 지녔고, 자신들이 연주하는

琴歌古壇
孔子出魯東門過古
壇歷階而上顧謂子
貢曰兹藏文仲誓盟
之壇也睹物思人命
琴而歌曰暑往寒來
春復秋夕陽西下水
東流將軍戰馬今何
在野草閑花滿地愁

「금가고단琴歌古壇」, 종이에 엷은색, 33.0×54.0cm, 1742, 국립중앙박물관. 공자가 옛 단상에서 금을 타며 노래하는 모습으로, 공자 시대나 조선시대의 학인들은 예를 알고 덕을 닦기 위해 음악 행위를 했다.

음악을 기억에 새기고자 거문고 악보를 만들었다.

조선 선비들이 거문고 연주를 하는 주된 이유는 '혼자' 마음을 닦기 위한 것이었고 간혹 여흥을 즐기고자 가까운 벗들과 모여 시와 노래, 바둑과 술을 함께 나누며 풍류의 하나로 음악을 즐기기도 했다.

이후 조선 후기로 갈수록 문인들이 펼치는 음악활동은 이전보다 다양한 모습을 띠어갔다. 단순히 수양이나 여흥만을 위한 것이 아닌, 사람과 사람 사이의 소통을 위한 방법으로 음악이 떠오른 것이다. 음악에 대한 이런 '열린' 태도는 음악을 '객관화'하는 시선이 있었기 때문이며, 좀 더 독립적인 가치로 자리매김할 수 있는 관점들이 생겨났기 때문이다.

조선시대 문인들이 풍류를 즐기는 모습 가운데 두드러진 것으로 '여럿이 함께' 모여 이루는 '공동체적 활동'이 있다. 그러한 모임 가운데는 고담준론이 오가는 것, 함께 모여 연시聯詩를 짓는 것, 그림을 감상하는 일, 음악을 함께 감상하거나 연주하는 것 등 갖은 모습이 있다. 이 가운데 몇 가지는 이전 시대부터 이어져온 것이지만, 여럿이 함께 모여 음악을 연주하고 연주자들

척탄금石灘琴, 길이 160cm, 너비 20cm, 1618, 국립광주박물관.

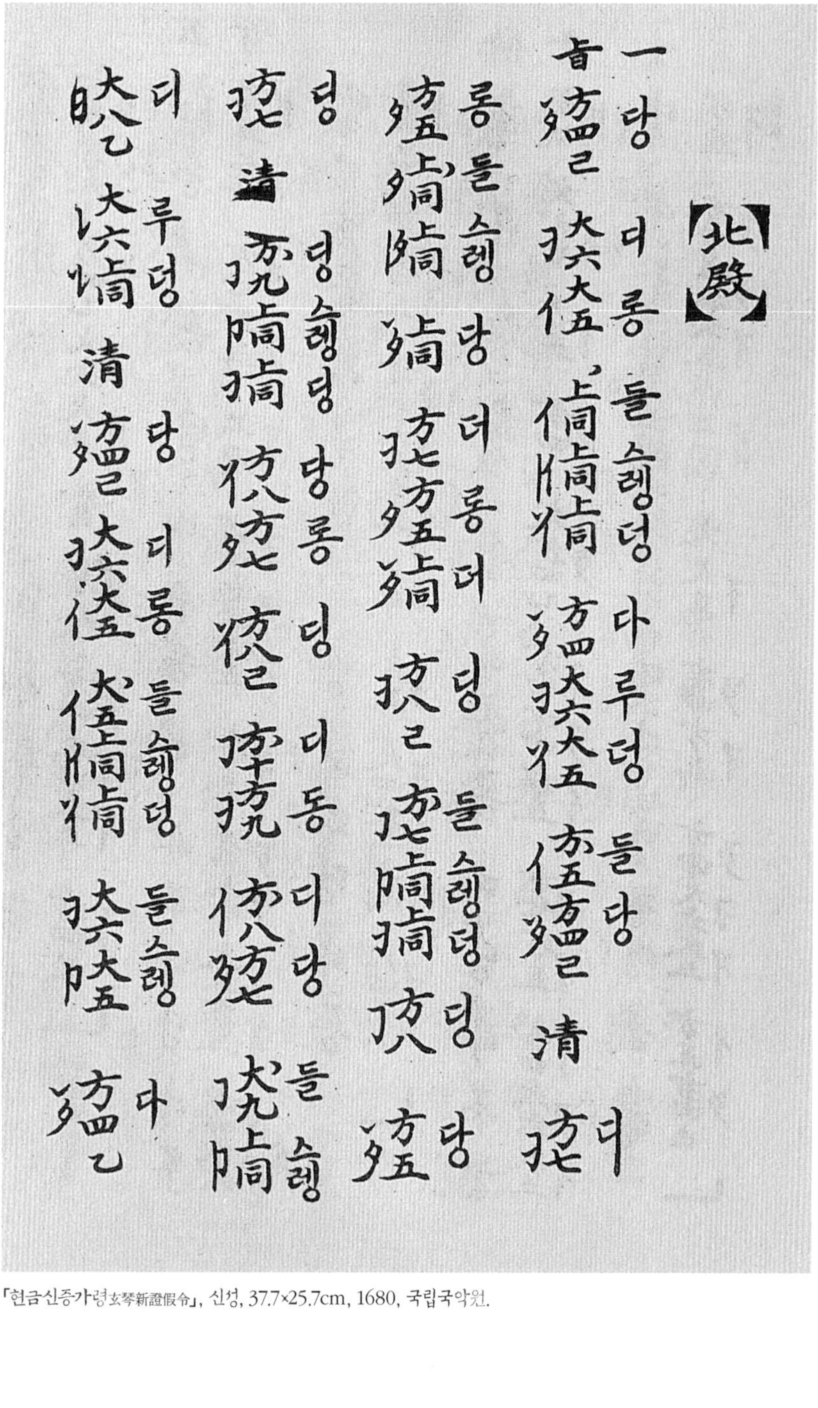

「현금신증가령玄琴新證假令」, 신성, 37.7×25.7cm, 1680, 국립국악원.

사이에 소통을 이루는 것은 조선 후기 음악문화만의 특징이라 할 수 있다.

조선 후기 선비들이 다룬 악기는 이전처럼 거문고 일색이 아닌 가야금, 양금, 생황, 해금, 통소 등 다양해졌다. 이 가운데 거문고를 제외한 악기는 선비들이 연주하는 악기로서는 '특이한' 악기였다. 특히 양금과 같은 것은 당시 연행을 다녀온 사람들이 가지고 들어온 것으로, 문인 지식인층에서 애호하는 악기로 떠올랐다. 다양한 악기를 연주하는 문인들의 연주 실력 또한 만만치 않았고, 몇몇은 전문가의 경지에 오르기도 했다.

음악을 직업으로 삼지 않은 문인으로서 연주에서 마니아급 실력을 드러낸 것은 조선 후기적 인간형의 출현이기도 했다. 그리고 이들은 저마다의 악기로 소통하며 이를 악보로 만들어 기록하

백자동유생황형연적, 높이 22.1cm,
조선시대, 국립중앙박물관.

고자 했다. 기억을 연장함으로써 좀 더 나은 연주를 하고 싶어한 욕구에서 비롯된 행동이었을 것이다. 조선 후기에 수많은 금보琴譜, 즉 거문고 악보가 제작되어 지금까지 우리 곁에 남겨진 배경에는 이러한 사회의 요구가 있었다.

졸옹의 가야금과 『졸장만록』

뛰어난 음악가가 연주하는 훌륭한 음악은 귀 밝은 감상자 입장

『졸장만록』, 1796, 대전광역시립연정국악원.

에서 놓치고 싶지 않다. 그 음악을 녹음으로 남겨둘 수 있는 시대가 아니라면 더욱 그러했을 것이다. 음악을 한번 흘려듣고 마는 것이 아니라 어떤 형태로든 기억해놓고 싶은 법이다. 우리 고악보 가운데 많은 수가 그러한 과정을 거쳐 태어났다.

이보다 더 적극적인 경우도 있다. 훌륭한 연주자를 찾아 함께 생활하면서 그의 음악을 듣고 감상하며 악보로 만들어 남겨두는 것이다. 조선 후기에 살았던 '졸옹'이란 인물이 만든 가야금 악보 『졸장만록拙庄漫錄』(1796)이 그러한 예다. '졸옹拙翁', 자신을 낮추고자, 자신의 재주를 감추고자 하여 지은 자호自號일 듯하다. 그래서인지 『졸장만록』이란 악보 외에 졸옹이 남긴 저작은 찾기 힘들다. 악보를 상세히 적어 남긴 것으로 보아 상당히 꼼꼼한 선비의 태도가 엿보이지만 졸옹에 대해서는 더 이상 알려진 것이 없다.

『졸장만록』은 흔히 만나기 어려운 가야금 고악보다. 조선 선비 대부분은 거문고를 교양으로 익혔기에 가야금 악보는 좀처럼 만들지 않았다. 이런 가운데 졸옹이 음악사에 중요한 발자취를 남긴 것이다. 그는 단 하나의 가야금 악보로 음악사의 중요한 인물로 떠올랐다.

『졸장만록』은 1796년(정조 20)에 필사본으로 만들어진, 39면 분량의 가야금 악보다. '가야금수법록伽倻琴手法錄'이라 기록한 첫 부분이 『졸장만록』의 서문으로, 이 악보가 어떻게 하여 만들어졌는가 그 경위가 적혀 있다. 이어서 가야금 열두 줄의 산형散形과 오른손의 탄현법彈絃法, 왼손의 안현법按絃法과 조현법調絃法을 기록한 뒤 삭대엽 첫자진한잎, 우조 둘째치, 우조 셋째치, 계면조, 계

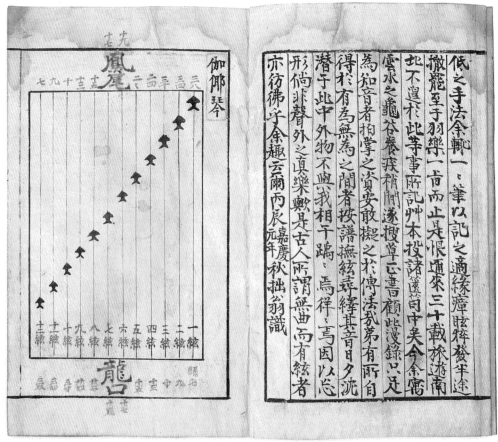

『졸장만록』 본문.

면삭대엽, 우조낙시조 일지一旨 부분까지 악보를 남겼다. 탄현법은 줄을 뜯거나 밀거나 튕기는 오른손의 손가락 사용법을 설명했고, 안현법은 왼손의 줄을 짚는 법, 줄을 가볍게 짚는지, 차츰 힘을 줘야 하는지, 줄을 성기게 떠는지, 잦게 떠는지 등의 내용을 기록해 놓아 연주 기법에 대해서도 세세히 설명해두었다. 졸옹이 남긴 서문 내용을 풀어봄으로써 『졸장만록』이라는 가야금 악보가 이루어진 과정을 살펴보자.

흥양興陽 땅에 윤동형尹東亨이라는 이름의 맹인 가야금 연주자가 살았다. 서울에서 태어나 자라고 활동했는데 가야금과 노래 실력이 세상에 자자했다. 그의 연주를 들은 사람이면 누구라도 감탄하지 않는 이가 없을 정도로 뛰어난 실력의 소유자였다. 『졸장만록』의 저자 졸옹도 그를 1766년(영조 42) 여름에 승영昇營(지금의 순천)에서 만나 가야금 연주를 비로소 듣게 되었다. 연주를 들어보니 과연 명불허전이란 말을 실감할 수 있었다.

졸옹은 맹인 악사 윤동형의 음악을 사랑하게 되어 그의 음악을 온전히 더 들으려고 세상의 혼잡함을 피해 조용한 장소를 찾았다. 그런 곳이라면 섬이 제격이라 배를 타고 절이도折爾島(지금의 거금도)로 들어가 송악산의 송광암松光庵에 올랐다. 적막한 산중에서 가야금을 타고 노래를 하다보니 듣는 사람이나 연주하는 사람 모두 세상의 온갖 시름을 잊을 수 있었다.

졸옹은 윤동형이 연주하는 음악을 모두 악보로 남기고자 했다. 그와 같은 연주자를 다시 만나기 어렵고, 그런 훌륭한 음악도 다시 듣기 어렵기 때문이었다. 그의 음악 모두를 기록해서 후세 사람들이 다시 연주하고 그의 음악을 누릴 수 있도록 하고 싶었다.

가능한 한 세세한 내용
하나하나 빠짐없이 기록하려고
노력했다. 오른손과 왼손의 탄법彈法과
수법手法을 모두 기록했다. 그러던 중 병이 생
겨 중도에 작업을 그쳐야만 했다. 결국 가곡 우락羽樂
일지一旨까지 기록하고 그만두었다. 이후 30여 년 동안 이리저
리 떠돌아다니다보니 더 이상 악보를 만들 겨를이 없었다.

　졸옹은 악보의 초본을 만든 지 30여 년이 지난 뒤 약간의 한가
한 시간이 생겨 지난날 궤짝 속에 던져두었던 악보를 찾았다. 막상
악보를 꺼내어 보니 음악을 아는 사람들의 웃음거리가 될 것 같았
다. 결코 음악을 아는 사람이 만든 악보가 아니라는 생각이 들 지
경이었다. 게다가 악보를 펴낸 1796년(정조 20) 당시에는 이미 가
곡 한 바탕 가운데 농弄·낙樂·편編이 모두 나와 있는데, 졸옹은
우락羽樂 일지까지 기록하다 그쳤으니 자신의 악보가 미흡하기 그
지없어 보였다. 그럼에도 다시 악보를 보면서 가야금 줄을 고르는
가운데 진정한 음을 찾고, 더 좋은 음을 내기 위해 아침저녁으로
심혈을 기울였다. 그러다보니 어느덧 "외물外物이 나와 관련이 없
는 듯, 고적하고 양양하여 내 몸마저 잊는" 몰아의 경지를 얻게 되

었다. 옛사람들이 말한 "곡은 없는데 줄은 있는_{無曲而有絃}" 그런 경지를 체득하게 되었던 것이다. 졸옹은 윤동형으로부터 음악을 듣고 자신이 몸소 체험하여 깨달은 음악을 『졸장만록』에 기록해두었다.

맹인 악사 윤동형이 연주한 음악, 그리고 그것을 일일이 악보로 기록해놓은 졸옹의 기록정신, 이 둘 가운데 어느 것이 더 소중하다 말할 수 없다. 음악을 듣고 그 음악성을 일찌감치 알아본 졸옹을 말없이 따랐기에 윤동형의 음악이 악보로 기록될 수 있었기 때문이다. 고수는 고수를 알아보는 법이다. 절이도로 배를 타고 들어가면서 두 사람은 이미 자신의 음악을 마음속에 모두 그렸다. 파도 소리 싱싱하고 한적하기만 한 고흥의 한 바닷가 산속 조용한 암자에서 이루어진 음악, 그 현장은 지금 『졸장만록』이라는 가야금 악보에 고스란히 남아 전해진다.

거문고 악보로 흩어지는 소리를 잡아두다

합자보_{合字譜}는 글자(기호)를 조합하여 만든 악보로 거문고 줄 이름의 약자_{略字}와 괘의 순서, 손가락을 표기하는 한문의 약어, 지법, 탄법 등을 한꺼번에 합해 기호를 모아 기보하는 악보로서 15세기 인물 성현_{成俔}(1439~1504)이 창안했다. 성현이 합자보를 만든 내역은 『허백당집』에 전하는 「현금합자보서」에 밝혀져 있다. 성현의 「현금합자보서」는 『악학궤범』의 서문과 비슷한 내용이 많은데, 시간예술이라는 음악의 특징을 잘 파악해 쓴 글이다. 서문

앞부분에 밝히고 있는 "음악이 허공에서 나와 허공으로 흩어진다"는 표현이 그것인데, 그러한 까닭에 흩어지는 소리를 잡아두는 방법을 모색하기 위해 악보를 만들어야 한다고 강조하고 있다. 규구規矩를 만들어두면 공인이나 장인이 배울 수 있을 거라는 이유에서 합자보를 만들었다고 성현은 밝혔다.

또 성현이 성종대에 장악원 제조提調로 있을 때, 음악을 배우고자 하는 사람들이 그 법을 얻지 못하는 것에 대해 걱정하면서 당시의 전악인 박곤, 김복근 등과 『사림광기』 『대성악보』 등의 책에 근거하고 예전에 쓰던 몇 가지 법칙을 참고해 합자보를 만든 것이라 했다. 합자보는 거문고만이 아닌 가야금, 향비파, 당비파 등 현악기는 모두 통용할 수 있는 것이므로 스승이 없어도, 또 타는 법을 보지 않아도 음악을 배우는 데 크게 도움이 되는 악보라 했다.

이처럼 합자보의 특징은 가르쳐주는 스승이 없고 연주하는 것을 직접 보지 않아도 몇몇 기호를 이해하면 쉽게 악보를 읽을 수 있다는 점에서 악보로서 완성도가 매우 높다. 이미 세종대에 창안된 정간보의 경우 음의 높이나 길이는 표기할 수 있지만 특정 악기의 괘차, 지법, 탄법까지는 담지 못했다. 좁은 의미의 악보는 보통 음높이와 길이 정도를 표기할 수 있는 정도이지만 합자보는 이처럼 악보로서 기록할 수 있는 최대치를 보여줬다는 점에서 매우 편리하고 유용하다. 관악기와 달리 현악기는 오른손과 왼손의 안현과 탄현이 분리되어 있고 자세가 각기 다른 악기상의 특징으로 볼 때 이러한 기보법은 매우 합리적이다. 다만 악보의 질서를 이해하기 위한 선행 학습으로 몇 가지 기호의 약속을 터득해야 한다는 점은 감수해야 한다.

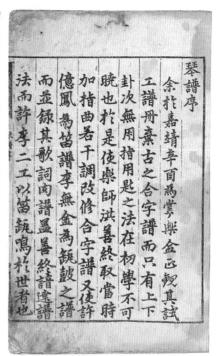

『금합자보』, 37.5×25.0cm, 보물 제283호, 1572, 간송미술관.

　　성현이 창안한 합자보는 안상의 『금합자보』 이후에도 여러 금보에서 받아들여 쓴 것으로 보아 당시 매우 유용한 기보법으로 활용된 듯하며, 조선 후기까지 많이 쓰인 것으로 보인다.* 다음으로 거문고 「만대엽」 합자合字의 사례를 보자.

---

* 합자보로 기보된 악보의 사례는 편자, 연대 미상인 『금보고琴譜古』(국립중앙도서관 소장), 영조 대의 악보로 추정되는 『신증금보新增琴譜』 『한금신보韓琴新譜』, 17세기 악보로 추정되는 윤용진 소장의 『금보』, 편자와 연대 미상인 『강외금보江外琴譜』, 19세기 악보로 추정되는 『인수금보仁壽琴譜』 등 다양하게 나타난다.

옆의 합자보를 보면 '대大'는
거문고 줄 가운데 '대현大絃'을
이르는 것이고 그 아래 숫자 '오
五'는 거문고의 괘 위치, 즉 대
현 5괘를 이르는 것이다. 또 '대
오大五' 왼쪽에 있는 'ㄴ'자 는 긴
장長자의 아랫부분을 가져온
것으로 가운데 손가락, 즉 '장
지長指'로 줄을 짚으라는 기호
를 말한다. 바로 그 왼편의 'ㅣ'
자는 거문고 구음의 '스랭'을
말하는 것으로 술대로 문현文
絃으로부터 대현에 이르기까지
내려 긋는 것을 말한다.

이러한 설명은 『금합자보』
가운데 「금합자보해琴合字譜解」
에 그 설명이 상세하다.

『금합자보』에 실린 만대엽.

오른쪽 변 위쪽에는 줄 이름을 쓰고, 아래쪽에는 괘차卦次를 쓰며 왼
쪽 변에는 손가락을 쓰는 법用指法, 좌우 바깥 면에는 술대 쓰는 법用
匙法을 써서 이 네 가지 법을 합하여 한 글자가 되므로 이를 합자라 한
다. 대大자는 대현大絃이고, 방方자는 유현遊絃이며, 일, 이, 삼, 사,
오, 육, 칠, 팔, 구, 십, 십일은 괘의 순서다.

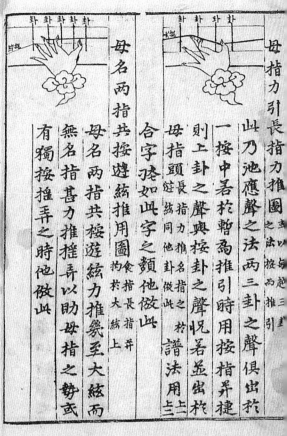

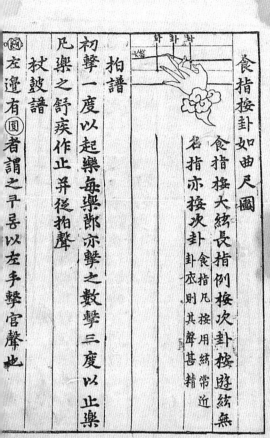

母指力引長指推圖

此乃池應聲之法兩三卦之聲俱出於
之法以與起三卦引

一按中若於暫為推引時用按指并捷
則上卦之聲悅若益出於
母指頭遊長指力推名指之於
譜法用上三

合字㡠如凶字之頦他做此

母名兩指共按遊絃推用圖

母名兩指共按遊絃推力搖至大絃而
無名指甚力推搖弄以助母指之勢或
有獨按搖弄之時他做此

食指按卦如曲尺圖

食指按大絃長指例按次卦按遊絃無
名指亦按次卦食指凡接用絃常近
卦底則其聲甚精

拍譜

初擊一度以起樂每樂節亦擊之數擊三度以止樂
凡樂之舒疾作止并從拍聲

杖鼓譜

左邊有圓者謂之구궁以左手擊官聲也

『금합자보』에 실린 안현법.

이처럼 정간 한 간에 기록한 내용이 거문고 줄의 이름, 거문고 괘의 위치, 안현하는 위치와 손가락 사용법, 그리고 오른손에 술대를 쥐고 줄을 긋는 법까지 모두 아우르고 있다. 이러한 기보법은 얼핏 복잡한 듯하지만 몇 가지 기호만 익히면 매우 입체적이면서 이해하기 쉽고 편리하다. 따라서 "마치 스승이 곁에 있는 것처럼, 스승이 없어도, 타는 것을 보지 않아도" 악보만 보고 쉽게 연

주로 옮길 수 있는 것이 곧 합자보임을 알 수 있다. 사정이 이렇다면, 독학으로 혹은 선생을 구하기 어려운 처지에 놓인 사람이 합자보의 기보 방식으로 쓰인 악보를 만나면 쉽게 음악을 연주할 수 있다는, 창안자 성현의 말을 이해할 수 있게 된다.

이렇듯 합자보의 편리함으로 인해 『금합자보』는 합자보를 취해 기록했다. 이는 성현이 합자보를 창안했던 정신을 이어받은 것이었고 16세기 조선사회에서 거문고를 배우고자 하는 이들에게 큰 도움이 되었을 것이다.

다시 말해 합자보는 음악 전공이 아닌 사람이 음악을 제대로 읽고 이해하고, 감독하고, 때로는 배우기 위한 악보라는 점도 고려해볼 수 있다. 장악원의 구성원 가운데 장악원 제조 이하 장악원 주부, 직장, 첨정 등은 음악 전문인이라기보다는 음악 관리자에 속했다. 따라서 음악 전문인들보다 오히려 이들에게 더욱 필요한 악보일 수 있었다. 여기서 전문 음악인들의 계보가 아닌, 비전문 음악인이지만 음악의 효용을 인식한 학인들에 의해 고안된 악보가 합자보이고, 합자보를 선호하는 집단은 비전문 음악인일 가능성이 크다는 가능성을 제기한다. 육보는 전문 음악인들에 의해 계속 애호되어 현재까지 쓰이고 있지만 합자보는 19세기까지 쓰이다가 역사 속으로 사라졌다는 점도 그러한 유추를 가능케 한다.

12장

조선의 맛을
탐색하다

⊙

『음식디미방』과 『규합총서』

한명주

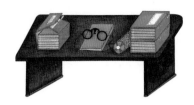

옛사람들이 쓴 요리책의 계보

조선의 선비들이 시로 써서 남긴 글이나 그림을 보면 옛사람들의 혀끝을 감돌았던 미각과 맞닥뜨리곤 한다. 그러나 그동안 우리가 배워온 역사는 감각적이라기보다는 머리로 이해하는 것이었고, 조선의 사상 역시 음식을 탐색한다고는 해도 거기에 배어 전해오는 문화와 이념을 알려주기보다 학문에 치우치곤 했다. 그렇지만 옛사람들의 삶이라고 해서 음식과 떨어진 적은 없었기에 그들의 조리서를 짚어보는 일은 당대 사람들 삶의 중요한 한 자락을 엿보는 일이 될 것이다.

우리나라 조리서는 임진왜란 이전에 술 빚기를 중심으로 엮은 김유金綏(1481~1552)의 『수운잡방需雲雜方』을 제외하고는 임진왜란 이후의 조리서들만 전한다. 이들 자료는 조선 사람들은 음식을 어떻게 조리했고, 식재료는 나라 안팎의 어떤 경로를 통해 마련했는지, 또 음식에 들어가는 재료는 어떻게 활용했는지 등을 알려준다.

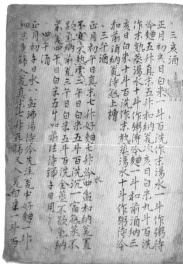

『수운잡방』, 김유, 유교문화박물관.

우선 한국 고조리서의 계통도를 그려보자. 17세기의 조리서로
는 광해군대의 자료가 전해지는데, 당시 식재료와 조리법을 엿볼
수 있는 허균의 『도문대작屠門大嚼』이 그것이다. 또한 조리에 관한
고증적 설명을 담은 이수광의 『지봉유설芝峰類說』(1613)이 있으며,
사대부 집안의 음식을 직접 담당했던 정부인貞夫人 안동 장씨安東張
氏가 쓴 『음식디미방』(1670년경)이 전한다. 나아가 연대는 분명치
않으나 『음식디미방』과 비슷한 시기에 출간된 하생원河生員의 『주
방문酒方文』과 지은이가 분명치 않은 『요록要錄』(1680년경), 『치생
요람治生要覽』(1691) 등이 있다.

18세기의 조리서들은 나라 바깥으로 뻗어나가는 것이 특징이
다. 즉 중국 문헌을 두루 참조했고 일본 음식을 소개한 조리서들

이 쓰여졌다. 그중 중국 문헌 등을 참고해 엮은 홍만선의 『산림경제山林經濟』(1715년경)를 첫째로 꼽을 수 있고, 연대가 불확실한 『술 만드는 법』이 있으며, 진주 정씨晉州鄭氏가 쓴 『음식보飮食譜』가 있다. 유중임은 『산림경제』의 내용 가운데 중국 문헌에서 그대로 가져다 쓴 내용은 빼고 우리 고유의 토속적인 내용을 덧붙여 『증보산림경제增補山林經濟』(1766)를 펴냈으며, 이표는 지방의 향토 음식과 일본 음식까지 도입해 『수문사설諛聞事說』(1740년대 추정)을 내놓았다.

19세기에는 빙허각憑虛閣 이씨李氏가 전서全書 3부 11책 중 제1부인 『규합총서閨閤叢書』(1809년경)의 주사의酒食議에서 조리법을 상세히 풀어놓았다. 한편 청나라 조리서의 필사본인 『식경食經』이 출간되었으며, 지금은 남아 전하지 않는 서유구의 『옹희잡지』와 이 내용을 인용하고 동서고금의 조리서를 모아 편찬한 『임원십육지林園十六志』(1827년경)를 선뵈었다. 또한 우리나라와 중국을 비롯해 외국의 사물과 조리를 엮은 이규경의 『오주연문장전산고五洲衍文長箋散稿』(1850년경)가 출간되었다.

이외에 지은이와 연대가 분명치 않은 『군학회등群學會騰』『규곤요람閨壺要覽』『음식유취飮食類聚』(1858), 『김승지댁주방문金承旨宅廚房文』(1860) 등도 주목된다. 또한 1869년에 『규합총서』의 내용 가운데 조리 분야를 간결하게 정리해 목판본으로 간행한 『간본 규합총서』 등도 눈에 띈다.

20세기 조리서로는 1869년에 출간된 『간본 규합총서』에 냉면 조리법을 보충한 『부인필지夫人必知』(1900년대 초반 추정)가 있고, 시대 변화에 따른 신식 조리법을 다룬 방신영의 『요리제법料理製法』

「선묘조제재경수연도」, 국립문화재연구소. 노부인의 연회 장면을 묘사한 것으로, 조선시대 양반가가 연 행사 때의 상차림을 엿볼 수 있다.

(1913)이 있으며, 『임원십육지』의 정조지鼎俎志를 한글로 번역하면서 신식 조리법을 곁들여 이용기가 지은 『조선무쌍신식요리제법朝鮮無雙新式料理製法』(1924)이 있다. 이석만의 『간편조선요리제법』(1934)과 『신영양요리법』(1935), 조자호의 『조선요리제법』(1938) 역시 주목할 만하며, 이외에 일본어로 간행된 손정규의 『조선요리』(1940), 국한문혼용체로 펴낸 홍선표의 『조선요리학』(1940), 미국 여성인 모리스가 쓴 『서양요리제법』(1937) 등이 옛사람들의 식생활을 전해주고 있다.

좋은 음식 맛을 버는 방문, 『음식디미방』

『음식디미방』은 경북 영양에 살았던 정부인 안동 장씨(장계향, 1598~1680)가 반가의 음식을 정리해 펴낸 최초의 한글 조리서로, 자손들을 위해 일흔이 넘은 나이에 집필했다. 원본은 경북 영양군 석보면 원리동 재령 이씨 종택 서고에서 1959년에 발견되었다. 조선시대 조리서들은 대개 남성 저자들이 한문으로 쓰인 중국 조리서 내용을 그대로 옮겨놓은 것이 대부분이었던 데 반해, 『음식디미방』은 영남 지방을 중심으로 예부터 전해오거나 스스로 개발한 조리법을 기록해놓아 조선 중기 조리법과 음식사를 연구하는 데 더없이 좋은 자료다. 이 책은 앞뒤 표지를 합쳐 총 30장의 필사본

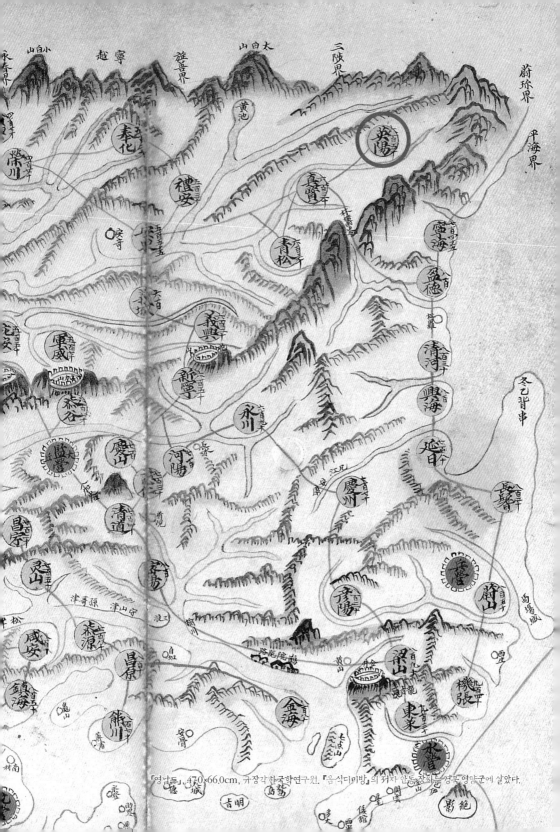

「영남도」, 47.0×66.0cm, 규장각한국학연구원. 『음식디미방』의 저자 안동 장씨는 경북 영양군에 살았다.

으로 되어 있으며 17세기 경상도 양반 집안의 음식 조리법과 저장·발효식품, 식품보관법 등 146가지(면병류 18가지, 어육류 74가지, 주류 및 초류 54가지)를 소개하고 있다. 이 가운데 술 만드는 법이 51가지로 가장 큰 비중을 차지해 당시 사대부 집안의 여성들이 술 빚기를 중요하게 여겼음을 알 수 있다. 이 책의 표지 서명은 '규곤시의방閨壼 是議方'으로 규곤은 여성들이 거처하는 '안방과 안뜰'이고, 시의방은 '올바르게 풀이한 방문'이란 뜻이다. 또한 『음식디미방』은 좋은 음식 맛을 내는 방문이란 뜻으로, 이것이 필자가 원래 붙인 책 이름이지만, 안동 장씨의 남편이나 혹은 자손들이 격식을 갖추기 위해 '규곤시의방'으로 고쳐 부른 듯하다.

『음식디미방』 권말에는 다음과 같은 필사기가 적혀 있다.

『음식디미방』, 정부인 장씨, 25.5×18.8cm, 17세기, 재령 이씨 첩게종가.

이 책은 이리 눈 어두운데 간신히 썼으니

이 뜻을 알아 이대로 시행하고 딸자식들은

각각 베껴가되 이 책을 가져갈 생각일랑 마음도

먹지 말며 부디 상하지 않게 간수하여 쉽게 떨어지게 하지 말라.

여기서 딸자식들에게 책을 베끼는 것은 허용하되 가져갈 생각을 품지 말라고 한 것은 조리법을 독점하려는 뜻이 아니라 원본을 종가에 잘 보존해서 후대에 길이 전해주려 한 마음일 것이다.

밀가루를 끼얹고 천초가루로 냄새 빼고

이제 본격적으로 『음식디미방』 속으로 들어가보자. 먼저 이 책에 실린 부식류에는 나물류·포류가 없으며, 식재료의 특징은 다음과 같다.

첫째, 탕(국류)을 만들 때 밀가루, 꿩, 천초, 건어물을 많이 썼다. 우족탕, 난탕, 말린 생선탕, 전복탕, 해삼탕에 밀가루를 넣었고, 우족탕과 쑥탕의 재료는 꿩이었으며, 전복탕과 해삼탕 그리고 별탕에는 매운맛을 내면서 비린내를 제거하기 위해 천초가루를 썼다.

둘째, 찜류에 개고기(개장, 개장찜), 천초, 밀가루를 사용했다. 『음식디미방』에 개의 창자 속에 부재료를 넣어 중탕하는 개장은 『규합총서』에 소 창자 속에 부재료를 넣어 중탕하는 쇠곱창찜으로 변화되었고, 이후 돼지 창자를 활용하는 순으로 바뀌어간 듯

하다.

셋째, 채류에는 대구껍질채, 오이화채, 잡채, 연근채, 동아돈채가 있었으며, 『음식디미방』에 실린 잡채에는 여러 종류의 채소류를 썼으나 조선 후기에 당면을 재료로 삼는 오늘날의 조리법이 나타났다. 또한 음식을 시각적으로 돋보이도록 하고자 맨드라미꽃이나 머루물을 썼고, 식욕을 돋우기 위해 초를 넣었다. 대구껍질채는 밀가루, 오이화채는 녹두전분을 넣어 질감이 나도록 만들었다.

넷째, 밀가루즙을 끼얹는 누르미는 개장고지누르미, 개장국누르미, 대구껍질누르미, 가지누르미, 동아누르미가 있으며 1700년대 이후에는 관련 내용이 나오지 않는다. 오늘날 잘 쓰지 않는 말린 대구껍질과 동아를 재료로 삼았고, 개고기, 말린 대구껍질의 잡냄새를 빼고자 천초, 생강, 된장, 후추를 사용했다.

다섯째, 김치류(침채류), 지히류에 배추, 무, 고추를 쓰지 않은 것이 특징이며 꿩(꿩고기 김치, 꿩지히, 꿩짠지히), 산갓(산갓김치), 동아(동아 담는 법), 고사리(고사리 담는 법), 마늘(마늘 담는 법)이 주재료가 되었다.

여섯째, 회에는 대합회, 해삼회를 초간장과 곁들였고, 편에는 양(소의 위)숙편, 별미닭 대구편(암탉과 말린 대구를 식재료로 씀)이

있고, 젓갈로는 약게젓,

게젓, 청어젓갈, 방어젓갈, 참새젓 등이 있었다.

일곱째, 적(동아적, 연근적), 선(동아선), 전(어전), 볶음(양볶음, 가제육), 구이(닭구이, 대합구이, 웅장구이)에서 연근적과 어전은 밀가루즙을 이용했고 동아적에는 간장기름, 마늘, 생강 등을 썼다. 또 구이에는 간장기름이 활용되었다.

미각을 살리고 영양을 보존하는 조리법들

『음식디미방』에 실린 부식류의 조리법은 오늘날의 것과 상당히 다른 특색을 지녔다. 그 자세한 특징들을 정리하면 다음과 같다.

첫째, 밀가루를 이용한 갖은 조리법이 있었다. 밀가루는 음식의 맛을 좋게 하고 농도를 조절하는 데 주재료가 되었다. 그리하여 밀가루를 입혀 기름에 지지는 조리법(어전, 연근적)과 기름에 볶는 조리법(가제육)이 나온다. 또한 밀가루를 풀어 끓이는 조리법(우족탕, 말린 생선탕, 전복탕, 해삼탕, 수증계, 개장국누르미)이 있고, 밀가루를 풀어 끓여서 끼얹는 조리법(난탕, 가지누르미, 개장고지누르미,

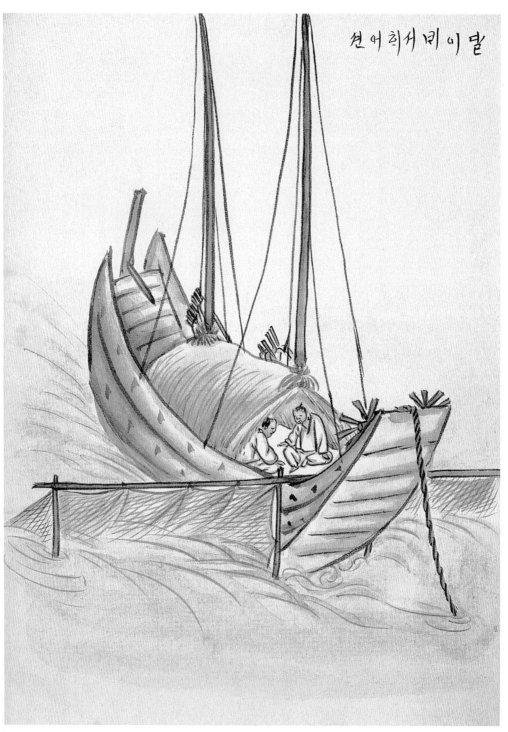

션어희서비이달

「기산풍속도첩 서해어선」, 김준근, 종이에 채색, 23.2×16.0cm, 19세기 후반, 한국기독교박물관. 『음식디미방』에서는 바다생선이 큰 비중으로 다뤄지고 있다.

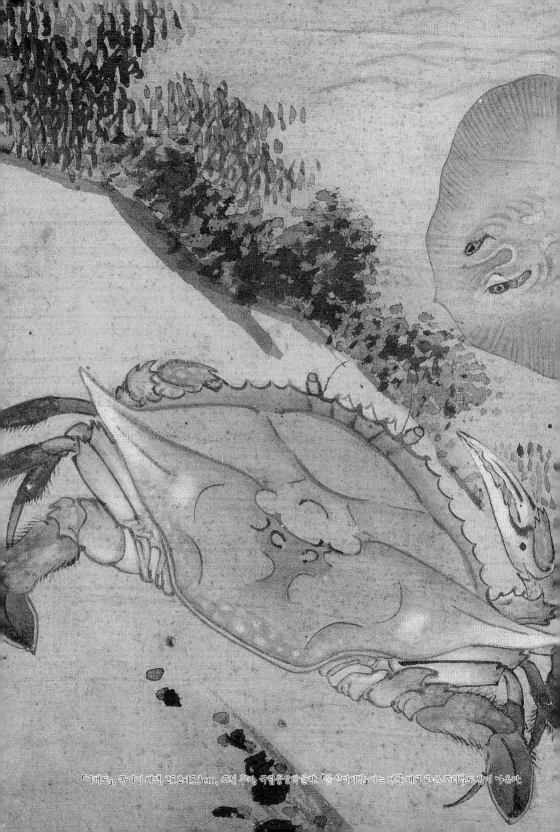

「어해도」, 종이에 채색, 25.2×15.3cm, 조선 후기, 국립중앙박물관. 「음식디미방」에는 게를 재료로 쓴 조리법도 많이 나온다.

대구껍질누르미, 동아누르미, 대구껍질채) 또한 활용되었다. 이외에도 밀가루를 양념에 섞는 조리법(붕어찜, 연계찜, 가지찜, 외찜, 해삼찜)을 꼽을 수 있다.

둘째, 천초를 많이 이용했다. 수조육류의 누린내와 어류의 비린내를 빼기 위해 천초, 생강, 후추 등의 향신료를 썼는데, 그중에서도 천초는 매운 향과 맛을 내는 중요한 재료였다. 향신료를 이용한 조리법에는 천초·생강 등으로 양념하는 조리법(붕어찜)이 있고, 생강·후추·천초 등으로 양념해 푹 고는 조리법(별미닭대구편)이 있으며, 생강·후추·천초 등으로 양념하는 조리법(연계찜)이 있다. 이외에 후추·천초·생강 등으로 양념하는 조리법(개장)을 들 수 있다.

셋째, 수증기를 이용한 중탕 조리법이 많았다. 찜 조리법은 주재료에 양념이 배도록 조리는 조리법과 수증기를 이용한 중탕 조리법이 있는데, 『음식디미방』에는 수증기를 이용한 중탕 조리법이 많았다. 이 조리법은 영양소를 최대한 보존하는 것으로, 연계의 뱃속에 소를 넣는 중탕 조리법(연계찜), 등을 가른 붕어에 소를 넣는 중탕 조리법(붕어찜), 해삼 속에 소를 넣는 중탕 조리법(해삼찜) 등이 있었다. 또한 양념한 가지를 중탕하는 조리법(가지찜)과 양념한 오이를 중탕하는 조리법(외찜)도 있었다.

넷째, 삶은 뒤 굽는 조리법이 있었다. 이것은 고기를 연하게 하고 누린내를 없애기 위한 방법으로 웅장을 삶아 간장기름

셔면 ㅁ쟝유의 ᄎᄂᆞᆫ거

　　대구겁질 ᄂᆞ로미

대구겁질을 ᄅᆞ레듬가 ᄉᆞᆫ라 비늘 업서 약과 마곰 사ᄒᆞ 셩이 의고

ᄅᆞᆯ쳐 소ᄀᆞᆫ 쥬게 ᄯᅩ아 호쵸 쳔쵸 ᄀᆞ로 약념 ᄒᆞ야 그 겁질 ᄡᅡ ᄒᆞᆫ져 ᄡᅡ 굴

그을 부쳐 믈에 ᄉᆞᆯ마 셩이 즙 진ᄀᆞ로 ᄎᆞ 걸 파 ᄂᆞ허 만ᄂᆞ게 즙 ᄒᆞ야 ᄂᆞᆷ애

ᄒᆞ니라

　　대구겁질 츄

대구겁질을 비ᄂᆞᆯ 업 ᄆᆞᆫᄅᆞᆫ라 무레 ᄉᆞᆯ마 ᄂᆞ리 ᄡᅡ ᄒᆞ라 셩이 바ᄡᅡ 치 ᄡᅡ

겁 파 ᄃᆞᆫ허 쳐 게 쵸 노 ᄒᆞᄡᅥ라 대구겁질을 그ᄂᆞ ᄉᆞᆫ 낫 ᄉᆞᆯ 파 ᄅᆞᆯ ᄒᆞᆫ 치 셕

의 두로 ᄃᆞ 쵸 지령의 진ᄀᆞ로 즙 ᄒᆞ여 ᄆᆞᆯ허 쵸 노 ᄒᆞ ᄡᅡ라

　　셩이 ᄇᆞᆷ 쳐 ᄇᆞᆸ

셩이ᄅᆞᆯ 벗겨 소 쇽 아사 ᄇᆞ ᄂᆞᆷ고 ᄀᆞᆫ시 츈 치 기리 마곰 도독 ... ᄒᆞ게

외근드 ᄂᆞᆫ 지히 겁질 벗겨 쇼

워 두고 셩이ᄅᆞᆯ ᄉᆞ마 그외 지히 ᄆᆞ치 ᄡᅡ ᄒᆞᄂᆞ 두 슨 믈 소금 알 마 ᄎᆞᆷ의 허 ᄂᆞ 박

ᄆᆞ아 겨 ᄡᅳᄂᆞ

　　셩치 쵸 지히

『음식디미방』에 실린 대구겁질누르미 등의 조리법 예.

『음식디미방』의 연계찜과 개장국누르미를 재현했다.

을 바르면서 굽는 조리법(웅장 구이), 개살코기를 삶아 간장·후
추·기름으로 간하여 굽는 조리법(개장고지누르미), 삶은 닭을 간장
기름으로 바르면서 굽는 조리법(닭구이) 등이 있었다.

『규합총서』, 조선 양반가 생활의 모든 것

『규합총서』는 빙허각 이씨가 쓴 것으로 조선 후기 사대부 집안
여성이 일상생활에서 활용할 수 있는 모든 것을 체계적으로 기록
했다. 이 책은 언제 누가 지었는지 모르는 채 필사본과 목판본으
로 전해오다가 1939년 황해도 장연군 진서에 있는 빙허각의 시가
인 달성 서씨 후손 가에서 총 3부11책인 『빙허각전서』가 발견되었
다. 『규합총서』는 전서의 제1부로 밝혀졌으며 주사의(술과 음식),
봉임측(바느질, 길쌈-한복 등을 재봉하는 척도와 염색, 방직, 자수,
양잠, 그릇과 등잔 관리), 산가락(시골 살림의 즐거움-밭일, 꽃 재배,
가축 기르기), 청낭경(병 다스리기-태교, 아이 기르기, 여러 구급 방

가지로 빗쳐 친누르도록 노가 몬쟝셔 홉을 두 가지쵸쳔

것과 쵸가지로둘 여셧냥 긔로 부어 네 냥 긔되 게 탈히면고

마시 십히 쵸혼니라

됴젓법 두부두 쳬을 굴게 겁여 소곰호 졉시 골고로 쌕려 잘우

에 너허 진득 히눌너 물이 쐬연후에 긔 솜쳐 에 너허 봉호야

고 초쟝 맛 헤 너코 혹간쟝 맛 헤 도 너흐리

게젓법 물호도동의 에 소곰무 되 졀홉 송시 너코 며 소 느 반 독 못

되게 너허 칠팔십일에 닉 눈이라

쇼쟝 콩 호 말며 조쌀 두 되 갈 놀 민 두 라 흔무리 셕을

거 솔문 콩 씨 홍젹 호 되 니 빠 허 며 조 로 쥬 여 빠 오 기

롤 밥되 곳강 야 극 히 말 녀 셰 말 호 야 쳬 에 쳐 셕 며 조 갈 니 호

『규합총셔』, 빙허각 이씨, 1809년경, 규장각한국학연구원.

법), 술수략(집과 여러 환난에 대처하는 방법)의 다섯 부문으로 구성되어 있다. 『규합총서』는 1809년경 반가생활의 법도와 양식을 바로잡기 위해 저술한 것으로, 반가에서 실제로 만들었던 음식의 조리법을 실어 조선 후기 반가 음식에 커다란 영향을 끼쳤다. 그러므로 이 책을 보면 조선 후기의 조리법과 식생활을 자세히 들여다볼 수 있다.

그러나 『빙허각전서』는 일제강점기와 한국전쟁의 혼란 속에서 문헌의 행방이 묘연해졌고 『규합총서』의 이본으로 정양완의 가장본, 금택문고본, 장서각 마이크로필름(소창진평본)이 있다. 이 가운데 정양완의 가장본은 1984년 간행된 것으로 내용 구성에서 술수략에 해당되는 부분은 전하지 않는다. 『규합총서』에서는 의식주를 비롯해 당시의 생활 규모와 수준 및 일상의 삶을 엿볼 수 있어 조선 후기의 생활문화를 연구하는 데 매우 중요한 자료다. 또한 『규합총서』의 주·부식류에 이용한 식재료들의 향약성 효과는 『동의보감』에 수록된 효능과 견줄 만하다.

장단지, 국립민속박물관.

『규합총서』 「주사의」에는 술과 음식에 관한 내용이 실려 있는데, 여러 약주의 종류, 장 담그는 법, 초 빚는 법, 밥 세 가지(팥물밥, 오곡밥, 약밥), 죽 여덟 가지(우유죽, 팥죽, 우분죽, 구선왕도고, 의이,

삼합미음, 개암죽, 의이죽, 호도죽, 갈분의
이), 차 여섯 가지(다백희, 계장, 귀계장, 매
화차, 포도차, 매실차, 국화차), 반찬 만들기
(부식류를 탕(국), 찜, 채, 나물, 김치,
회·편·젓갈, 적·선·전·볶
음·구이, 포, 좌반으로
분류할 수 있음), 떡, 과
줄붙이, 기름 짜는 법 등이
기술되어 있다.

　『규합총서』에 수록된 약주에
는 구기자술, 오가피술, 도화주(복사꽃
술), 연엽주(연잎술), 두견주(진달래술), 소국
주, 과하주, 백화주, 감향주, 송절주, 송순
주, 한산춘, 삼일주, 일일주, 방문주, 녹파주,
오종주 등이 있다. 복사꽃술과 진달래술은
복숭아꽃과 진달래가 피는 봄의 정취를
느낄 수 있는 가향주이며 약용주다.
백화주는 온갖 꽃을 넣어 꽃향
기가 어우러진 술로, 겨울에
피는 매화, 동백꽃부터 복사
꽃, 살구꽃, 개나리, 진달래, 구
기자꽃, 냉이꽃, 국화 등을 송이
채 그늘에 말린 뒤 종이봉투에
보관했다가 중양절에 빚는 술이

술두루미(위), 20세기 중기, 국립민속박물관.
청화백자파어문병, 19세기, 국립민속박물관.

었다. 다른 꽃은 향기가 많다가도 마르면 향기가 사라지나 국화와 같이 마른 뒤에 더욱 향기롭고, 특히 약효가 인정되는 꽃은 그 양을 넉넉히 넣는 것이 좋다고 기록되어 있다. 송절주는 꽃향기와 솔향기가 입안에 가득해 맛이 기이하고 풍담을 없게 하며 원기를 보익해 팔다리를 못 쓰던 사람도 신기한 효험을 본다고 했다. 송순주는 술 밑에 고두밥과 솔순(솔잎)을 넣어 빚은 술로 맛과 향이 뛰어난 약주로 기록되어 있다.

고추장의 등장
부드러운 맛은 어떻게 낼까?

『규합총서』에는 부식류로 누르미는 나오지 않으며, 식재료의 특징은 다음과 같다.

첫째, 탕(국)류에 녹두전분과 고추장을 썼다. 완자탕과 준치탕은 입자가 고운 녹두전분을 이용해 부드러운 질감을 냈고 쇠꼬리곰탕, 잉어탕, 메기탕은 고추장을 풀어 누린 맛과 비린내를 없앴다. 고추장은 『음식디미방』의 천초 대용으로 쓰였을 것으로 추정된다.

둘째, 찜류를 만들 때는 개, 소, 돼지, 닭, 꿩, 메추라기, 담수어, 채소, 버섯류 등 식재료가 다양하게 쓰였다. 봉총찜, 붕어찜에는 밀가루, 돼지새끼집찜에는 메밀가루, 메추라기찜과 연계찜에는 죽순가루를 각각 이용했다.

셋째, 채류에는 화채가 있으며 수조육류와 채소류를 고루 사용

「경직도」중 나을 개기, 20세기 초, 국립민속박물관.

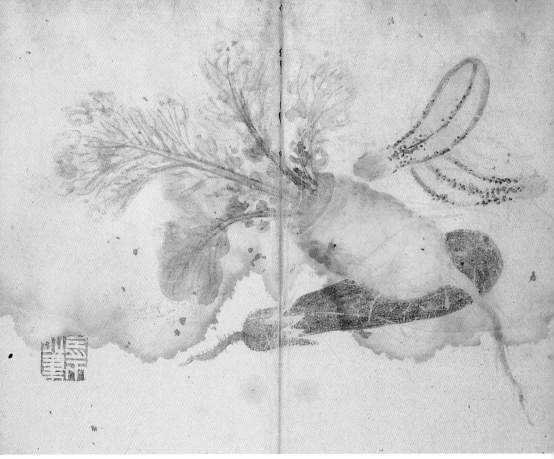

「채소도菜蔬圖」, 최북, 종이에 엷은색, 24.2×32.3cm, 18세기, 국립중앙박물관.

했다. 화채는 부드러운 맛을 내기 위해 녹두전분을 썼고, 시각적
으로 돋보이도록 하고자 연지물과 석이, 국화를 이용했으며 겨자
또는 초간장을 곁들였다.

넷째, 나물류로는 죽순나물과 호박나물이 있고 나물 이외에 부
재료로 쇠고기, 돼지고기, 꿩고기 등의 육류와 밀가루, 찰전병 등
을 넣었다.

다섯째, 김치류(침채류), 지히류를 만들 때 『음식디미방』에서는
배추, 무, 고추를 쓰지 않았던 반면 이 시기에는 이들 재료를 사용

했다. 어육김치는 쇠고기, 대구, 민어, 복어, 조기 대가리와 껍질을 달인 육수를 썼고, 전복김치는 유자껍질과 배를 부재료로 이용해 맛과 향을 높였다. 동치미는 무, 오이, 배, 유자, 파, 생강, 씨를 제거한 고추, 소금물을 넣고 숙성시킨 뒤 꿀을 타고 석류와 실백으로 고명을 해 오늘날의 동치미보다 식재료를 풍부하게 썼다.

여섯째, 회에는 돼지가죽수정회, 금제옥회, 웅어회, 양고기간회가 있고, 편에는 족편이, 젓갈에는 게젓, 교침해, 연안식해, 청어젓, 오징어젓, 송어알젓, 조기젓, 준치젓, 밴댕이젓이 있다. 『음식디미방』에는 대합회, 해삼회가 있었으나 식재료로 웅어, 청어, 오징어, 준치 등의 해수어가 이용되었다.

일곱째, 적(설하멱적, 승검초적, 안심산적, 생치적), 선(동아선), 전(생선전), 볶음(오징어볶음, 문어볶음, 장볶이), 구이(돼지고기구이, 꿩구이, 게구이, 참새구이, 붕어구이)에서 보듯 수조육류와 채소류를 다양하게 썼다. 볶음류에는 오징어(골패 모양), 문어(동전 모양)를 썼다. 『음식디미방』에 실린 생선전에서는 밀가루즙을 썼으나 생선살에 밀가루를 입히고 한 면은 흰자, 다른 면은 노른자로 색을 내 전을 부쳐 보기에도 좋게 만들었다. 『음식디미방』에서는 동아(동아적, 동아선)를 식재료로 삼았는데 이 시기에도 동아(동아선)를 썼다.

여덟째, 『음식디미방』에는 포류가 나타나지 않았던 반면 이 책에서 포류로는 편포, 약포, 치육포, 잉어포, 민어포, 대구포가 나오며 쇠고기, 꿩고기, 잉어, 민어, 대구가 쓰였다.

같은 재료를 다양하게 이용하는 법
음식의 모양과 색을 아름답게 하다

『규합총서』에 실린 부식류의 조리법 특징은 『음식디미방』과 비교했을 때 어떻게 달라졌을까? 그 자세한 특징들을 살펴보자.

첫째, 고추를 이용한 조리법이 있었다. 고추는 통고추를 쓰거나 채 썰어 고춧가루나 고추장으로 이용한 것이 있다. 통고추를 쓴 예로는 채소류와 젓갈 및 통고추를 넣는 조리법(섞박지)이 있고, 달인 육수 및 통고추를 켜켜 넣는 조리법(어육김치)이 있으며, 간장에 절인 채소류와 통고추를 켜켜 넣는 조리법(장짠지)이 있었다. 고추를 채 썰어서 이용한 예는 고추를 반듯하게 채 썰어 넣는 조리법(동치미)이 있었다. 고춧가루로 이용한 예는 후추와 천초 및 고추를 곱게 가루 내어 섞는 조리법(임자좌반)이 있었다. 또한 고춧가루를 조리에 직접 이용하기보다는 고추장을 만들어서 넣기도 했다. 가령 고추장을 풀어 끓이는 조리법(잉어탕), 고추장에 다진 쇠고기를 볶는 조리법(장볶이), 고추장을 섞어 끓이는 조리법(쇠꼬리곰탕) 등을 꼽을 수 있다.

둘째, 젓갈을 쓰는 조리법도 특징이다. 무·배추·갓을 항아리에 넣고 그 위에 조기젓갈·준치젓·밴댕이젓갈을 넣고 익히는 조리법(섞박지)을 들 수 있고, 동아 속을 꺼내고 그 속에 조기젓국을 붓는 조리법(동아섞박지), 삭힌 굴젓에 숭어와 조기 및 밴댕이 등을 넣는 조리법(교침해) 등도 주목할 만하다.

셋째, 육즙을 보호하는 조리법이 있었다. 고기 육즙이 빠져나가지 않도록 냉수를 바르거나, 속뜨물에 담그나, 물에 적신 백지를

싸서 굽는 조리법으로 냉수 바
르기를 대여섯 번 하는 조리법
(붕어구이)이 있고, 속뜨물에 담
갔다가 굽기를 세 번 하는 조리법
(연계구이)이 있으며, 깨끗한 백지에 물을 적셔
고기를 틈 없이 싸 굽는 조리법(꿩구이) 등이
기록되어 있다.

넷째, 시각적 효과를 추구하는 조리법을
들 수 있다. 음식을 보기 좋게 하기 위해 색
을 맞춰 그릇에 담는 조리법(열구자탕)이 있
고, 흰자위와 노른자위를 써서 앞뒷면의 색
을 달리하는 조리법(전)이 있으며, 연지물
을 들인 무채를 고명으로 이용하는 조리법(화채)이 있었다.

다섯째, 육류나 생선을 저미거나 다져 말리는 조리법이 있었다.
편포, 잉어포, 민어포, 대구포는 얇게 저며 간하여 말리고 약포,
치육포는 주재료를 곱게 다져 양념하고 편편하게 하여 말린다. 특
히 약포는 다진 쇠고기 살에 간장, 파, 생강, 후추로 양념하고 꿀,
실백가루를 넣고 치대 편편하게 한 뒤 반만 말렸기 때문에 다른 포
류보다 부드러워 노인들 반찬에 쓰기 좋았다.

오늘날 조리법에 어떻게 쓸 수 있을까

전통 음식은 시대적 흐름 속에 검증되고 취사선택된 것이기에

그 민족의 자연환경과 역사적·사회적 환경 및 민족의 음식관을 담고 있다. 그런 까닭에 우리 전통 음식의 식재료와 조리법에 관한 조선시대 고조리서의 문헌 고찰을 통해 오늘날 어떻게 적용할 수 있는지를 살펴볼 필요가 있다. 『음식디미방』과 『규합총서』를 중심으로 살펴보면 오늘날의 조리법으로 활용할 만한 것을 다음과 같이 꼽아볼 수 있다.

첫째, 중탕 조리법으로 돼지고기찜, 연계찜, 해삼찜, 가지찜, 외찜은 식품 재료의 영양소를 최대한 보존할 수 있는 조리법이다. 둘째, 조리된 음식을 그릇에 담아 양념한 밀가루즙을 끼얹는 누르미 조리법(대구껍질누르미, 가지누르미, 동아누르미)은 음식의 풍미와 질감을 증진시킬 수 있는 조리법이다.

셋째, 간장기름으로 밑간한 뒤 밀가루 즙을 입혀 기름에 지지는 어전, 연근적의 조리법을 활용해 현재 각종 채소전을 계란 물 대신 밀가루, 간장, 참기름을 섞은 밀가루 즙을 입혀 지져도 담백한 맛을 줄 수 있다.

넷째, 식초, 밀가루즙과 녹두전분을 이용해 식욕을 증진시키고, 부드러운 맛을 부여한 채류의 조리법으로 대구껍질채, 오이화채, 연근채, 동아돈채가 있는데, 녹두전분을 오이채에 묻혀 데친 뒤 초간장에 버무리는 오이화채는 부드러운 맛을 높이고 초간장을 이용해 식욕을 북돋는 조리법으로 현재 조리법에서 전채음식에 활용할 수 있을 것이다.

다섯째, 나물볶음에 쇠고기, 꿩고기, 돼지고기, 찰전병 부침을 썰어넣어 단백질, 탄수화물을 같이 섭취할 수 있도록 한 조리법이다.

여섯째, 밀가루, 속뜨물, 냉수, 물에 적신 백지를 이용하는 구이 조리법(가제육, 돼지고기, 붕어, 생치구이)은 육즙을 보호할 수 있는 조리법이다.

일곱째, 어육류를 달인 육수를 이용한 김치 조리법(어육김치)을 현재 조리법에 적용한다면 김치의 풍미와 영양가를 높일 수 있을 것이다.

여덟째, 다지거나 으깬 주재료를 다시 주재료의 모양처럼 만드는 조리법(봉총찜, 준치탕), 다진 쇠고기를 평편하게 하여 반만 말린 약포는 현재 조리법에서 치아가 좋지 않은 노인들을 위한 조리법에 응용 가능하다.

아홉째, 계란 흰자위와 노른자위를 사용해 앞뒷면의 색을 달리하는 조리법(전), 연지물을 들인 무채를 고명으로 이용하는 조리법(화채)은 시각적인 효과를 낼 수 있다.

열째, 동아 속을 제거하고 개를 넣어 겻불로 익히는 개찜 조리법은 현재 조리법에서 늙은 호박, 단호박, 노각, 오이 등의 식재료를 이용한 찜, 구이 조리법에 활용할 수 있을 것이다.

1장   조선 관료에게 필요한 모든 지식을 담다
김남일, 『한의학에 미친 조선의 지식인들―유의열전』, 들녘, 2011
김치우, 『고사촬요 책판목록과 그 수록 간본 연구』, 아세아문화사, 2007
배현숙, 「선조 초 지방 책판고」, 『서지학연구』 25, 2003
서울대학교 천연물과학연구소편, 『고사촬요·증보산림경제·고사신서』, 1994

2장   선비가 꽃을 키우는 법
이종묵, 『양화소록―선비, 꽃과 나무를 벗하다』, 아카넷, 2012
―――, 『한시마중―생활의 시학 계절의 미학』, 태학사, 2012

3장   실학의 시대에 꽃피운 실용적인 지식과 기술
백승호·장유승·부유섭, 『소문사설, 조선의 실용지식 연구노트』, 휴머니스트, 2011
이성우·조준하, 「소문사설」, 『한국생활과학연구』 2, 한양대학교 한국생활과학연구소, 1984
진재교, 「18~19세기 초 지식·정보 유통 메커니즘과 중간계층」, 『대동문화연구』 68집, 성균관대학교 대동문화연구원, 2009
―――, 「동아시아에서 서적의 유통과 지식의 생성―임진왜란 이후의 인적 교류와 서적의 유통 사례를 중심으로」, 『한국한문학연구』 41, 한국한문학회, 2008

4장 조선 후기 의서들, 실용지학의 정점에 이르다

김대원, 「18세기 민간의료의 성장」, 『한국사론』 39, 1998

김호, 『조선의 명의들』, 살림, 2007

───, 『허준의 동의보감 연구』, 일지사, 2000

───, 「18세기 후반 居京 士族의 衛生과 의료」, 『서울학연구』 11, 1998

───, 「正祖代 醫療 정책」, 『韓國學報』 82, 1996

───, 「朝鮮後期 痘疹 研究-『麻科會通』을 중심으로」, 『韓國文化』 17, 1996

대한감염학회, 『한국전염병사』, 군자출판사, 2009

5장 소송의 나라 조선, 그 해결 방법

國學振興研究事業推進委員會 編, 『決訟類聚補』, 韓國精神文化研究院, 1996

박병호, 『한국법제사』, 민속원, 2012

徐有隣 언해, 『(역주)증수무원록언해』, 송철의·이현희·장윤희·황문환 역주, 서울대출판부, 2004

왕여, 『신주무원록-억울함을 없게 하라』, 최치운 외 주석·김호 옮김, 사계절, 2003

任相爀, 「朝鮮前期 民事訴訟과 訴訟理論의 展開」, 서울대학교 법학박사학위논문, 2000

전경목 외 옮김, 『儒胥必知: 고문서 이해의 첫걸음』, 사계절, 2006

鄭肯植·田中俊光·金泳奭, 『(譯註)經國大典註解』, 한국법제연구원, 2009

鄭肯植·조지만·田中俊光, 『잊혀진 법학자 신번-역주 대전사송유취』, 민속원, 2012

鄭肯植·任相爀 編著, 『十六世紀 詞訟法書 集成』, 한국법제연구원, 1999

趙允旋, 『조선 후기 訴訟 연구』, 국학자료원, 2002

6장 "편지만이 오직 뜻을 통하게 한다"

『가례家禮』

『간독정요簡牘精要』

『간례휘찬簡禮彙纂』

『간식유편簡式類編』

『간독회수簡牘會粹』

『소학小學』

『숙종실록』

『충암집冲菴集』

『한훤차록寒暄箚錄』

『후사유집候謝類輯』

김효경, 「『寒暄箚錄』에 나타난 조선후기의 간찰양식」, 『서지학보』 제27
호, 2003

황영환, 「한국 家禮書의 발전계통에 관한 서지적 연구」, 『서지학연구』
제10집, 1994

7장 불임을 치료하고 아들 낳는 비법을 기록하다

빙허각 이씨, 『규합총서』, 정양완 옮김, 보진재, 1975/2003(제6판)

사주당 이씨, 『태교신기』, 최삼섭·박찬국 역해, 성보사, 1991

심경호, 「사주당 이씨의 삶과 문학」, 『한국고전여성문학연구』 18, 2009

장정호, 「한·중 전통 태교론 비교 연구」, 『교육사학연구』 18, 2008

한국학중앙연구원 장서각 편, 『조선왕실의 출산문화』, 이회, 2005

허준 엮음, 정호완 역주, 『언해태산집요』, 세종대왕기념사업회, 2010

8장 한자의 그늘을 걷어준 실용서들

김슬옹, 「조선시대 언문의 제도적 사용 연구」, 『한국문화사』, 2005

박순함, 「兩層言語構造("Diglossia") 연구의 略史—그리고 "上民族語
(E(thnic)H)" 개념과 한국적 유형에 관한 검토」, 『사회언어학』 5권 1호,
1997

백두현, 「한글을 중심으로 본 조선시대 사람들의 문자생활」, 『서강인문논총』, 22, 2007

─────, 「조선시대의 한글 보급과 실용에 관한 연구」, 『진단학보』 92, 2001

송철의, 「반절표의 변천과 전통시대 한글교육」, 『세계 속의 한글』, 박이정, 2008

안병희, 『훈민정음연구』, 서울대출판부, 2007

이영경, 「영조대의 교화서 간행과 한글 사용의 양상」, 『한국문화』 61, 2013

정주리 외, 『역사가 새겨진 우리말 이야기』, 고즈원, 2006

최경봉 외, 『한글에 대해 알아야 할 모든 것』, 책과함께, 2008

9장　과학과 미신의 이중주

국사편찬위원회 편, 『하늘과 땅에 대한 전통적 사색』 「역과 역서」, 두산동아, 2007

김종태, 「경진년 대통력庚辰年大統曆 소고小考」, 『생활문물연구』 7호, 2012

김혁, 「역서曆書의 네트워크: 왕의 시간과 일상생활」, 『영남학』 18호, 2010

김효경, 「역서曆書 속의 신앙 원리의 활용─주당周堂을 중심으로」, 『한국무속학』 22호, 2011

이창익, 『조선시대 달력의 변천과 세시의례』, 창비, 2013

정성희, 「조선시대 양반가문 소장 역서류曆書類의 현황과 가치」, 『사학연구』 86호, 2007

10장　정초 신년 운수에 거는 희망과 기대

『祕訣輯錄』, 간행자·간행년 미상, 규장각한국학연구원

『선조수정실록』

김장생, 『사계전서』

이산해, 『아계유고』

이이, 『석담일기』

이지함, 『토정유고』

홍대용, 『담헌서』

김중순, 『토정비결이란 무엇인가』, 세일사, 1991

김혁제, 『원본토정비결』, 명문당, 2008

대한역법연구소, 『원본토정비결』, 남산당, 2003

박문서관 편, 『옷과 떡책』, 박문서관, 1918

신구영, 『가정백과요람』, 박문서관, 1918

신명서림 편, 『백방길흉자해』, 신명서림, 1923

이어령, 『이것이 한국이다─흙 속에 저 바람 속에』, 문학사상사, 1986

이을호, 「토정비결」, 『한국의 명저 2』, 현암사, 1994

이종영, 『증보 가정보감전서』, 명문당, 1989

현병주, 『비난정감록진본』, 우문관서회, 1923

11장 귀로 스치는 소리를 책으로 간직하다

『琴合字譜』

『樂學軌範』

『拙庄漫錄』

『虛白堂集』

송지원, 『한국음악의 거장들』, 태학사, 2012

12장 조선의 맛을 탐색하다

강인희, 『한국식생활사』, 삼영사, 1978

김희선, 「어업기술 발전 측면에서 본 음식디미방과 규합총서 속의 어패류 이용 양상의 비교 연구」, 『한국식생활문화학』, 19집 3호, 2004

박록담, 『우리술 빚는법』, 오상, 2002

박옥주, 「빙허각 이씨의 『규합총서』에 대한 문헌적 연구」, 『한국고전여성문학연구』 1, 2000

빙허각 이씨, 『閨閤叢書』, 정양완 옮김, 보진재, 1975

──, 『규합총서』, 윤숙자 옮김, 질시루, 2003

신민자·최영진, 「閨閤叢書를 통해서 본 우리나라 전통음식의 향약성 효과에 관한 고찰」, 『경희대학교관광산업정보논문』, 1999

윤서석, 『우리나라 식생활 문화의 역사』, 신광출판사, 2001

이성우, 『조선시대 조리서의 분석적 연구』, 한국정신문화연구원, 1985

──, 『한국음식 5000년 역사』, 유림문화사, 1995

정부인 안동장씨, 『음식디미방 주해』, 백두현 옮김, 글누림, 2011

──, 『다시 보고 배우는 음식디미방』, 한복려·한복선·한복진 옮김, 궁중음식 연구원, 2000

지은이

김만태 _____ 동방대학원대 미래예측경영학과 교수. 저서 『한국 사주명리
연구』, 공저 『세시풍속의 역사와 변화』, 논문 「조선조 命課學
試取書 『徐子平』에 관한 연구」 외 다수.

김호 _____ 경인교대 사회교육과 교수. 저서 『허준의 동의보감 연구』『정약
용, 조선의 정의를 말하다』 『조선과학인물열전』, 역서 『신주무
원록』 외 다수.

김효경 _____ 국립중앙도서관 도서관연구소 고서전문원. 공역 『망우동지·
주자동지』, 논문 「간찰에 나타나는 '謹空'의 의미 고찰」 「『청
대일기』를 통해서 본 18세기 사족의 편지」 외 다수.

송지원 _____ 서울대 규장각한국학연구원 책임연구원. 저서 『정조의 음악
정책』『한국 음악의 거장들』 『조선의 오케스트라 우주의 선
율을 연주하다』, 공역 『다산의 경학세계』 외 다수.

이경하 _____ 서울대 인문학연구원 HK교수. 공저 『한국여성문학연구의
현황과 전망』 『문명 밖으로』, 주해서 『내훈』, 논문 「17세기
사족여성의 한문생활, 그 보편과 특수」 외 다수.

이영경 _____ 서울대 규장각한국학연구원 HK연구교수. 저서 『중세국어 형
용사 구문 연구』, 공저 『조선 사람의 세계여행』, 논문 「형용
사 '오래다'의 문법사」 외 다수.

이종묵 _____ 서울대 국문과 교수. 저서 『조선의 문화공간』 『한시 마중』, 역서 『사의당지 – 우리 집을 말한다』 『양화소록 – 선비 꽃과 나무를 벗하다』 외 다수.

장유승 _____ 단국대 동양학연구원 선임연구원. 공역 『정조어찰첩』 『소문사설 – 조선의 실용지식 연구노트』, 논문 「前後七子 수용과 秦漢古文派 성립에 대한 비판적 고찰」 외 다수.

전용훈 _____ 한국학중앙연구원 인문학부 교수. 저서 『천문대 가는 길』, 공저 『하늘, 시간, 땅에 대한 전통적 사색』, 역서 『밀교점성술과 수요경』 외 다수.

정긍식 _____ 서울대 법학대학원 교수. 저서 『한국근대법사고』, 공저 『조선후기 수교자료 집성 3』, 『잊혀진 법학자 신번 – 대전사송유취 역주』 외 다수.

정호훈 _____ 서울대 규장각한국학연구원 HK교수. 저서 『조선후기 정치사상 연구』 『경민편 – 교화와 형벌의 이중주로 보는 조선 사회』, 공역 『朱書百選』 『朱子封事』 외 다수.

한명주 _____ 경희대 식품영양학과 교수. 공저 『식생활과 건강』 『먹으면 약이 되는 100가지 허브』, 논문 「조선무쌍신식료리제법에 수록된 부식류의 조리법에 관한 고찰」 외 다수.

실용서로 읽는 조선

ⓒ 규장각한국학연구원 2013

1판 1쇄	2013년 6월 28일
1판 2쇄	2014년 4월 16일

엮은이	규장각한국학연구원
펴낸이	강성민
기획	정호훈 최종성 권기석
편집	이은혜 박민수 이두루
편집보조	유지영 곽우정
마케팅	이연실 정현민 지문희
온라인 마케팅	김희숙 김상만 한수진 이천희
독자 모니터링	황치영

펴낸곳	(주)글항아리ㅣ출판등록 2009년 1월 19일 제406-2009-000002호

주소	413-120 경기도 파주시 회동길 210
전자우편	bookpot@hanmail.net
전화번호	031-955-8891(마케팅) 031-955-8897(편집부)
팩스	031-955-2557

ISBN	978-89-6735-057-4 03900

이 책의 판권은 엮은이와 글항아리에 있습니다.
이 책 내용의 전부 또는 일부를 재사용하려면 반드시 양측의 서면 동의를 받아야 합니다.

글항아리는 (주)문학동네의 계열사입니다.

이 도서의 국립중앙도서관 출판시도서목록(CIP)은 e-CIP홈페이지(http://www.nl.go.kr/ecip)와
국가자료공동목록시스템(http://www.nl.go.kr/kolisnet)에서 이용하실 수 있습니다.
(CIP제어번호 : CIP2013008920)

按摩法 熱摩手心頻拭額上謂之修天庭連髮際二三七遍面上自然光澤所謂手宜在面是也 養性書

眼

眼爲臟腑之精 五臟六府之精氣皆上注於目而爲之精精之窠爲眼骨之精爲瞳子筋之精爲黑眼血之精爲絡其窠氣之精爲白眼肌肉之精爲約束裹擷筋骨血氣之精而與脈系上屬於腦後出於項中故邪中於項因逢其身之虛其入深則隨眼系以入於腦入於腦則腦轉腦轉則引目系急目系急則目眩以轉矣 即因風眩暈也 邪中其精其精所中不相比也則精散精散則視岐視岐見兩物也 視一物爲兩也 目者五臟六府之精也榮衛魂魄之所常營也神氣之所生也故神勞則魂魄散志意亂是故瞳子黑眼法於陰白眼赤脈法於陽也故陰陽合傳而爲精明也目者心之使也心者神之舍也故神精亂而不轉卒然見非常之處精神魂魄散不相得故曰惑也 靈樞 ○是以五臟六府十二經脈三百六十五絡其血氣皆稟受於脾土上貫於目而爲明故脾虛則五臟之精氣皆失所使不能歸明於目矣 綱目

五輪之圖

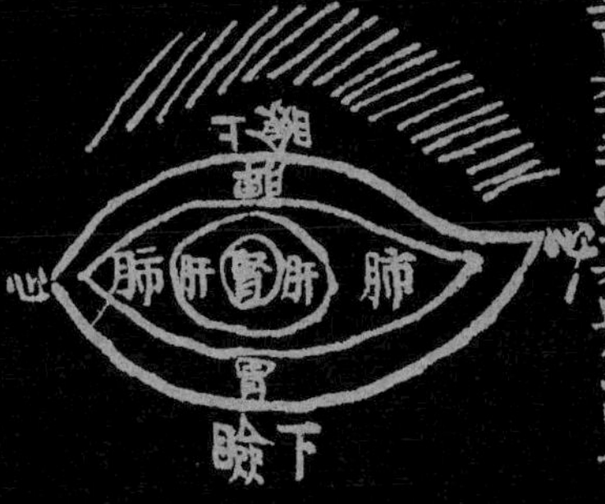

白睛屬肺 氣之精爲氣輪 得效

黑睛屬肝 筋之精爲風輪 得效

上下瞼屬脾 肉之精爲肉輪 得效

大小眥屬心 血之精爲血輪 得效

瞳人屬腎 骨之精爲水輪 得效

鼻也明堂之色青黑為痛黃赤為熱白為寒戀○切脉動静而視精明察五色觀五藏有餘不足六府強弱形之盛衰以此參伍决死生之分莊曰精明穴名莊明堂左右兩目内眥也餇明堂占淺辨氣門

面為諸陽之會 靈樞曰手之三陽從手走至頭○手太陽之脉從鈌盆貫頸上頰至目銳眥手陽明足陽明之脉從鈌盆上頸貫頰至目眥手少陽之脉從鈌盆上耳上角以屈下頰至顒手陽明足陽明之脉從鈌盆上頸貫頰至目眥手火陽之脉從脉起於目眦皆上抵頭角足陽明之脉起於鼻交頞中此從面而走至足也○此手足六陽之脉俱會於面而 也

人面耐寒 黃帝問曰首面與身形也屬骨連筋同血合於氣身天寒則裂地凌氷其卒寒或手足懈惰而面不衣何也岐伯曰人之十二經脉三百六十五絡其血氣皆上於面而走空竅其精陽氣上走於目而為睛其別氣走於耳而為聽其宗氣上出於鼻而為臭其濁氣出於胃走唇舌而為味其氣之津液皆上熏於面而皮又厚其肉堅故大熱甚寒不能勝之○人面獨能耐寒者何也黃人頭者諸陽之會也諸陰脉皆至頸項中而還獨諸陽脉皆上至頭故令面耐寒也經

面病專屬胃 手足六陽之經雜諸陰上至頭而足陽明胃之脉起於鼻交頞中入齒挾口環唇循頤車上耳前過客主人紇維絡于面故面病專屬於胃其或風熱乘之則令人面腫或面鼻色紫或風刺瘟疹或面熱或面寒隨其經證而治之鑿金

面部度數 兩觀之間相去七寸靈樞相